Q&A

離婚相談 の 法律実務

| 養育費 | 面会交流 | 子どもの問題 | 財産分与 | 慰謝料 |

弁護士 **吉岡睦子** 〔編著〕
弁護士 **榊原富士子**

弁護士

大森 啓子・佐野 みゆき・藤原 道子・山田 徹 〔著〕

発行 ⊕ 民事法研究会

はしがき

　本書は、1996年7月に民事法研究会の110番シリーズの1つとして出版された『離婚トラブル110番』が前身です。

　同じ年の2月に離婚規定の見直しを含む「民法の一部を改正する法律案要綱」が公表されたことを踏まえて、われわれ編著者2名と小山久子弁護士（故人）、坪井節子弁護士の4名の弁護士が、主として当事者の方を対象として、元気な「前向きの離婚」ができるようお手伝いをすることを目的として執筆しました。

　その後、版を重ねましたが、最初の出版からは24年近くの年月が経ち、この間、人事訴訟法の制定による離婚訴訟の家庭裁判所移管（2004年）、年金分割制度の実施（2007年）、DV防止法の数次にわたる改正（2019年他）、家事事件手続法の制定（2013年）、ハーグ条約の批准とその実施法の制定（2013年）、民事執行法の改正（2019年他）などの法制定・改正がなされたり、養育費・婚姻費用について「改定標準算定方式・算定表」（2019年）が公表されたり、判例の集積もあったことなど、離婚をめぐる法律実務が大きく変化していることから、今回全面的に内容を改訂しました。

　とくに、親権、養育費、面会交流など、離婚と子どもをめぐる判例や実務は大きく動いていますが、別居や離婚に際して子どもの視点を重視して解決することの大切さを中心に置きました。

　全面改訂にあたっては、執筆者の変更、増員だけでなく、タイトルを『Q＆A離婚相談の法律実務──養育費・面会交流・子どもの問題・財産分与・慰謝料』と改め、読者層も当事者の方だけでなく、日常離婚紛争に接している若手弁護士や調停委員など関係者の方々が個々のケースに対応される際の参考になるようにと、専門的な法律知識・判例などを加え、内容を一新しました。

　本書により離婚手続の実務の知識を身につけていただき、子どもを含めた当事者の方々が公平な条件の下再出発をできるような離婚を実現するために、少しでもお役に立てれば大変嬉しく思います。

　本書の執筆、編集にあたっては、民事法研究会の近藤草子さんに大変お世話になりました。改めて御礼申し上げます。

　2020年3月

編著者　弁護士　吉岡　睦子

弁護士　榊原富士子

Q & A　離婚相談の法律実務

目　次

第1章　別居に関連する問題

第2章　離婚原因

第3章　離婚手続

第4章　財産分与

第5章　慰謝料

第6章　年金分割

第7章　子どもの問題

第8章　渉外離婚

第9章　婚約・事実婚（内縁）の解消

第10章　離婚と社会保障

参考資料

目　次

8

凡　例

《法令》

DV 防止法　　　　　配偶者からの暴力の防止及び被害者の保護等に関する法律

児童虐待防止法　　　児童虐待の防止等に関する法律

ストーカー規制法　　ストーカー行為等の規制等に関する法律

個人情報保護法　　　個人情報の保護に関する法律

通則法　　　　　　　法の適用に関する通則法

国内実施法　　　　　国際的な子の奪取の民事上の側面に関する条約の実施
　　　　　　　　　　に関する法律

ハーグ条約　　　　　国際的な子の奪取の民事上の側面に関する条約

子どもの権利条約　　児童の権利に関する条約

民訴条約　　　　　　民事訴訟手続に関する条約

送達条約　　　　　　民事又は商事に関する裁判上及び裁判外の文書の外国に
　　　　　　　　　　おける送達及び告知に関する条約

《文献》

民集　　　　　　　　最高裁判所民事判例集／大審院民事判例集

民録　　　　　　　　大審院民事判決録

刑集　　　　　　　　最高裁判所刑事判例集

裁判集民　　　　　　最高裁判所裁判集民事

家月　　　　　　　　家庭裁判月報

訟月　　　　　　　　訟務月報

最判解　　　　　　　最高裁判所判例解説〔民事篇〕

曹時　　　　　　　　法曹時報

判時　　　　　　　　判例時報

判タ　　　　　　　　判例タイムズ

金法　　　　　　　　金融法務事情

ジュリ　　　　　　　ジュリスト

論究ジュリ	論究ジュリスト
リマークス	私法判例リマークス
家庭の法	家庭の法と裁判
養育費研究	司法研修所編『養育費、婚姻費用の算定に関する実証的研究』
事件番号	裁判所ホームページ、会員向け判例検索サービス等にて掲載

第1章
別居に関連する問題

I　婚姻費用

Q1　生活費（婚姻費用）とは

夫とは以前より喧嘩が絶えなかったのですが、先月、夫は私と17歳の娘を残して家を出て行きました。現在、私と娘は、夫名義のマンション（ローンは完済）で暮らしており、夫は1人でアパートを借りています。今月、夫は10万円を送金してくれましたが、これでは生活費に足りません。夫も私も会社員で、税込みの年収は、夫は850万円、私は250万円です。夫にもっと生活費を請求できるでしょうか。

A　あなたから夫に対して、生活費（婚姻費用）を請求することができます。その額については、家庭裁判所裁判官等の作成した算定表を参考に算定することができます。2人だけでは話し合いができない場合には、家庭裁判所に調停を申し立てて話し合って合意をしたり、裁判所の審判により決めてもらうことができます。

1　婚姻費用とは

夫婦は、その資産、収入その他一切の事情を考慮して、婚姻から生ずる費用を分担するものとされています（民法760条）。婚姻から生ずる費用（「婚姻費用」と呼ばれています）とは、夫婦およびその間の子どもの生活のための

1

生活費のことですが、衣食住費、医療費、教育費、娯楽費などが含まれます。分担義務の程度は高く、収入の多い配偶者が、自己と同程度の生活を他方の配偶者に保持させる義務（「生活保持義務」といいます）であるとされています。

　男性の収入のほうが多い例が多いので、妻が権利者となり義務者である夫に対して請求するケースが一般的ですが、逆の場合もあります。

　これまで1世帯だったものが、2つに分かれたのですから、夫にとっても、妻にとっても、別居後の経済面はそれまでよりも大変です。しかし、収入の低い配偶者や子どもの生活について配慮し、適切な額を早めにきちんと送金し始めることは、夫婦間の葛藤をやわらげ、話し合いによって冷静に夫婦間の問題を解決していくことにもつながり、大変大切なことです。また、お子さんがなるべく従前の生活水準を維持できるよう、親として最大限、努力しましょう。

2　請求・合意・公正証書・調停・審判・保全

　婚姻費用の請求方法は、口頭でも文書でも、あるいは電子メールでもかまいません。請求をして話し合いをもちかけてみましょう。ただし、裁判実務では、請求した月の分から婚姻費用の支払いを命じることが通例ですので、請求した事実と日付が証拠として残るよう、口頭だけでなく、何らかの文書で請求することがのぞましいです。内容証明郵便と配達証明、あるいは特定記録等という確かな方法によることもできますが、電子メールの文章を印刷したものでも証拠として有効です。相手方との関係に応じて、適した方法を選びましょう。

　2人で話し合って合意ができた場合には、必ず文章にして合意書を作成しましょう。口頭での合意は、時間を経るとあいまいになり、履行されなくなりがちです。その場合、一方のみが署名して「払います」と記載する「念書」ではなく、双方が署名捺印する「合意書」にします。一方的念書ではいつでも簡単に変更できてしまいます。相手の履行がきちんと続くか心配な場合には、公証役場で公正証書を作成してもらう方法があります。公正証書に

は、履行を怠ったときに直ちに強制執行を受けても異議がないという意味の「強制執行受諾文言」を入れておくと、不履行が生じたときに、給与差押えなどの強制執行（第7章ⅢQ5参照）をすることができます。

　2人だけの話し合いでは解決しない場合には、家庭裁判所に、「婚姻費用分担請求調停」の申立てをして、家庭裁判所の調停委員会のサポートを得て話し合うことができます。あるいは、すでに合意できている場合でも申し立てて、初回の調停で調停合意としてもらうことができます。この手続は、夫婦関係調整調停（離婚調停）の申立て（第3章Q2参照）とほぼ同じです。申立書の書式は裁判所のホームページからダウンロードすることができ、申立費用は1200円（印紙）と廉価で、このほか若干の切手の納付が必要です（家庭裁判所により異なりますので申し立てる家庭裁判所に確認ください）。

　調停でも合意できず調停不成立となった場合、家庭裁判所が、「調停に代わる審判」（家事事件手続法284条、第3章Q3参照）をするか、あるいは本来の審判に移行します。「調停に代わる審判」が告知された場合、2週間以内にどちらからも異議が出なかった場合、あるいは双方から異議権放棄の共同申出がされている場合には告知後直ちに、内容が確定します。異議が出た場合には、本来の審判に移行します。

　審判では裁判官が審理して額を決定します。これに不服がある当事者は、高等裁判所へ即時抗告を申し立てて、再度の判断を求めることができます。

　公正証書、調停調書または審判は、いずれも不履行があったときに直ちに強制執行をすることができる点で同じです。ただし、調停調書や審判は、不履行のあった場合に、「履行勧告」（第7章ⅢQ5等参照）という制度を使うことができる点で公正証書よりも優れています。履行勧告は、不払いのあったときに、家庭裁判所に書面または口頭で連絡して申し込むと、家庭裁判所調査官が相手方に履行を勧告するという制度で、強制力はありませんが、かなりの効果をあげています。したがって、公正証書か調停調書かを迷う場合には、調停調書をおすすめします。

　なお、生活に窮しているのに婚姻費用がまったく支払われず非常に困って

いる場合、家庭裁判所に婚姻費用分担請求の調停または審判を申し立てると同時にあるいは申立後に、その緊急の保全措置である「仮払い仮処分」（家事事件手続法105条・106条）を申し立てることもできます。仮処分も審判の一種ですが、迅速に審理し判断が下されるものです。この申立てをしますと、裁判官は義務者に一定額の支払いを説得し、とりあえず支払いを開始させ、そのことによって緊急性はなくなったとして、権利者に仮処分申立ての取下げをすすめ、普通の調停・審判として事案を進めていくという方法がとられることが多いです。

【調停条項例1】　婚姻費用分担の調停条項例

1　相手方は申立人に対し、婚姻費用の分担として、令和○年○月より別居の解消又は離婚するまで、毎月末日限り、金○万円を申立人名義の口座（○○銀行○○支店　普通預金　口座番号○○○○）に振り込む方法により支払う。振込手数料は相手方の負担とする。
2　申立人と相手方は、医療費や教育費等の高額な出費を要する場合には、その負担方法につき、別途協議することを合意する。
3　手続費用は各自の負担とする。

3　婚姻費用の額──算定表と算定方式

婚姻費用の養育費の適切な額を決める方法として、裁判官らが作成した「改定標準算定方式・算定表（令和元年版）」（以下、「算定表」といいます）が広く利用されています。これは、2003年に発表された「簡易迅速な養育費等の算定を目指して──養育費・婚姻費用の算定方式と算定表の提案」判タ1111号285頁を、その後の社会実態の変化等を踏まえて改定したものです。2003年版算定表は家庭裁判所の実務で広く利用され定着していましたが（最三小決平18・4・26判タ1208号90頁）、基礎収入割合が低い等の批判もあり、2016年には日本弁護士連合会により、新たな算定表が公表されるなどし、改定が待たれていました。令和元年版算定表は、裁判所のホームページに掲載

されており、誰でもダウンロードすることができます。従来の算定表と考え方は大きく変わるわけではありませんが、その概要として、①総収入のうち基礎収入割合を計算するために、収入から差し引く公租公課、保険料、職業費、特別経費などの統計値を最新のものに更新し、収入額に応じた基礎収入割合を明示し以前よりも高い割合としたこと、②子どもの生活費指数を0歳〜14歳は55、15歳〜19歳は90としていたのを、それぞれ62と85としたこと、③成人年齢引下げと養育費の支払義務の終期との関係を明確にしたことなどがあげられます。おおむねどの収入の場合でも、2003年版算定表の算定額よりも2万円上がっています。

　相談のケースにあてはめてみます。17歳の子どもが1人いる場合ですので、算定表の表12（〔資料1〕）の「婚姻費用・子1人表（子15歳以上）」を使います。権利者（相談者である妻）の年収は横軸で、義務者（夫）の年収は縦軸で、該当する個所を探します。他者に雇用され給与を得ている者については外側の「給与」の線上、自営業を営む者については内側の「自営」の線上で探します。そして、横軸で250万円、縦軸で850万円の合致するところをみますと、「14〜16万円」となることがわかります。ほかに特別の事情がないとすれば、現在、夫が送金しているよりも高い、14万円から16万円を請求することが可能です。

　算定表では、「14〜16万円」のように、すべて2万円の幅をもって記載されています。一方は実家に戻っており家賃が発生しないなど、個別の事情がある場合にも、この2万円の幅の中で金額を調整して合意することが一般的です。

　司法研修所編『養育費、婚姻費用の算定に関する実証的研究』（以下、「養育費研究」といいます）には、算定表のもととなる基本的な考え方、計算方法、そのために使用した統計値や資料などが、詳しく紹介されています。また、村松多香子「平成30年度司法研究『養育費、婚姻費用の算定に関する実証的研究』の概要」家庭の法24号1頁には、その概要がわかりやすく解説されています。

〔資料1〕　算定表　表12　婚姻費用・子1人表（子15歳以上）

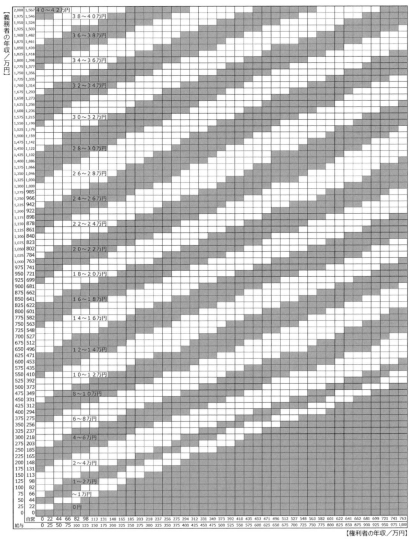

　また、子どもが4人以上いる場合や、複数の子を双方が分け合って監護している場合など、表にはあてはまらない事案について婚姻費用額を計算するための算定方式（本章ⅠQ4参照）も、上記の本において詳しく紹介されています。

4　収入が算定表の上限を上回るとき

　義務者の収入が、算定表の上限を上回る場合の算定方法は、その上限を超える程度にもよります。調停や審判では、①算定表の上限の額（義務者が給与所得者ならば2000万円、事業所得ならば1567万円）で算定される額とする場合、②実際の収入をもとに基礎収入と生活費指数を使って算定した額とする場合（本章ⅠQ4の算定式による）、③①と②の間の額とする場合、などがあります。子が1人の場合や収入が算定表の上限額に比較的近い場合は①とすることが多く、著しく上限を上回る場合には、③によることが多いようです。

　審判では、義務者の基礎収入の割合を低くして計算する方法、貯蓄分も控除する方法などにより計算する例があります。義務者に複数の種類の収入があり、給与収入に換算すると3939万円となるケースで、税金および社会保険料の実額、職業費18.92％、特別経費16.4％および可処分所得の7％の貯蓄分を控除して基礎収入を算出した裁判例（東京高決平28・9・14判タ1436号113頁）、養育費についてですが、義務者の年収6172万円について基礎収入割合を27％として算出した裁判例（福岡高決平26・6・30判タ1410号100頁）などがあります。

　いずれにせよ、義務者は、算定表の上限額よりも高い額を支払うことを検討し、他方、権利者は上限を超えたからといって単純に婚姻費用額が増えるものではないと考えておくべきと思われます。

5　特別の事情

　算定表の2万円の幅で中の調整だけでは不公平となるような特別の事情がある場合には、算定表による額をさらに増減して修正をします。たとえば、

権利者の住む不動産の住宅ローンを義務者が支払っている場合（本章IＱ5）、子どもが私学に通学し、それを義務者も認めており多額の教育費が発生している場合（第7章ⅢＱ3）などです。

　義務者に住宅ローン以外の借金があり算定表どおりに支払うことが難しい場合もあります。子どものための教育ローン、家族で使う車のローンなど、婚姻生活の維持のための負債の場合にはこれを考慮して減額する場合があります。遊興費・賭け事などのためのローンは考慮しないとするのが一般的ですが、婚姻費用が安定的に確実に支払われるようにするためには、原因はともあれ現実にある借金の存在を無視せず、実際に支払い可能な額で合意することも大切です。

6　始期および終期

　婚姻費用の支払義務の起点（始期）は、当事者が合意するならばどの時点からでも構わないのですが、争いがある場合には、「権利者が請求したときから」とするのが一般的です。しかし、未成熟子がいる場合には、子が扶養を必要としているのは当然わかっていることですから、義務者は、請求がなかった時期の分もなるべく積極的に分担をするように努力しましょう。

　妻の実家の世話になっているから妻子は困っていないと考えてしまう人もいますが、一方配偶者の他方配偶者や子に対する扶養義務は祖父母の子や孫への扶養義務よりも優先し、かつその義務の程度も高いものです。

　「請求したとき」とは、具体的には、婚姻費用の調停申立時や、調停申立前に電子メールなどで請求した時です。内容証明郵便などしっかりした文書ではなくても、電子メールでも証拠となります。

　その月の月末に請求したとき、たとえば、4月30日に請求した場合、支払義務は4月分から生じるのか、5月分からかということが争いになる場合があります。調停や審判でも、4月分からとする例と5月分からとする例があるようです。しかし、4月も権利者が要扶養状態であったことが明白なのであれば、4月分からとすべきでしょう。特に、未成熟子がいる場合には、子

が要扶養状態にあるのは請求がなくても明らかですから、義務者はここで1か月分を争うべきではないと思います。今後の話し合いでの解決を円滑にするためにも無用な争点を増やすのは控えましょう。

　終期は、調停でも審判でも、「別居の解消または離婚（婚姻解消）に至るまで」とするのが一般的です。法律上の婚姻関係が継続する間、婚姻費用分担義務は存続します。なお、婚姻費用分担審判の申立後に当事者が離婚したとしても、これにより婚姻費用分担請求権が消滅することはなく（最一小決令2・1・23（平成31年（許）第1号））、離婚時までの婚姻費用の分担が命じられます。

　なお、始期は請求時からと制限されるケースであっても、過去に婚姻費用の不払いの期間がある場合には、権利者は、離婚の際の財産分与の算定の中で、その分の加算を求めることができます（最三小判昭53・11・14民集32巻8号1529頁）。ただし、裁判所の裁量による判断ですので、必ず加算されるとは限りませんし、認められる場合にも、ざっくりとした額であり、婚姻費用の審判で算定されるよりは少なめであることが一般的です。

7　婚姻費用の増減請求

　いったん婚姻費用について合意したり、審判を得た後も、義務者の病気やけがで支払えなくなった、失職して収入がなくなった、一方の収入がかなり上がった、子どもの学費がかさむようになった等、双方にさまざまな事情の変化が起きることがあります。こうした事情の変更があった場合には、当事者のいずれからでも他方に対して増額請求または減額請求を申し入れることができます（第7章Ⅲ Q 2 参照）。そして、2人で話し合っても合意に至らないときは、家庭裁判所に増額または減額請求の調停を申し立てることができます。

　しかし、事情の変更があるからといって、いったん取り決めた額を義務者が勝手に一方的に減額してしまうことはできません。勝手に減額すれば、不履行があるとして、給与等が差し押さえられる危険もあります。

　裁判例では、義務者の勤務先の業績悪化や病気によりかなりの収入減少があった場合、義務者が再婚して新たに子をもうけ扶養家族が増えた場合などには、事情の変更があったものとして、減額が認められています。ただし、当初の婚姻費用の合意をする際に、すでに予想されていた事情がその後実際に生じたとしても、それは減額の事情となりません。

　算定表では、子が15歳を超えると教育費等が考慮され子の生活費指数が大きくなるので、婚姻費用も養育費も上がるしくみになっています。あらかじめ、15歳になれば増額する旨の段階的合意をしていた場合は別ですが、そうでなければ、子が15歳になれば権利者は増額請求をするとよいでしょう。

　何らかの事情があって、婚姻費用を支払えなくなったとき、義務者は、放置しないで権利者に連絡して、理由を伝え、場合によってはその証拠を示して、変更の合意をするように努めましょう。放置して支払わないでいると、元の合意は有効ですので、思わぬ時期にまとめて多額の請求を受け、支払えずに困ったり、財産の差押えを受けることもありえます。2019年の民事執行法の改正により、2020年からは、義務者の預金情報や勤務先情報が知られやすくなりました。一方、権利者も、支払われなくなったとき、後でまとめて請求しようと考えず、気は重いかもしれませんが早めに連絡して事情を確かめるようにしましょう。面会交流を続けていると何らか双方の事情の変化は自然に伝わりやすいものです。

Ⓠ2　収入の認定

> 別居中の妻と生活費について話し合っています。私はバイオリンの教師をしており、確定申告をしています。2歳と4歳の子は妻と暮らしており、まだ子どもが小さいので妻は外で働いていません。算定表によって決めるとしても、その根拠になる収入とは、何を指すのでしょうか。

Ⓐ　給与所得者については税込みの「支払総額」、自営業者については、確定申告書の「課税される所得金額」です。外で働いていない場合でも、事情によっては稼働が可能であるとして収入推計をする場合もあります。

●━━━━━━━━━━━━━━━━━━━━━━●

　算定表または算定式を使うには、まず双方の収入を把握する必要があります。

1　給与収入の場合

　給与所得者については、前年の源泉徴収票の「支払総額」（税込みの年収額）を年収とします。「令和2年分給与所得の源泉徴収票」と表示があれば、令和2年1月から12月までの収入を示しています。

　収入は、支払総額の記載されている自治体発行の課税証明書でも把握できます。課税証明書に記載される所得は、源泉徴収票と同様、前年のものですが、「令和3年度課税証明書」とあれば、令和2年1月から12月までの収入を示しています。

　勤務し始めたばかりで1年を経過していない場合には、過去3か月分程度の給与明細から年収を推計します。給与明細で年収を推計する場合には、賞与や一時金の分が欠けていたり、交通費（算定表の収入には含めない）が含まれていることがありますので、これらの点にも注意します。複数の場所で働いている場合は、複数の源泉徴収票を確認して収入を合算しますが、収入把握の漏れがないようにするには、源泉徴収票よりも課税証明書が優れていま

す。

2　事業収入の場合

個人として自営で仕事をし、事業収入を得ている人については、確定申告書（〔資料２〕）により収入を把握します。

(1)「課税される所得金額」から計算する方法

確定申告書の「課税される所得金額」（〔資料２〕㉖（以下、丸数字は〔資料２〕記載の数字）が総収入にあたります。

しかし、これはすでに下記を控除した額ですので、「課税される所得金額」に下記の(A)(B)(C)を加える必要があります（養育費研究32頁）。

(A)　税法上の観点からの控除項目であり、現実に支出していないので加算する項目

⑭　寡婦、寡夫控除

⑮～⑯　勤労学生、障害者控除

⑰～⑱　配偶者控除

⑲　扶養控除

⑳　基礎控除

㉒　雑損控除

(51)　青色申告特別控除

㊿　専従者給与の合計額（現実に支出されていない場合に加算）

(B)　すでに算定表で標準的額については特別経費として考慮されているので加算する項目

⑫　生命保険料控除

⑬　地震保険料控除

㉓　医療費控除

(C)　婚姻費用は養育費に優先する支出ではないので加算する項目

⑪　小規模企業共済等掛金控除

㉔　寄附金控除

〔資料2〕　事業収入を得ている人の確定申告

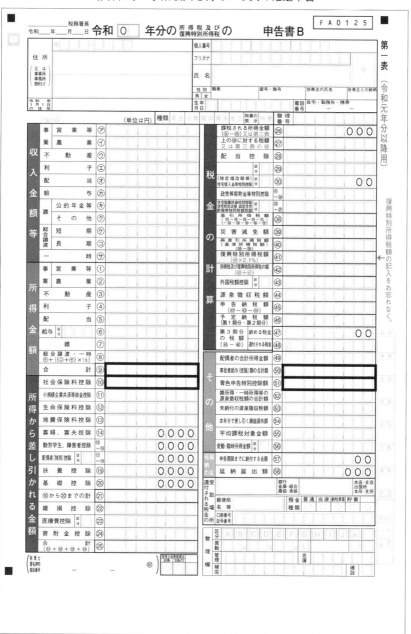

⑵ 「所得金額」から計算する方法

　⑴の方法は、加算すべきものが多く煩雑です。そこで、確定申告書の「所得金額」（〔資料2〕⑨）から計算すると簡便です。

3　給与収入と事業収入の両方がある場合

　給与収入と事業収入の両方がある人の場合には、給与収入を事業収入に置き換えて事業収入として合算した額、あるいは事業収入を給与収入に置き換えて給与収入として合算した額を収入として、算定表にあてはめて算定します。簡便な置き換え方法としては算定表を使います。たとえば、給与収入700万円と事業収入203万円がある人の場合、〔資料1〕（Q1）の縦軸をみますと、事業収入203万円は、給与収入約275万円に該当することがわかります。すると700万円＋275万円＝975万円の給与収入があるものとして算定することができます。

4　収入不明の場合

　婚姻費用分担の調停や審判では、当事者が欠席している場合、あるいは出席していても収入資料を開示しようとしないために収入が不明な場合には、給与収入の場合には、家庭裁判所から勤務先に対して収入の調査をすることも可能です。権利者から家庭裁判所に対して、収入について調査嘱託をするよう上申するとよいでしょう。

5　稼働能力があるのに働いていない場合

　相談者の妻の場合のように、子どもが幼いため家庭で監護しているなど、やむをえない事情があって働きに出ていない場合は、収入は0円として算定されます。3歳および4歳の子を監護しているケース（大阪高決平20・10・8家月61巻4号98頁）や3歳および5歳の子を監護しているケース（東京高決平30・4・20判タ1457号85頁）で、まだ稼働能力は認めないとされています。しかし、子どもがある程度大きくなれば、病気など働けない事情がある場合を除き、実際には働きに出ていなくても潜在的稼働能力があるものとして、短時間労働者としての平均収入である年120万円程度（厚生労働省統計情報部の賃金センサス等による）の収入があるとみなして算定しています。

　また、男性の場合も女性の場合も、特段就労できない事情がないのに就労していない場合や、収入がどうしても把握できない場合には、統計資料（賃金センサス）を用いて収入を推計して算定しています。

　潜在的稼働能力は、年齢、就労歴、健康状態、子の年齢など諸般の事情を総合的に検討して判断され（前掲大阪高決平20・10・8）、定職に就くことが可能な場合には全労働者の賃金センサスにより、すぐに定職に就くことが困難な場合には短時間労働者の賃金センサスにより推計されます。

　権利者が、婚姻費用の額を高くするために、あえて就職を遅らせたり、あるいは、義務者が婚姻費用の支払いを免れるためにあえて定職に就かないケースもみられます。しかし、仕事は人生にとって大切なものですから、よいチャンスがあれば、見逃さないよう心がけましょう。

6　年金収入、配当収入、失業保険等による収入等の場合

　これらの収入の場合は、「職業費」（交通費等、収入を得るために必要な経費。本章ⅠQ4参照）を要しませんので、基礎収入割合を修正する必要があります。

　ただし、障害年金の場合や、義務者が高齢で介護を要する場合等には、義

務者の生活まで破綻しないよう、個別に慎重な配慮が必要です。

　職業費は、算定表では、収入によりますが総収入の18％～13％（高額所得者のほうが割合が小さい）として推計処理されています。職業費を総収入より控除しなければ、つまり総収入から「公租公課」と「特別経費」のみを控除して基礎収入割合を算出するならば、基礎収入割合は72％～51％になります（高額所得者のほうが低い）。そこで、算定式（本章ⅠＱ４参照）で計算する場合に、「年金収入×(その年金収入を給与収入とみた場合に対応する基礎収入割合（本章ⅠＱ４〔図表〕）＋職業費割合0.19)」を基礎収入として計算しているケースもあります。

　また、下記のような計算をして年金収入を給与収入に換算し、これを算定表にあてはめて算定する場合もあります。

> 年金収入÷(１－給与収入における職業費の割合)

　たとえば、職業費を約２割とみて、年金収入を0.8で除して給与収入に換算した裁判例があります（大阪高決平22・１・25（平成22年㈣第５号）松本哲泓『婚姻費用・養育費の算定』79頁）。

Ⓠ③　有責配偶者からの婚姻費用分担請求

　妻は、私とは暮らせないと言って子どもら（5歳、7歳）を連れて家を出ていきました。同居中に妻の不貞が発覚し、喧嘩を繰り返していました。その後、妻は不貞の相手とは別れたようですが、戻ってくることはなく、賃貸アパートで母子3人で暮らしています。私は元の家に1人で住んでいます。妻から生活費を請求されているのですが、不貞をはたらいた妻の生活費の分まで支払わなければならないのでしょうか。妻の収入は280万円で子ども2人を育てていくのはなかなか大変とは思います。

Ⓐ　　妻の分まで支払う必要はなく、子どもらの分を支払えばよいです。とはいっても、非常に困窮しているケースでは、婚姻費用の額を下げることによってお子さんらが辛い思いをしますので、実際に困らないような方策を考えてあげましょう。

●━━━━━━━━━━━━━━━━━━━━━━━━━━━━━●

　夫婦関係の破綻について主たる原因をつくった側を「有責配偶者」と呼んでいます。不貞、暴力などをはたらいた者は、有責配偶者にあたります。あなたの場合に、破綻の原因が主として妻の不貞にあったのか、あるいはその前にあなたの側にも何らかの問題行動があったのかは不明ですが、不貞があると、有責配偶者にあたるとされることが一般的です。有責配偶者からの婚姻費用の請求は、裁判例では、権利の濫用として認められなかったり、生活保持義務（本章ⅠQ4参照）よりも扶養義務の程度を低くして分担を命じているものが多いです。夫婦は互いに婚姻上の義務を誠実に履行すべきですが、自らの義務を怠りながら相手に対してのみ義務の履行を求めるのは、信義則に反するからです（東京家審平20・7・31家月61巻2号257頁等）。

　ただし、配偶者の生活費分は否定されますが、あなたの子に対する扶養義務まで免責されるわけではありません。婚姻費用として、5歳と7歳の子の監護費用（養育費）相当分については、支払う義務があります（大阪高決平

28・3・17家庭の法9号105頁等）。

　なお、相手の不貞を知らずに婚姻費用を支払った場合には、不当利得とし
て返還請求が認められるという裁判例もあります（大阪高判平20・2・28（平
成19年㈹第2106号）、冷水登紀代「判批」速報判例解説3号109頁）。

ⓠ4　4人の子を監護している場合

　3か月前、妻は、子ら4人を連れて実家に戻り、以来、別居していま
す。実家と私の家は徒歩20分程度で、子らはときどき自転車などで訪ね
てきます。妻は離婚を望んでいるようですが、私はできれば戻ってほし
いと思っています。別居状態の今、私はどのくらいの生活費を妻に送金
すればよいでしょうか。私と妻はいずれも会社員で、私の収入は900万
円、妻の収入は400万円です。子どもは、16歳、14歳、11歳、9歳です。

　　　　　算定表にそのままあてはまらないケースでは、算定式に戻って計
　　　算します。

　算定表では子ども3人のケースまでしか載っておらず、子ども4人以上の
場合の表はありません。こうした算定表にあてはまらないケースの場合、算
定表を作成した元になる算定式を使って、婚姻費用の額を算定しています。
夫婦が複数の子を分け合って養育している場合、夫婦の一方に前婚で生まれ
た子や婚姻外で生まれた子がいて扶養義務を負っている場合なども算定式を
使います（判タ1111号291頁）。

1　算定式の考え方

算定式の考え方は、少し難しいですが、以下のとおりです。

> 　配偶者及び子に対する生活保持義務（自分と同程度の生活水準を保障す
> る義務）を前提として、権利者、義務者及び子が同居していると仮定し、
> 双方の基礎収入の合計額を世帯基礎収入とし、その世帯基礎収入を、権
> 利者グループの最低生活費と義務者グループの最低生活費の割合で按分
> し、権利者グループが受け取るべき基礎収入を算出し、不足する額を義
> 務者が権利者に支払う額と定める。（養育費研究12頁）

具体的には、以下の方法で計算していきます。

2　基礎収入の算定

　まず、権利者、義務者それぞれの「基礎収入」を算定します。

　「基礎収入」は、総収入（本章IQ2参照）から「公租公課」「職業費」「特別経費」を控除して算出したものです。

　「公租公課」は、税金、年金保険料、健康保険料等、「職業費」は、収入を得るのに必要な経費、たとえば被服費、交通・通信費、交際費など、「特別経費」は、婚姻費用の分担に先だって支出を余儀なくされる費用の総称で、住居関係費、保健医療費などです。そして、いずれも、個別の計算ではなく、税金は理論値、職業費は統計値、特別経費は家計調査年報第4表に依拠しています。これにより、収入に応じた基礎収入割合（〔図表〕参照）が決まります。

　その結果、算定表で算定のもとになる「基礎収入」は、以下の割合で計算されています。

> 基礎収入
> 　給与所得者の基礎収入＝総収入×0.54〜0.38
> 　自営業者の基礎収入　＝総収入×0.61〜0.48
> 　　　　　　　　　（基礎収入割合は、高額所得者のほうが小さい）

3　生活費指数

　算定に使う子の生活費指数は、厚生労働省によって告示されている生活保護基準のうち「生活扶助基準中の基準生活費」を用いて最低生活費を認定し、これに学校教育費を考慮して、成人との対比で定められており、下記のとおりです。

> 生活費指数
> 　親　100　　　0歳〜14歳までの子　62　　　15歳以上の子　85

〔図表〕　基礎収入割合

(1)　給与所得者の場合		(2)　事業所得者の場合	
収入（万円）	割合（％）	収入（万円）	割合（％）
0〜75	54	0〜66	61
〜100	50	〜82	60
〜125	46	〜98	59
〜175	44	〜256	58
〜275	43	〜349	57
〜525	42	〜392	56
〜725	41	〜496	55
〜1325	40	〜563	54
〜1475	39	〜784	53
〜2000	38	〜942	52
		〜1046	51
		〜1179	50
		〜1482	49
		〜1567	48

出典：養育費研究35頁

4　算定式

　権利者世帯に割り振られる婚姻費用（Z）を算定する式は、下記のとおりです。

$$Z = (X + Y) \times \frac{\text{権利者グループの生活費指数合計}}{\text{全員の生活費指数合計}}$$

　X：義務者の基礎収入

　Y：権利者の基礎収入

ご質問のケースでは、

　　X＝900万円×0.40＝360万円

　　Y＝400万円×0.42＝168万円

$$Z = (360万円 + 168万円) \times \frac{(100 + 85 + 62 + 62 + 62)}{(100 + 100 + 85 + 62 + 62 + 62)}$$
$$= 416万円$$

義務者から権利者に支払うべき婚姻費用分担額（月額）は、

（Z － Y）÷12か月 ＝（416万円 － 168万円）÷12 ≒ 20万7000円

となります。

⒬⑤ 夫が妻子の住む家のローンを負担している場合

　先月、妻と別居し、私は家賃7万円のアパートで1人暮らしを始めました。妻と中学1年（13歳）の息子は、元の自宅のマンションに住んでいます。妻は契約社員で年収250万円、私は会社員で年収700万円です。妻から生活費を請求されていますが、いくら払えばよいでしょうか。自宅のマンションは、私の名義で購入し、今も私が月約10万円のローン返済を続けています。送金する生活費を計算する際、私がローンを支払っていることを考慮してもらえるでしょうか。

　　　　　関係が破綻したことについて、あなたの側に主として責任があるのでなければ、住宅ローンの支払いを考慮して、算定することができます。

　夫婦の一方によるローン返済の実績は、離婚の際の財産分与において、返済した者が単独で資産形成に寄与した分として考慮され、原則、婚姻費用の算定では考慮しないとする考え方があります。しかし、住宅ローンの支払いには、住居費を負担するという面と、資産を形成するという両面があり、ご質問のケースのように、義務者が、権利者の居住する住居の住宅ローンと義務者自身の住居費用（家賃等）を支払い、権利者は住居費の支払いを免れているような場合等には、ローン支払いも考慮しなければ公平を欠く場合があります。

　考慮をしない裁判例としては、義務者に不貞など別居に至ったことにつき主たる責任があるケース（大阪高決平21・9・25（平成21年(ラ)第712号）松本哲泓『婚姻費用・養育費の算定』116頁）、権利者の収入が無収入か著しく低いため権利者の基礎収入の算定において留保される住居関係費がまったくないか非常に少ないケース（大阪高決平29・5・26（平成29年(ラ)第313号）松本・前掲同頁）などがあります。

　一方、義務者に別居に至ったことについての主たる責任がなく、権利者に収入があるケースでは、下記のように住宅ローンの支払いを考慮して計算しています（東京家審平22・11・24家月63巻10号59頁、大阪高決平19・12・27（平成19年㈹第1021号）松本・前掲118頁等）。

$$\text{婚姻費用の額} = \boxed{\begin{array}{c}\text{住宅ローンを考慮しないで}\\\text{算出した婚姻費用分担額}\end{array}} - \boxed{\begin{array}{c}\text{権利者が負担}\\\text{すべき住宅費}\end{array}}$$

　ここでいう「権利者が負担すべき住宅費」とは、権利者の収入に見合う住居関係費（養育費研究31頁資料2による額：権利者の基礎収入の算定において総収入からすでに控除されている額）です。ご質問のケースでは、婚姻費用分担額は、約11万円（算定表の表11）－約3万円＝約8万円となります。

　このほか、義務者の総収入からローン返済額を控除した額を義務者の総収入として算定する方法も、簡便であるため用いられることがあります。ご質問のケースでは、義務者の収入を700万円－120万円（ローン年額）＝580万円とみなし、算定表の表11により月約9万円となります。

　ご質問の場合は、住宅ローンの支払いを考慮してもらえる可能性がありますので、上記のいずれかの計算方法で算定額を提案してみましょう。

Ⅱ　ドメスティック・バイオレンス（DV）

ⓠ1　配偶者の暴力から逃げて別居する方法

　私は、配偶者の暴力や暴言から逃れたいと思っているのですが、どのように家を出ればよいでしょうか。また、その後の手続はどのようにすればよいでしょうか。法的手続を進めるにあたり、どのような点に注意すべきでしょうか。

Ⓐ　暴力がひどい場合には、警察や配偶者暴力相談支援センターなどに相談したうえで、シェルターなどへの避難、DV 防止法による保護命令の申立てなども考えましょう。

　そして、まず安全を確保したうえで、婚姻費用の請求や離婚手続などを進め、経済的自立を含めた、新しい生活を段階的に考えていくとよいでしょう。

1　配偶者からの暴力（DV）とは

　配偶者からの暴力の防止及び被害者の保護等に関する法律（以下、「DV 防止法」といいます）における「配偶者からの暴力」（以下、「DV」といいます）は、配偶者（事実婚含む）、元配偶者であった者からの身体に対する暴力またはこれに準ずる心身に有害な影響を及ぼす言動をいいます（DV 防止法 1 条）。同法上の多くの規定につき、いわゆる同棲関係にある交際相手からの暴力にも準用されます（同法28条の 2）。

　DV により、被害者は、恐怖または不安、無力感、行動の選択肢の剥奪といった心理的抑圧を経験するといわれています（森田ゆり『エンパワメントと人権』133頁）。

　また、子どもの面前でDVを行うことは子どもに対する心理的虐待であり（児童虐待防止法2条4号）、実際、両親間の暴力を目撃しながら育った子どもは脳の一部（視覚野）が小さくなっているという研究結果などもあります（友田明美『いやされない傷〔新版〕』86頁～91頁）。

　いずれにせよ、DVかもしれないと思った場合には、1人で悩みを抱え込まず、最寄りの自治体の配偶者暴力相談支援センターなどに相談に行ったり、弁護士に法律相談してみましょう。配偶者暴力相談支援センターは、各都道府県に設置されている機関です。DV相談や相談機関の紹介、カウンセリング、被害者および同伴者の緊急時における安全の確保および一時保護、自立生活促進のための情報提供、保護命令制度の利用についての情報提供その他援助などを行っています。そこでシェルターを紹介してもらい、別居後一定期間入所できることもあります。まずは、ご自身の自治体の配偶者暴力相談支援センターの連絡先を確認してみてください。

2　まずは安心安全を確保する

(1)　保護命令が利用できる場合

　配偶者からの身体に対する暴力または生命等に対する脅迫を受けた被害者が、①加害配偶者からのさらなる身体に対する暴力により（加害配偶者からの身体に対する暴力を受けた者である場合）、あるいは、②加害配偶者から受ける身体に対する暴力により（加害配偶者からの生命等に対する脅迫を受けた者である場合）、その生命または身体に重大な危害を受けるおそれが大きいという要件を満たせば、裁判所は、被害者の申立てにより、その生命または身体に危害が加えられることを防止するため、加害配偶者に対し、6か月間の接近禁止や2か月間の自宅からの退去を命令する保護命令を発することができます。

　詳細については、本章ⅡQ2を参照してください。

(2)　保護命令の要件に該当しない場合

　前記保護命令の要件に該当しないとしても、恐怖、不安、無力感にさらさ

れ、行動の選択肢や生きていく力そのものを奪われかねない DV 被害の深刻さを考えると、夫婦がいったん離れてみることにより、それぞれが自分らしさを取り戻せるかを互いに熟慮する期間が必要かもしれません。

　保護命令の要件はないけれども、身を寄せた実家に加害配偶者が押しかけてきて騒ぎ立てるなど、別居先で安心・安全が保てないような場合は、ストーカー規制法の利用や民事保全手続としての接近禁止命令を申し立てる方法もあります（コラム 1 参照）。

3　別居するにあたり準備すべきこと

　別居するとしばらく戻れないことも想定されるため、その前提で準備をする必要があります。

　準備を検討するものとしては、次のようなものがあります。

(1)　当面の生活に必要なもの

　当面生活していくための生活費、身分証明書（パスポート、免許証、マイナンバーカードなど）、健康保険、常用薬、子どもを連れて行くのであれば当面必要となる学用品・衣服などが考えられます。

　ただし、通帳、キャッシュカード、保険証などを別居後利用すると、その履歴により所在が配偶者に知れてしまうおそれもありますので、これらの実際の利用に際しては、十分な注意が必要です。

(2)　離婚手続に必要となるもの

　離婚原因や慰謝料の証明資料となる資料（例：暴力による受傷状況の写真や診断書、暴言の証拠となる過去の電子メール等）や、婚姻費用・養育費・財産分与対象財産に関する資料（例：源泉徴収票、夫婦共有財産となる口座のある銀行や証券会社名およびその支店のわかる通帳や通知の写し等）など、離婚手続に必要となる資料については、あらかじめ準備しておく必要があります。

　なお、配偶者が別居後、無断で離婚届を提出してしまうおそれがある場合には、不受理申出書を本籍地または住所地の役所の窓口で提出しておくことも検討しましょう。

4　別居後の生活

⑴　住所の秘匿

(A)　住民票閲覧等制限措置の利用

　DV、ストーカー行為、児童虐待またはこれらに準ずる行為の被害者であれば、市区町村に対して住民基本台帳事務における DV 等支援措置を申し出ることにより、加害者からの「住民基本台帳の一部の写しの閲覧」「住民票（除票を含む）の写し等の交付」「戸籍の附票（除票を含む）の写しの交付」の請求・申出があっても、これらの開示を制限する措置が講じられます。

　この申出を受け付けた市区町村は、警察、配偶者暴力相談支援センター、児童相談所等の相談機関等の意見や裁判所の発行する保護命令決定書等により、DV 等支援措置の必要性について確認しますので、こうした措置を受けるためには、事前にこれらの機関に相談しておく必要があります。

　この DV 等支援措置の期間は、結果を申出者に連絡した日から起算して 1 年とされており、期間終了の 1 か月前から、延長の申出が受け付けられます（住民基本台帳事務処理要領）。

(B)　家庭裁判所への申立時の住所等非開示上申等

　住所を配偶者に秘匿しつつ、家庭裁判所に婚姻費用分担、夫婦関係調整（円満・離婚）等の調停・審判を申し立てる際には、家庭裁判所に提出する書類上の住所の記載には十分注意する必要があります。

　なぜなら、調停申立書は相手方配偶者に送付されますし（家事事件手続法256条）、その他の家庭裁判所に提出する書類も、相手方配偶者が閲覧謄写する可能性があるからです（同法47条・254条）。

　したがって、申立書や委任状に記載する住所は、相手方配偶者に知れてもさしつかえない住所を記載する、診断書、年金分割のための情報通知書、源泉徴収票等住所が知られる可能性がある資料には、該当箇所を黒塗りする、あるいは非開示申出書を添付するなどして、住所秘匿の必要性を明示します。

　もっとも、審判の場合、家庭裁判所は、①事件の関係人である未成年者の

利益を害するおそれ、②当事者もしくは第三者の私生活もしくは業務の平穏を害するおそれまたは③当事者もしくは第三者の私生活についての重大な秘密が明らかにされることにより、その者が社会生活を営むのに著しい支障を生じ、もしくはその者の名誉を著しく害するおそれがあると認められるとき以外は、閲覧謄写の許可をしなければなりません（家事事件手続法47条4項）。したがって、調停時に非開示申出書を付して提出した場合であっても、手続が審判に移行した時に開示される可能性も考慮しておく必要があります。

　さらに、離婚訴訟になると、裁判は原則公開され、訴訟記録を相手方当事者に対して非開示とすることはできませんので（民事訴訟法91条・138条）、委任状等の住所の記載についてはより注意を要します。

⒞　子どもに関する情報開示による所在の特定

　婚姻中は、夫婦が共同親権を有していますので、子とともに所在を秘匿している場合には、相手方配偶者からの関係機関に対する子の所在に関する情報開示請求に注意が必要です。

　この点、名古屋高判平13・12・11判時1795号117頁は、地方自治体の担当部署に、親権者で非監護者である父親が子の保護の事実を問い合わせてきたのに対し、当該自治体の職員が「回答できない」と回答した件につき、違法性はないと判断しています。その理由としては、夫の暴力からの避難を求めて相談し、施設入所を決意した母子の保護の有無を夫に開示した結果、夫が施設に入所した母子の所在を捜しだし、連れ戻す等の行動に出ることも容易に推測できる、母子が一緒に施設入所しているときに、子どもだけの保護の有無を開示することは、母の保護の有無を開示することとなり、情報開示につき母子を分離しては考えられない、保護が緊急避難的なもので、母子の意思に反するものでないこと、配偶者からの暴力に係る被害者の保護の観点から被害者の安全の確保および秘密の保持に十分配慮すべきとするDV防止法の趣旨などがあげられています。

　上記のような観点から、相手方配偶者が子どもの所在を探索するおそれがある場合には、転入転出先の市区町村、児童相談所、学校、保育所・幼稚園、

学童保育など関係する機関に対して、事情を説明したうえで、相手方配偶者からの情報開示に応じないよう、要請しておく必要があるでしょう。

(2)　その他考慮すべき事項

(A)　別居中の連絡方法の確保

別居中の住所を秘匿するとしても、配偶者に対し、自分との連絡方法をきちんと知らせておくことで、配偶者の孤独感や被害感情をやわらげることができる可能性があります。そのような配偶者に対する配慮が、その後の離婚に向けた協議を少しでも円滑に進めることに資するかもしれません。

方法としては、電子メール・SNS などの連絡手段を維持しておく方法もありますが、電子メールや SNS などにより配偶者から直接連絡がくるだけで精神的に不安定になるような場合には、早期に弁護士の代理人を選任して連絡の仲介をゆだねることも検討すべきでしょう。

弁護士費用については、資力要件はあるものの、法テラスの立替払制度（第4章Q10参照）が利用できる可能性もありますので、問い合わせてみるとよいでしょう。

(B)　面会交流

子どもを連れて別居をする場合、別居親と子の今後の関係について、子を監護する親は十分配慮検討する必要があります。

しかし、前記のとおり、DV による子どもに対する影響も軽視すべきではなく、別居親との面会を検討する場合には、子どもの安全や安心感を、まずは優先すべきです。その影響の程度によっては、調停・審判においても直接の面会が認められない場合もありえます。

DV の影響を受けて、あなた自身が子どもの面会交流により不安定になってしまうという懸念がある場合には、相手と直接接触しなくてもよいよう、代理人弁護士を介在させたり、面会交流支援の第三者機関を利用するなどの方法があります（面会交流支援機関については、第7章ⅣQ4参照）。

(C)　婚姻費用分担

自分から別居した場合でも、婚姻中は夫婦相互に他方に対し同程度の生活

水準を確保する義務（生活保持義務）がありますので、別居後の生活を維持するために、配偶者に対し、婚姻費用分担調停・審判を申し立てることが考えられます。

　その詳細については本章ⅠＱ１を参照してください。

Ｑ2　保護命令の要件

　夫は、ときどき口論でかっとなると私に向かって物を投げつけるなど
し、しばしば「誰が稼いでいると思っているんだ」と恫喝してきます。
私は恐怖を覚え、子どもたちとともに、実家に身を寄せたところ、夫は
私の実家にも押しかけてきて、大声で私に出てくるように要求し、「子
どもに会わせろ」と電話・電子メールで執拗に要求してきます。

　いずれは離婚を求めるつもりですが、まずは、平穏に生活できる手段
はないものでしょうか。

A　　DV 防止法の「暴行」は刑法上の暴行罪または傷害罪にあたるよ
うな行為がこれに該当するとされています。刑法上の暴行罪につい
ては、人に向けられていれば足り、物理的接触は不要とされているので、あ
なたの場合には、夫があなたに対して物を投げつけた態様によっては、DV
防止法の保護命令を利用できる可能性があります。それが不可能な場合でも、
ストーカー規制法や一般の民事保全法による接近禁止の仮処分を利用できな
いか検討されるといいでしょう。ご相談のケースでは、はいかい禁止、架電
の禁止などの命令が発令される可能性があります。

1　保護命令とは

　保護命令とは、配偶者からの身体に対する暴力または生命等に対する脅迫
を受けた被害者が、①加害配偶者からのさらなる身体に対する暴力により
（被害者が、加害配偶者からの身体に対する暴力を受けた者である場合）、あるい
は、②加害配偶者から受ける身体に対する暴力により（加害配偶者からの生
命等に対する脅迫を受けた者である場合）、その生命または身体に重大な危害
を受けるおそれが大きい場合に、裁判所が、被害者の申立てにより、その生
命または身体に危害が加えられることを防止するため、加害配偶者に対し、
6 か月間の接近禁止や 2 か月間の自宅からの退去を命令するものです（DV

防止法10条 1 項)。

　ここでいう「配偶者」には、事実婚の配偶者も含まれます。また、2013年のDV防止法改正により、さらに対象が広げられ、いわゆる同棲関係にある交際（婚姻関係における共同生活に類する共同生活を営んでいないものを除く）をする関係にある相手からの暴力を受けた場合にも保護命令の対象とされることになりました（DV防止法28条の 2 ）。

　なお、配偶者からの身体に対する暴力を受けた後（①の場合）または、配偶者からの生命等に対する脅迫を受けた後（②の場合）に、被害者が離婚をした場合でも、当該配偶者であった者からその後身体に対する暴力によりその生命または身体に重大な危害を受けるおそれが大きい場合も保護命令の対象となります。

2　保護命令の内容

(1)　接近禁止命令とは

(A)　接近禁止命令の内容

　接近禁止命令とは、命令の効力が生じた日から起算して 6 か月間、被害者の住居（当該配偶者とともに生活の本拠としている住居は除かれます）その他の場所において被害者の身辺につきまとい、または被害者の住居、勤務先その他その通常所在する場所の付近をはいかいしてはならないことを、裁判所が加害配偶者に命じるものです。

　期間は保護命令の効力が生じた日から起算して 6 か月間とされており（DV防止法10条 1 項 1 号）、保護命令は、相手方に対する決定書の送達または相手方が出頭した口頭弁論もしくは審尋期日における言渡しにより発効します（同法15条 1 項）。

(B)　電話等禁止命令

　接近禁止命令と同時、または発令後、被害者の申立てにより、裁判所は加害者に対し、接近禁止命令の効力が生じた日から起算して 6 か月間、次の行為を禁止する命令を発令することができます（DV防止法10条 2 項）。

① 面会を要求すること。

② その行動を監視していると思わせるような事項を告げ、またはその知りえる状態におくこと。

③ 著しく粗野または乱暴な言動をすること。

④ 電話をかけて何も告げず、または緊急やむをえない場合を除き、連続して、電話をかけ、ファクシミリ装置を用いて送信し、もしくは電子メールを送信すること。

⑤ 緊急やむをえない場合を除き、午後10時から午前6時までの間に、電話をかけ、ファクシミリ装置を用いて送信し、または電子メールを送信すること。

⑥ 汚物、動物の死体その他の著しく不快または嫌悪の情を催させるような物を送付し、またはその知りえる状態におくこと。

⑦ その名誉を害する事項を告げ、またはその知りえる状態におくこと。

⑧ その性的羞恥心を害する事項を告げ、もしくはその知りえる状態におき、またはその性的羞恥心を害する文書、図画その他の物を送付し、もしくはその知りえる状態におくこと。

(C) 被害者の同居の子への接近禁止命令

被害者がその成年に達しない子（2022年4月からは、改正民法4条により18歳未満の子をさします）と同居しているときで、配偶者が幼年の子を連れ戻すと疑うに足りる言動を行っていることその他の事情があることから被害者がその同居している子に関して配偶者と面会することを余儀なくされることを防止するため、必要があると認めるときは、接近禁止命令と同時に、または発令後に、被害者の申立てにより、裁判所は加害者に対し、接近禁止命令の効力が生じた日から起算して6か月間、当該子の住居（加害者とともに生活の本拠としている住居を除く）、就学する学校その他の場所において、当該子の身辺につきまとい、またはその子の住居、就学する学校その他その通常所在する場所の付近をはいかいしてはならないことを命ずることができます（DV防止法10条3項本文）。

ただし、その子が15歳以上であるときは、その子自身の同意が必要です（DV防止法10条3項但書）。

(D)　被害者の親族等への接近禁止命令

配偶者が被害者の親族その他被害者と社会生活において密接な関係を有する者（被害者と同居している子および配偶者と同居している者を除きます）の住居に押しかけて、著しく粗野または乱暴な言動を行っていることその他の事情があることから、被害者がその親族等に関して配偶者と面会することを余儀なくされることを防止するため必要があると認めるときは、接近禁止命令と同時、または発令後、被害者の申立てにより、裁判所は加害者に対し、接近禁止命令の効力が生じた日から起算して6か月間、当該親族等の住居（当該配偶者とともに生活の本拠としている住居を除きます）その他の場所において、当該親族等の身辺につきまとい、または当該親族等の住居、勤務先その他その通常所在する場所の付近をはいかいしてはならないとの命令を発令することができます（DV防止法10条4項）。

この命令は、当該親族の同意がある場合に限り、申立てをすることができます（DV防止法10条5項）。

(2)　退去命令の内容

退去命令とは、命令の効力が生じた日から起算して2か月間、被害者とともに生活の本拠としている住居から退去することおよび当該住居の付近をはいかいしてはならないことを裁判所が加害配偶者に命じるものです。

なお、同命令は、申立時において、被害者および加害者が生活の本拠をともにする場合に限り発令が可能となります（DV防止法10条1項但書）。

「被害者と共に生活の本拠としている住居」とは、日常生活を営んでいる場所のことであり、仮に被害者が申立時、配偶者暴力相談支援センターや実家等に避難していても、それが一時的に避難していることが明らかであれば、要件を満たすことになります。

3　保護命令の手続の流れ

⑴　申立て

　保護命令の管轄裁判所は、①相手方の住所（日本国内に住所がないときまたは住所が知れないときは居所）の所在地を管轄する地方裁判所（DV 防止法11条１項）、②申立人の住所または居所の所在地を管轄する地方裁判所（同条２項１号）、③配偶者からの身体に対する暴力または生命等に対する脅迫が行われた地を管轄する地方裁判所（同項２号）とされています。

　保護命令は、本人自身で申立てが可能です。申し立てることを容易にするために、裁判所から申立てのための書式などが公表されています。〈http://www.courts.go.jp/tokyo/saiban/minzi_section09/dv/〉は東京地方裁判所の申立書ですので参考にしてください。

　保護命令申立書には付属書類等として、

① 　申立書に、配偶者暴力相談支援センターの職員または警察職員に対して相談し、援助もしくは保護を求めた事実の記載がないときは、申立人の宣誓供述書（申立書に相談等の事実の記載がある場合には、裁判所が配偶者暴力相談支援センター等に相談内容についての書面の提出を求めます）。

② 　主張書面および書証の写し（戸籍謄本、住民票、診断書、写真など）

③ 　15歳以上の子への接近禁止命令を求める場合、子の同意書

④ 　被害者の親族等への接近禁止命令を求める場合、当該親族等の同意書

などが必要となります。

　提出する書面は、相手方に送付されます。また、相手方に送付されない書類、たとえば委任状なども、当事者であれば、閲覧謄写が可能ですので（DV 防止法19条）、申立人の避難先の情報が推察される資料などを誤って提出しないよう細心の注意が必要です。

　たとえば、申立人の保護先を秘匿している場合、申立人の住所として、住民票上の住所や配偶者とともに生活の本拠としていた住所等を記載する、診断書の患者名欄の住所の記載や通院先病院の所在地などについては、その部

分を秘匿した写しを提出するなどの工夫が必要です（法曹会編『例題解説 DV 保護命令／人身保護／子の引渡し』43頁〜44頁、58頁など参照）。

(2)　申立後の流れ

(A)　申立人本人審尋

申立後、多くの裁判所において、申立人本人を裁判所に呼んで事情を聴く本人審尋をしています（法曹会編・前掲109頁）。

本人審尋は、裁判所が早期に事案を把握し、申立ての実情、相手方審尋の要否を判断するのに必要な情報、相手方の性向など相手方審尋の期日における警備の要否等を把握するために行っていますので、そこで裁判所に配慮を要請する事項などは遺漏なく話をすることが必要です。

(B)　相手方審尋

保護命令の手続では、原則相手方審尋が行われます（DV 防止法14条1項本文）。

相手方とされた場合には、後記のとおり審尋期日当日に保護命令が言い渡されることが多いため、同期日までに、自身の主張およびその主張を裏づける資料等を提出できるように用意する必要があります。

また、相手方としては、申し立てられているのが退去命令の場合、発令後すぐに効力が生じ、直ちに自宅に戻れなくなりますから、発令の可能性がある場合には、事前にパスポート・保険証など自身の重要な書類などは、自宅から持ち出しておく必要があります。

(C)　保護命令の発効

保護命令は、相手方に対する決定書の送達または相手方が出頭した審尋等の期日における言渡しによって効力を生じます（DV 防止法15条2項）。実際、効力発生時期を明確にし、かつ、効力が可能な限り早期に生じるよう、原則として期日における言渡しの方法により行うことが相当とされています（鬼澤友直＝福田修久「東京地裁及び大阪地裁における平成16年改正 DV 防止法に基づく保護命令手続の運用」判タ1157号20頁）。

したがって、相手方が審尋期日に出頭した場合には、即日、決定言渡しが

なされる可能性が高いと思っていたほうがよいでしょう。

　保護命令が発令されると、裁判所書記官から、申立人の住所または居所を管轄する警視総監または道府県警察本部長に対してその旨通知されます。

　保護命令が発令され、それに違反した場合には、1年以下の懲役刑または100万円以下の罰金刑の対象となります（DV防止法29条）。

(D)　即時抗告

　保護命令に対し不服がある場合には、裁判の告知を受けた日から1週間以内に即時抗告をすることができます（DV防止法16条・21条、民事訴訟法332条）。

　もっとも、即時抗告には保護命令の執行を停止する効力はないため（DV防止法16条2項）、執行を停止するためには別途即時抗告に伴う効力の停止の申立てをする必要があります。

／コラム1／

保護命令の要件を満たさない場合
──民事保全・ストーカー規制法の活用──

　暴言は酷いけれども物理的暴力はない場合、生命等に対する脅迫までには至らない心理的DVの場合等、DV防止法の保護命令の対象にまではならないDVの場合、保護命令は利用できません。

　そのような場合は、面談強要禁止などの民事保全手続の利用やストーカー規制法に基づく警告・禁止命令の利用を検討します。

●民事保全の利用──面談強要禁止や接近禁止等の仮処分の申立て

　面談強要禁止仮処分等は、人格権（平穏に生活を営む権利）に基づく妨害排除請求権または妨害予防請求権を根拠とする、仮の地位を定める仮処分と考えられています。

　一般に仮の地位を定める仮処分命令は、「争いのある権利関係について債権者に生ずる著しい損害または急迫の危険を避けるためにこれを必

要とする」ことが発令要件とされています（民事保全法23条2項）ので、これらの仮処分等を発令するためには、人格権侵害といえるほどの執拗な加害の事実が認められる必要があります。なお、この仮処分命令を得るには保証金が必要になります（加害行為が悪質なときは保証金が低額になることもあります）。

●ストーカー規制法の利用

　ストーカー規制法は、特定の者に対する恋愛感情その他好意の感情またはそれが満たされなかったことに対する怨恨の感情を充足する目的で、つきまとい等をして相手方に不安を覚えさせることを禁止し（ストーカー規制法3条）、ストーカー行為を反復して行うおそれがある場合に、警察本部長等がさらに反復して当該行為をしてはならない旨を警告し（同法4条）、さらに公安委員会からの禁止命令等（同法5条）を発することができると規定しています。

　加害者を「配偶者等」に限定しない反面、加害者の行為がストーカー規制法に規定するつきまとい行為に該当する必要があるほか、「特定の者に対する恋愛感情その他の好意の感情又はそれが満たされなかったことに対する怨恨の感情を充足する目的で」という要件が必要です。このため、子との面会要請といった外観を装ったつきまといの場合には利用しにくいというデメリットがあります。

Ⅲ　嫡出推定

ⓠ 別居中に夫以外との子を妊娠したときの親子関係は

> 夫とは不仲になり3年前から別居しているのですが、今年、他の男性と性関係をもち妊娠してしまいました。できれば中絶したくないのですが、もし産んだ場合に、子どもの親は誰になるのでしょうか。

Ⓐ　婚姻の日から200日を経過した後、または離婚の日から300日以内に生まれた子の父は、産んだ母の夫と推定されています。この父子関係成立についての規定を嫡出推定と呼んでいます。嫡出推定に関して最高裁判例のとる外観説をよく理解して、対応していく必要があります。

1　嫡出推定

　妻が婚姻中に懐胎した子は夫の子と推定され（民法772条1項）、婚姻の成立の日から200日を経過した後または婚姻の解消もしくは取消しの日から300日以内に生まれた子は、婚姻中に懐胎（妊娠）したものと推定されます（同条2項）。これは父子関係の成立についての規定ですが、民法は婚姻中に妻が懐胎した子を嫡出子と呼んでいますので、この規定は嫡出推定の規定とされています。

　ご相談のケースでは、たとえ別居していても婚姻中の懐胎ですので、このままですと、子の法律上の父はあなたの夫になり、子は夫婦の嫡出子とされてしまいます。

2　推定されない嫡出子

　一方、婚姻中の成立日から200日を経過しないうちに生まれた子は、民法772条による嫡出推定は及びませんが、婚姻中に生まれた子であることには

変わりがないことや、婚姻前から性交渉があったことも少なくないことから、父母が嫡出子として届け出れば、戸籍実務上、夫婦の嫡出子として扱われています（推定されない嫡出子）。ただし、出生届出の際に、母が嫡出でない子として届け出れば届出どおり扱われ、子は母の戸籍、つまり夫婦の戸籍に入りますが、子の父欄は空白になり、夫は法律上の父にはなりません。

3　母の夫が血縁上の父でない場合

　母子関係は、代理母による出産等の場合は議論があるものの、おおむね分娩（出産）した者を母とすることで理解が得られるのに対し、父子関係は、誰が真実の父かわかりにくいことから、子の父を速やかに確定するために嫡出推定規定の意義があるとされています。しかし、現実には、ご質問のケースのように婚外の性交渉もあるので、夫以外の男性の子を出産すると、嫡出推定による父子関係と血縁上の父子関係が一致しなくなります。こうした不一致を是正したいとき、どのような場合に、誰がどういう手続で修正することができるのかが問題になります。

　養子縁組制度もあるように、民法自体が、もともと血縁上または遺伝上の父と法律上の父が一致しない場合でも嫡出子とされうることを予定しています。さらに最近では、性別変更をした当事者の子や夫以外の精子を用いた人工授精のように、血縁上その夫婦の子でないことが明らかな場合も嫡出性は否定されていません。したがって、単純に、血縁関係がなければ父子関係を否定できるというものではありません。

4　嫡出の否認

　まず、嫡出推定をくつがえす手続として、父（夫）または元夫による嫡出の否認（民法774条）の制度があります。この手続は、嫡出否認の訴えによって行うこととされ（同法775条）、この訴えの出訴期間は、夫が子の出生を知ったときから1年以内と制限されています（同法777条）。なお、嫡出否認の訴えは人事訴訟事項（人事訴訟法2条2号）ですので、調停前置主義が適

用され、いきなり提訴することができず、まず調停の申立てをする必要があるのが原則です。そして、調停において、父母の間で子の父が夫でないことおよび訴訟によらずに解決することを合意しているならば、訴訟ではなく簡易な手続として、一般に「合意に相当する審判」（家事事件手続法277条1項）により解決しています。この審判は、当事者の合意のみに基づいて自由に決めたり処分すべきでない事項について、通常の家事調停（一般調停、同法別表第二の調停）の調停成立という方法で終わるのではなく、裁判所が一定の事実調査をしたうえで正当と認めた場合に、裁判官の判断によって審判がされる手続です。

5　外観説と親子関係不存在確認請求・認知請求

　しかし、夫または元夫が、積極的に嫡出否認の手続をとろうとしない場合や、夫または元夫が自分の子でないことを知らずに出訴期間の1年が過ぎてしまい夫からも嫡出否認の申立てができない場合があります。

　こうした場合であっても、最高裁判例によれば、妻が懐胎した時期に夫が海外赴任していたり刑務所に収監されていたりして長期不在であったり、すでに不仲になって別居しており事実上の離婚が先行していた等、妻が夫の子を懐胎することが不可能であったことが外観上明白であった場合には、懐胎を推定する基礎を欠くので嫡出推定を受けないとしています（最二小判平10・8・31家月51巻4号33頁、最二小判平10・8・31家月51巻4号75頁等）。この立場を外観説と呼んでいます。これらの判例は、子の身分の安定を図りつつ、性的なプライバシーにかかわる事項に第三者や公権力が介入することを避けようとする立場で、訴訟要件として外観上の明白性を要求しているものと考えられ、それが認められない場合には請求棄却判決ではなく訴え却下判決とされています。

　そして、この嫡出推定を受けない子の場合には、嫡出否認の訴えの出訴期間が過ぎていても、親子関係不存在確認請求訴訟またはその合意に相当する審判の方法によって、父子関係を否定することができます。親子関係不存在

確認請求もまた人事訴訟事項（人事訴訟法 2 条 2 号）ですので、調停申立てから始めることが原則として必要です。

　なお、最一小判昭44・5・29民集23巻 6 号1064頁は、親子関係不存在確認請求の手続を経ずに、いきなり子から血縁上の父に対して認知請求することもできるとしており、これを先回り認知と呼んでいます。

　しかし、妻が夫の子を懐胎することが不可能であったことが外観上明白でない場合、たとえば同居中に懐胎した場合や、別居していても夫婦の交流があったような場合には嫡出推定を排除できませんので、親子関係不存在確認請求訴訟を提起することはできず、嫡出否認の訴えの出訴期間を過ぎると、DNA 鑑定により父子関係がないことが証明できる場合であっても、あるいは、DNA 鑑定により父と認められる者と子が同居している場合であっても、訴訟では誰からも父子関係をくつがえすことができなくなります（最一小判平26・7・17民集68巻 6 号547頁、最一小判平26・7・17判時2235号21頁等）。

6　学説や立法の動き

　学説では、硬直的な外観説による不都合を克服するため、嫡出推定をくつがえす方法として、DNA 鑑定の結果等の客観的資料によって推定をくつがえすことができるとする「血縁説」（純粋な血縁説をとる者はほとんどいません）、夫ないし元夫、真実の父および母といった関係者が合意していれば推定を排除してよいとする「合意説」、家庭の平和がすでに失われているときに限り客観的事実を優先させるという「家庭破綻説」、すでに子が血縁上の父と同居し新たな家庭が形成されているなど父子関係の否定が子の利益に合致すると認められる場合に客観的事実を優先させる「新家庭形成説」など、種々の考え方が提案されてきました。

　嫡出否認の権利が父にしか認められないことは憲法の平等権規定に違背すると訴える裁判もあり、大阪高判平30・8・30訟月65巻 4 号623頁は合憲と判断しましたが、その理由中で立法による解決を促しました。2019年より、法務省法制審議会は、嫡出推定規定の見直しを審議しています。婚姻後200

日以内に生まれた子にも推定規定を及ぼす、嫡出否認の訴えの出訴期間を長くする、母や子にも提訴権を認めるなどの改正がされる可能性があります。

7　出生の届出の方法

　出生の届出は、出生から14日以内にしなければならず（戸籍法49条１項）、嫡出否認の訴えを提起しているときでもしなければならないとされていますが（同法53条）、離婚後の出生の場合には、実際には、父子関係不存在確認の判決または審判を得てから出生の届出をするという方法がよくとられています。こうした判決等を得るための相当期間内は、出生の届出がされなくても、過料の制裁の規定（同法135条）が発動されることもなく、実際の戸籍実務では柔軟に対応しています。父子関係不存在確認の判決または審判を得てから、これらの裁判書の謄本を添えて出生を届け出れば、子はいったん元夫の戸籍に入ることなく、直接母の戸籍に入ることができます。なお、判決等を得るより前に出生の届出をして夫または元夫を子の父として戸籍に記載されてしまったときには、そうした裁判書の謄本を添えて、戸籍訂正の申請をすることになります（同法116条）。

　なお、婚姻解消後300日以内の出産の場合は、医師の懐胎時期証明書により、懐胎したのが婚姻期間中でないことを明らかにして、前夫の子ではないものとして出生届をする方法も可能です。

8　ご相談のケースでは

　夫との別居開始から懐胎までに２年間ほど経過しているようですので、嫡出推定が及ばない場合にあたります。したがって、出産後に、妻から夫に対して父子関係不存在確認の調停を申し立てて、あるいは、子から血縁上の父に対して、いきなり認知請求調停を申し立てる方法により、合意に相当する審判または判決を得て、父子関係を断ち切ることができます。なお、夫の協力が得られるなら、夫から嫡出否認の訴えまたは合意に相当する審判を申し立ててもらう方法によることもできます。

　妊娠したら子を産みたいと思うのは自然なことです。しかし、実際には、婚姻中に他の男性の子を懐胎したことを夫が知った場合に、夫から子の父に対して不貞の慰謝料請求がされるなど、新たな紛争が発生する場合もあります。前記の実父に対する認知請求の合意に相当する審判の手続をとる先回り認知の方法では、夫に何も知らせずに手続が行われる場合もありますが、家庭裁判所から夫に確認をとることもあります。夫の関与なしに手続を進めたい場合には、あらかじめDNA鑑定を実施し資料を整えておくなど、十分な準備が必要です。

Ⅳ　その他

Q1　自宅を売却されそうな場合の対処法

結婚後、夫婦でマンションを買いましたが、名義は100%夫です。住宅ローンは、夫が主たる債務者で、私が連帯保証人になっていますが、まだ、15年以上もローンが残っています。1年前、夫は離婚したいと言って家を出ていきましたが、その後も住宅ローンは夫が支払っています。最近、夫は離婚してマンションも売却したいと言ってきました。私は離婚する意思はありません。子どももいるので、このままこのマンションに住み続ける方法はありますか。

A　住み続けられるか否かは、あなたが有責配偶者にはあたらないか、夫が勝手に売却したりローン返済を止める可能性があるか、その原因は返済能力がないためか、あなたを追い出すためか、あなたは離婚を絶対に回避したいか、仮処分など保全措置を検討する余地はないか、あなたが離婚の財産分与としてではなく共有持分を主張できるだけの資金負担を行ってきたか、離婚の財産分与として不動産の持分の一部の分与を得られる可能性があるか、子が20歳に達するまで等の期限を付し、更新を認めない特別な賃借権や使用借権設定の余地はないか、などによります。あなたのケースに合う適切な方法を考えてみましょう。

1　婚姻継続中の無償使用権

あなたは、夫婦の破綻の原因を主としてつくった有責配偶者（第2章Q11参照）にはあたらないでしょうか。もし、あたるならば、夫からの離婚請求は認められますので、それに伴う財産分与の内容の中で、不動産の持分の取得や賃借権・使用借権の設定など、今後も住める方法を検討することが必要と思います（第4章Q7～Q8参照）。

　もし、有責配偶者にあたらないならば、家族で住んでいた婚姻住居については、婚姻継続中はあなたの無償使用権があると考えられますので、たとえ不動産の名義が100％夫であっても、夫があなたを一方的に追い出すことはできません。自信をもってください。夫婦間の同居義務（民法752条）を根拠としています。そしてもし、夫がローンの返済に特に困っているわけでもないのに、ローン返済を止めたり、あなたやお子さんらが住んでいるまま第三者に家を売ろうとするならば、それは、悪意の遺棄や夫婦間の信義に反する追い出し行為であり、その行為自体が、夫からの離婚請求を裁判所がいつまでも認めない要因になります。したがって、万が一、こうした行為があるならば、書面でしっかりと抗議しましょう。

2　不動産の売却を止め、居住権を確保するには

(1)　保全措置──仮差押え・仮処分

　それでも、夫が勝手に不動産を売ろうとしている場合には、売却を阻止する方法の1つとして、離婚に基づく財産分与請求権や慰謝料請求権を根拠として、保証金が必要ですが、仮差押え・仮処分の申立てをする方法があります（第4章Q10参照）。ただし、金銭の確保よりも不動産の売却阻止に重点をおく場合は仮処分を申し立てます。仮差押えや仮処分の決定が出た場合、夫からは裁判所に対して起訴命令（民事保全法37条1項）の申立てをすることができ、起訴命令が出ますと、あなたから離婚請求の訴えを提起しなければならなくなります。また、あなたが仮差押え・仮処分を申し立てた事実が、夫からの離婚請求を認容する1つの根拠とされる可能性があります（最一小判平2・11・8家月43巻3号72頁）。したがって、あなたが、絶対に離婚を回避したい場合には選べない方法です。なお、起訴命令が出たのに離婚訴訟を提起しない場合で夫の申立てがあれば、仮差押え・仮処分は取り消されてしまいます（同条3項）。

(2)　ローン返済の引受け、不動産購入、贈与、共有持分取得など

　相手の資力低下により、ローンが不払いになったり売ろうとする場合もあ

ります。ローン返済が滞ると、銀行などの債権者は不動産に担保設定していた抵当権を実行し、不動産は任意競売にかけられ第三者が落札してしまいます。するとあなたが住み続けることはできなくなってしまいます。

　こうした場合で、離婚せずに住み続けるには、

①　あなたに資力や収入があるならば、夫に代わってローン返済をする。

②　夫から不動産を購入し、あなたが夫名義の銀行ローンを一括返済したり、新たにあなたの名義で銀行ローンを借り受けて購入資金をつくったりする。

③　20年以上継続した夫婦で夫が同意するならば、夫婦間贈与の免税の範囲で不動産の贈与を受け、全部または一部をあなたの名義に変更し、残ローンの返済を①や②の方法で検討する。

④　あなたがこの不動産の購入や繰上返済の際に、自分の収入や資産から支弁してきた実績があるならば、あなた名義の共有持分を登記する。

などの方法が考えられます。

　①のローンが夫名義のまま代わって返済する方法は、あなたが支払いに寄与した事実がきちんと証明できるかが不明で、後に離婚の財産分与の問題となるときに評価されるか心配です。また、夫が他の借金にも追われているならば、あなたがせっかくローン返済している不動産を、他の債権者に差し押さえられて取られかねません。夫名義のまま夫のローンを返済することは、あまりおすすめできません。

　③は、20年以上継続した夫婦間での不動産の贈与は金2000万円までは贈与税が免除される制度を使います。暦年贈与の年110万円の免税もありますので、時価で2110万円までならば可能です。対象不動産の価値によって持分全部または一部の贈与を受けて登記し、あなたの居住権を確立させる方法です。

　④は、離婚せずに共有持分の登記をする方法ですが、家計が一体だったのでローン返済に貢献してきたという程度では足りず、あなた自身の資産や働いて得た収入から返済したという明確な証拠が必要です。夫が争えば、訴訟により共有持分を確認させその登記移転を求める判決が必要で、急ぐならば、

訴訟の前にその持分保全の仮処分決定を得ることも可能です。

(3)　共有物分割請求と使用権設定

　仮に共有になったとしても、共有物については、持分権者の一方から他方に対して、共有物分割請求を行うことができ（民法256条1項）、話し合いがつかないならば提訴することができます。裁判では、一方が他方の持分に相応する代償金を支払うなどの提案がなければ、最終的には競売が判決で命じられることになってしまいます。ただし、別居中の夫婦の場合には、夫婦の一方からの共有物分割請求を権利濫用にあたるとして、認めない判例もあります（コラム2参照）。

　不動産に住み続ける権利を確保するには、夫と話し合って、夫の持分につき、賃借権（有償）や使用借権（無償）を設定してもらう方法が確実です。無期限の使用権では、夫に過大な負担になるようであれば、子らが成人するまで等の期限を付した使用権の設定も可能です。離婚に至る場合には、判決で財産分与の一環として、使用権が設定される場合もあります（第4章Q7参照）。

---／コラム2／----------

共有物分割と財産分与

　夫婦で不動産を共有している場合に、その共有関係を解消する場合として、①共有物分割請求（民法758条3項・256条以下）と②財産分与請求（同法768条）があります。①と②の違いは、〔表〕のとおりです。

〔表〕　共有物分割請求と財産分与請求の違い

	請求時期	対象物
①共有物分割請求	共有関係にあるとき	対象不動産のみ
②財産分与請求	離婚時〜離婚後2年内	夫婦共有財産のすべて

　したがって、離婚時に、夫婦共有不動産があるときは、①共有分割請求も②財産分与請求もできます（東京地判平20・11・18（中間判決）判タ

1297号307頁）が、共有持分が2分の1ずつではないときなど、財産分与ではなく、共有物分割を認めることが公平を失する場合もあります。

　夫婦共有財産に対する共有物分割請求が権利の濫用にあたるとして、請求が認められない場合もあり、特に別居中で共有物分割を請求しているのが有責配偶者である場合などは分割に慎重です（大阪高判平17・6・9判時1938号80頁、東京地判平29・12・6判タ1464号208頁など）。

◎2　預金の持ち出しと財産分与・婚姻費用の関係

先日、夫と別居しました。私は、就職後まもなく結婚して退職し、その後は働いていませんので、私名義の預金はほとんどありませんでした。そこで、別居に際して、夫名義の預金から、お金を引き出して、別居後のアパート代や生活費に使っています。今後、家庭裁判所に離婚調停と婚姻費用分担請求調停を申し立てる予定ですが、私が使った夫名義の預金はどうなりますか。

Ⓐ　あなたが引き出して使った夫の預金は、それが、同居中に2人で形成した夫婦共有財産に属するものであれば、離婚の際の財産分与の際に清算されるべきものです。原則、婚姻費用の算定においては考慮されません。財産分与の際には、別居時の預金残高を分与対象財産として計算し、あなたが別居後に使った分は、あなたが、取得したものとして計算されます。

1　婚姻費用の分担額を定めるにあたり、同居期間中に蓄積した夫婦の共有財産等は考慮されないとした事例

妻と夫は1997年に婚姻しましたが、夫は2008年、家を出て別居しました。夫は、1991年にマンションを取得して賃貸していましたが、その賃料収入は妻の口座に振り込まれ、別居後は、妻は、無収入のため、それを自分の生活費にあてていました。

妻から婚姻費用の請求をしたところ、夫は、同居中に蓄積した夫婦共有財産や別居後に妻が夫名義の口座から引き出した金員を婚姻費用分担額の算定において考慮すべきであると主張しました。

これに対して、第一審（福岡家審平22・3・16）および抗告審（福岡高決平22・6・1）は、調停申立時以降毎月6万円の婚姻費用を支払うよう夫に命

51

じました。

　その理由として、①夫の収入は650万円、妻の収入は0円であること、妻は生活費としてマンションの賃料をあてていることを考慮して婚姻費用を定めるのが相当である、②夫婦の共有財産は離婚の際の財産分与として清算するのが原則である、③妻が夫名義の口座（夫婦共有財産）から引き出した金員等について婚姻費用の先払いとすることは、扶養義務者において婚姻費用分担義務を免れる一方、扶養権利者が財産分与により取得できる夫婦共有財産の減少を招くことになり、相当ではないから、当事者の継続的な収入のみを基礎として婚姻費用分担金を定めるべきであるとしました。最高裁判所は、抗告審の判断を是認し、夫からの特別抗告を棄却しました（最一小決平22・9・30（平成22年（許）第25号）判時2121号19頁「許可抗告事件の実情」）。

2　夫婦共有財産である預貯金等を管理している者から他方配偶者に対して婚姻費用の分担を求めることができるとされた事例

　夫と妻は、2004年に婚姻し、長女および二女をもうけましたが、夫は2009年に単身で実家に戻り別居しました。夫も妻も教員です。

　妻から婚姻費用の請求をしたのに対して、夫は、妻が700万円もの夫婦共有財産である預貯金等を管理し、自由に支出できる状態にあるから、婚姻費用分担義務はない、別居の原因は専ら妻にあること等から、妻の請求は、信義則に反し、権利の濫用にあたると主張しました。

　第一審（長野家伊那支審平22・9・22）および抗告審（東京高決平23・6・3）は、月額6万円の婚姻費用を支払うように夫に命じました。

　その理由として、①妻が夫婦共有財産を持ち出してもそれは離婚時において処理すべき問題であり、夫は婚姻費用の分担義務を免れることはできない、②夫婦の別居に至る原因と別居中の婚姻費用分担の要否とは直ちに結びつかない事柄であり、一件記録を検討しても、現に未成年の子2名を監護養育している妻が夫に対して婚姻費用の分担金を請求することが権利の濫用である

とするまでの事情は認められないとしました。最高裁判所は、第一審および抗告審のこの判断を是認し、夫からの特別抗告を棄却しました（最二小決平23・9・21（平成23年(許)第40号）判時2164号27頁「許可抗告事件の実情」、同旨前掲最一小決平22・9・30）。

3　預金を持ち出した配偶者の婚姻費用分担の申立てを却下した事例

前掲1および2とは異なる判断を示す裁判例もあります。

別居時に夫婦共有財産である預金を持ち出した妻から夫に対する婚姻費用分担請求事件で、第一審は妻の請求を認めましたが（札幌家審平16・2・6家月57巻8号96頁）、抗告審は、原審判を破棄し、妻の保管している預金から、住宅ローンの支払いにあてられる部分を除いた額の少なくとも2分の1は、夫の妻に対する過去の婚姻費用分および将来の支払分にあてるものとして取り扱うのが当事者の衡平にかなうものと解する、夫婦共有財産は最終的には離婚時に清算されるべきであるが、離婚または別居状態解消までの間、夫婦共有財産が婚姻費用の支払いにあてられた場合には、そのあてられた額をも考慮して清算すれば足りるとし、夫の婚姻費用分担義務はないとして、妻の申立てを却下しました（札幌高決平16・5・31家月57巻8号94頁）。

4　夫婦共有財産やその持ち出しは、原則、財産分与において清算される

前掲3の裁判例は例外的で、一般には、前掲1および2の判例の方法により実務は行われています。

あなたが、夫の預金からお金を引き出して生活費等に使った場合に、それが、夫婦共有財産であれば、離婚の際の財産分与において清算されることになります。夫は、あなたが夫の預金を使ったからという理由で婚姻費用の支払いを拒むことは原則できません。また、あなたが夫婦共有財産を自由に管理する立場にあったとしても同様です。

　ただし、もし、あなたが引き出した夫の預金が、夫の特有財産（婚姻前に蓄えていた財産や婚姻後に贈与等により取得した財産など）であることが明らかな場合は、返還すべき場合もあります。また、夫婦共有財産と認められる預金であっても、自己の資産確保のために他方配偶者の預金の多くを引き出した場合には、引出額のうち、共有財産としての持分2分の1を超える部分については、不法行為に該当するものとして損害賠償が命じられた事例もあります（東京地判平25・8・26（平成22年(ワ)第10155号））。

第 2 章

離婚原因

ⓠ1　不貞の証明

　結婚して5年になりますが、配偶者には交際している人がいるようです。最近は帰宅時間が遅く、態度がおかしいのです。たまたま、配偶者の携帯電話でのメールのやりとりをみたところ、一緒にどこかに行ったやりとりがありました。結婚後、考え方などの違いで諍いも少なくなかったので、不貞行為までしているのであれば、離婚したいと考えています。離婚できるでしょうか。

Ⓐ　裁判や調停で離婚原因としての不貞が認められるか否かは、不貞行為を証明できるかどうか、つまり、あなたの集める不貞の証拠次第ということになります。ただし、不貞行為の証明ができない場合でも、配偶者に夫婦としての信頼を維持できないような行為があれば、民法770条1項5号の「婚姻を継続し難い重大な事由」があるとして、離婚が認められることがあります。もちろん、協議離婚や調停離婚では、2人の合意があれば原因を問わず離婚することができ、このことはQ2以下でも同じです。

1　不貞とは

　不貞行為は、裁判離婚が認められる離婚原因の1つです（民法770条1項1号）。ただし、判例が認める不貞行為の意味は狭く、「配偶者のある者が、自由な意思に基づいて、配偶者以外の者と性的関係を結ぶことをいい、相手方の自由な意思に基づくものであるか否かは問わない」とされています（最一

小判昭48・11・15民集27巻10号1323頁）。すなわち、性的関係のある場合に限定しています（なお、上記の判例は、強姦した夫に対する離婚請求の事案です）。

　性的関係といっても、キスをしただけであるとか、肩を抱きしめただけであるとか、肉体関係はもたないけれど互いに好意をもって交際をしている場合などは、不貞にはあたりません。

　しかし、実際には、このような行為によっても、不貞行為と同様に配偶者は非常に傷つき苦しめられます。そこで、広い意味では貞節ではない行為や、無断外泊などの不貞が疑われても仕方がない行為を繰り返している場合には、その程度によっては、民法770条1項5号の「婚姻を継続し難い重大な事由」に該当するとして離婚が認められます。

　また、配偶者が同性の相手と性関係をもった場合については、民法770条1項1号の不貞ではなく、5号に該当するとして、離婚を認めた裁判例があります（名古屋地判昭47・2・29判時670号77頁）。

2　不貞の証明

　配偶者が不貞行為を否定している場合には、不貞行為の証拠が必要です。とはいっても、密会の場に直接乗り込むことは通常不可能ですから、2人でホテルの一室に宿泊したことがわかるホテルの領収書や宿泊記録、宿泊しなくても一緒にホテルの一室に入って過ごしたことがわかる証拠がある場合、手紙や電子メールなどから性的関係があることが読み取れる場合、2人で旅行したことがわかる写真などがある場合などには、不貞が認められています。最近は、携帯電話の電子メール等で不貞が発覚したというケースが増えています。

　何も証拠がないときに、調査会社による尾行調査によって証拠が入手できる場合もありますが、調査会社の調査能力には差があり、調査が長時間にわたると高額な費用が発生しますので、事前に十分調査会社と打合せをして見積もりをとるなどして、十分納得したうえで依頼する必要があります。不貞の事実を証明できても、相手方らから得られる慰謝料よりも調査費用のほう

が高かったという場合もありますので、調査会社の利用は慎重に検討しましょう。

　また、相手がいったんは不貞行為を認めていても、いざ本格的に離婚の話になると、否定し始める場合があります。配偶者から強く追及され、不貞行為を認めないとその場の収拾がつかなかったから認めただけだというような弁解をすることもあります。したがって、不貞行為を認めている時期に、その旨一筆書いてもらう、録音に残すなどの方法は有効です。

　不貞行為の慰謝料が認められるには、明確な証拠が必要です。しかし、証拠が不十分でも、離婚は認められることがありますし、不貞行為についての慰謝料は認められなくても、背信行為に該当するとして、慰謝料が認められる場合もあります。

3　ご相談の場合

　本件では、「配偶者の携帯電話でのメールのやりとりをみたところ、一緒にどこかに行ったやりとりがありました」とのことですが、具体的にどのようなやりとりがなされているのかが問題となります。電子メールの相手は誰か、どこに行ったのか、2人だけで行ったのか、宿泊付きなのか、そこで何をしていたのかがわかる内容でないと証拠としての価値は低くなります。たとえば、2人で一緒にホテルや旅館に泊まった記載、2人が性的関係をもった内容が記載されていれば、不貞行為の証明としてほぼ十分です。

　なお、配偶者が不貞を否定する場合に備えて、そのような電子メールをみた場合には、その電子メールを写真で撮っておくなど、証拠化しておくことをおすすめします。

ⓠ② 破綻後の性関係

> 結婚後、相手方とは些細なことで喧嘩が絶えず、一緒にいるのが苦痛
> になって、私が家を出る形で別居しました。別居後、今、別の人と知り
> 合い、親しく交際しています。このような状況で、私は、離婚できるで
> しょうか。

Ⓐ　夫婦関係が破綻した後であれば、婚姻外の関係をもったとしても、それは破綻の原因ではなく、有責配偶者であるとは認められませんので、あなたからの離婚請求は認められる可能性があります。

1　破綻後の婚外の性関係は責任を問われないこと

　離婚を求める側に不貞行為や悪意の遺棄などの離婚原因がある場合には、その後、これによって夫婦関係が破綻したとしても、有責配偶者からの離婚請求として、一定の条件を満たさなければ、離婚は認められません（本章Q11）。

　一方、破綻後に、婚姻外の関係が生じても、その関係は夫婦関係の破綻原因ではありませんから、あなたは有責配偶者にはあたらず、離婚請求は認められる可能性があります（最二小判昭46・5・21判時633号64頁）。

　問題は、性関係が生じる前に夫婦関係が破綻していたか否かです。一般的には、別居している場合には破綻していると認められやすいですが、別居しているからといって、必ずしも直ちに破綻しているとはいえません。破綻が認定されるためには、夫婦の関係が修復しえない程度に至っているという事実が必要です。もし、破綻後の関係と認められれば、あなたや婚姻外の関係をもった相手が、あなたの配偶者に対して、不貞行為についての慰謝料の支払義務を負うこともありません（第5章Q3）。

　あなたは、別居時にはすでに夫婦関係は破綻しており、「婚姻を維持し難い重大な事由」（民法770条1項5号）があったとして、離婚を求めるとよい

と思います。

2　裁判で有責配偶者ではないとして離婚が認められる ためには

　裁判で、離婚が認められるためには、①夫婦関係が破綻していることおよび②相手方配偶者から、婚姻外の関係は夫婦関係の破綻前にすでに生じており、それが破綻の原因であるという主張がなされた場合には、婚姻外の関係が、夫婦関係の破綻後に生じたものであることの主張・立証が必要となります。

　①については、同居期間中に夫婦の間で喧嘩が絶えなかったことおよびすでに別居しており夫婦関係が円満に修復できる見込みがないことを「婚姻を維持し難い重大な事由」にあたると主張するとよいです。婚姻後に関係した者との間ですでに子どもも生まれている場合には、むしろ、これらの事実が、元の婚姻関係は回復の見込みがないと判断される要素にもなります。ただし、別居後も配偶者と一定の交流が続いている場合には、離婚が認められる破綻にはあたりません。破綻の認定は、別居期間の長さ、夫婦としての実態がなくなっているか否か、双方の意思、一方的拒絶という事情がないか等夫婦の関係全般をみて判断されます。

　②については、すでに別居して、配偶者との交流がなくなった後に関係が生じた場合は、破綻後の関係といえます。しかし、裁判例には、別居の前後いずれに生じた関係であるかは微妙なケースでは、破綻後の関係と認定するものもあれば、破綻前からの関係と認定するものもあります。

　もともと不仲であった夫婦であり、互いに夫婦関係が破綻していると感じていた場合でも、一方配偶者に交際相手ができたと知れば、他方配偶者には嫉妬心が生じて、容易に離婚を承諾しにくくなる可能性があります。そういった配偶者の心情を理解しながら、行動することも必要です。

ⓠ③　配偶者の生死不明や行方不明と離婚

> 私の夫は、定年退職後に1人で海外旅行に出かけたあと、まったく連絡がとれなくなってしまいました。すでに7年以上が経っています。もともと夫婦の関係は疎遠で、夫も私には関心がなくなっていたと思います。私としては、配偶者との関係をきちんと清算したいと思うのですが、どうすればいいでしょうか。

 　離婚をする、または失踪宣告を受けて婚姻関係を終了させるという方法があります。

あるいはこのまま婚姻を継続し、夫に財産があるなら婚姻費用を請求する、不在者財産管理人の選任を受けるなどの方法もあります。

1　生死不明と離婚

(1)　3年以上の生死不明

配偶者が生死不明となって3年以上経てば、それ自体が離婚原因になります（民法770条1項3号）。ここでいう生死不明とは、残された者らにとっての生死不明ですが、単なる行方不明ではなく、失踪宣告が認められるのと同程度かどうかはともかく、それなりの調査を尽くしても生きているかどうかさえ不明であることを指すとされています。もっとも、生死不明であると認められれば足り、死亡の可能性が高いことまで証明する必要はなく、生死不明となった理由も問題とされません。

なお、訴え提起時点で生死不明となってから3年を経過していなくても、事実審（相手の配偶者からの控訴が考えにくいので家庭裁判所の第一審）の口頭弁論終結の時点で3年を経過していれば、離婚原因となります。

この要件を満たす場合、訴訟を提起すれば、相手方欠席のまま、離婚判決を得られると思われます。

(2)　婚姻破綻

　さらに、3年以上の生死不明という要件を満たさなかったとしても、すでに婚姻関係の修復が困難な状態になっていると認められれば、相手方配偶者の側に責任があるかどうかにかかわらず、夫婦関係が破綻しているとして離婚は認められます（民法770条1項5号）。行方不明になって相当の期間が経過していれば、生死不明とまでいえなくても離婚は可能です。この場合には、行方不明になる前の夫婦関係がどのようなものであったかも、破綻の認定に影響します。

　まして、生死不明や行方不明になる前に、相手方からの暴力、不貞（民法770条1項1号）、配偶者等にことさら行き先を告げずに失踪することを含めた悪意の遺棄（同項2号）等の有責行為があったとすれば、証明の程度にもよりますが、これらの有責行為を原因とする離婚が認められやすいでしょう。

(3)　調停前置主義の不適用

　配偶者が生死不明や行方不明の場合、調停申立てをしたとしても、相手が出頭して協議に応じることは期待できません。したがって、この場合には調停に適しない場合として（家事事件手続法257条2項但書）、最初から公示送達を申し立てるのとあわせて離婚の訴えを提起し、被告不出頭のまま離婚判決を受けることができます。なお、調停に代わる審判（第3章Q3参照）は、公示送達の方法では送達できませんから（同法285条2項）、この方法による離婚をすることはできません。

(4)　公示送達

　離婚訴訟において公示送達手続による被告への送達が認められるためには、一般的には、住所とされていた場所への郵便物不着の事実、戸籍附票等による住所の調査、住民票上の住所に居住していないこと、就業場所等もわからないことのほか、親きょうだい等への事情聴取、最後の住居所の賃貸人や管理人等の調査など、通常の民事訴訟以上に丁寧な調査が求められているのが通常です。もっとも、最後の住居が海外であった場合などには、調査は容易ではありませんので、柔軟な対応もありえます。

　公示送達による裁判では、原告が申請する証拠の証拠調べのみによって判断され、特別の事情がなければ、原告本人尋問も実施せず、原告の陳述書等の取調べですませることが多いようです。

(5)　勝手な離婚届出は避ける

　配偶者が行方不明だからといって、勝手に自分で離婚届に相手の氏名を署名捺印して提出したり、きょうだいなどの協力を受けて記名押印してもらって提出したりすると、受理されることはあっても、後に離婚無効確認訴訟が提起されたり、私文書偽造罪や公正証書原本不実記載罪等に問われる可能性があります。決してこうした違法な方法をとるべきではありません。

2　失踪宣告の選択

　配偶者が7年以上生死不明であれば（一定の危難に遭遇したと認められる場合は1年間）、家庭裁判所に失踪宣告を申し立てて認められた場合（民法30条、家事事件手続法別表第一56項）、7年が経過した時点（危難失踪では危難が去った時点）に死亡したとみなされます（民法31条）。この場合は、離婚ではなく死亡による婚姻関係の終了となり、配偶者の残した財産をその時点で相続できることになります。生命保険に加入していた場合には、死亡保険金を受領できることもあります。

　この方法によった場合、後に配偶者の生存が確認されると、失踪宣告が取り消されるという難点があります（民法32条1項本文）。相続した財産につき、不当利得として現存利益（なお、生存を知ってあえて申し立てた場合は、現存利益に限られないと解されます）の返還を求められることもあります（同条2項）。また、残された配偶者が再婚している場合は、再婚の効力までは否定されませんが（同条1項後段）、2つの婚姻の関係が問題になります。他方配偶者の生存を知っているのにあえて失踪宣告を申し立てたのでない限り、前婚による婚姻関係は復活しないとする見解も有力ではあるものの、重婚状態になるという見解も多く、法律関係が不安定になります。したがって、前記1の離婚の要件を満たすのであれば、離婚の方法によって婚姻関係を終了さ

せておくほうが安心です。そして、離婚の場合には、財産分与の申立てが可能です。

　失踪宣告の方法によった場合、離婚と異なり、復氏もしませんし（民法771条によって準用される同法767条参照）、姻族関係の終了には、別途意思表示が必要です（同法728条）。

3　婚姻関係を解消しない選択

　婚姻関係を解消しない場合、公示送達の方法で婚姻費用分担の審判を求めることもできます。また、行方不明の配偶者の財産の管理に関しては、不在者の財産管理人制度も利用できます。家庭裁判所に申し立てて不在者の財産管理人を選任してもらい（民法25条1項、家事事件手続法別表第一55項）、管理人は、適宜、同裁判所から権限外行為の許可を受けて（民法28条）、婚姻費用の分担額等や、預貯金の払戻し等によるその支払いの方法を、残された配偶者と財産管理人との協議で定めることも考えられます。

　残された配偶者が、婚姻関係解消を特に望まなければ、こうした方法でも足ります。配偶者の生存や行方が判明した後の復縁も期待でき、将来の相続権を残しておくこともできます。

ⓠ4　相手が精神疾患に罹患したとき

　結婚後、相手方の言動がおかしいことに気づきました。被害妄想も出てきて、メンタル・クリニックを受診したところ、神経症と診断され、投薬治療を受けてきました。その後、さらに症状が進んで、5年前には仕事も辞めざるをえなくなり、以後、自宅で過ごすか、症状が悪くなったときには入院するなどしており、主治医からは治る見込みはないと言われています。現在、相手方の機嫌のよい時には少しは意思疎通もできないわけではないのですが、相手方は私や周囲の人間にかかわろうとしません。また、私の収入で2人の生活を支えるのも限界にきており、相手方との今後の生活を思い描くこともできないので、離婚したいと思っています。離婚は認められるでしょうか。

Ａ　相手方が強度の精神病にかかり回復の見込みがないと認められる場合に離婚は認められます。婚姻を継続し難い重大な事由があると認められる場合には離婚は認められます。ただし、相手方の今後の療養や生活等についてできる限り、具体的な方策を講じる誠意は尽くしましょう。

1　強度の精神病による離婚の条件

　「配偶者が強度の精神病にかかり、回復の見込みがないとき」(民法770条1項4号)には、離婚が認められます。これは、一方配偶者が精神病にかかり、婚姻の核心部分である夫婦間の精神的結合が失われて婚姻関係が破綻した場合に、その破綻した婚姻関係から他方配偶者を解放するとの趣旨です。

　精神病の定義も時代とともに変化していますが、民法770条1項4号にいう「強度の精神病」とは、統合失調症、躁うつ病(双極性感情障害)が進行した場合があたるとされていて、アルコール依存症、薬物依存症、易怒性、神経症などはこの4号の精神病にはあたらないとされています。実際にも、同号に関するこれまでの裁判例は統合失調症に関するものが多くを占めてい

ます。ただし、強度の精神病にかかっていても回復の見込みがないとはいえない場合、アルコール依存症や神経症の場合等には、それによって夫婦の関係が破綻しているのであれば、同項5号の一般的破綻条項にあたるとして離婚が認められる可能性はあります。

　あなたの配偶者の場合は、以前に「神経症」と診断されていますので、4号の離婚原因としての「強度の精神病」にはあたりません。しかし、離婚の手続を進めるにあたってはあらためて、相手方の現在の症状に基づく診断をしてもらい、また、今後の治癒の可能性について確認したほうがよいです。この民法770条1項4号の精神病離婚に関しては、同条2項によって、たとえ同条1項4号に該当する事由が認められたとしても、裁判所は、一切の事情を考慮して婚姻の継続を相当と認めるときは、離婚の請求を棄却することができるとされています（これを「裁量棄却」といいます（1号ないし3号も同様））。そのため、最高裁判所は、妻が統合失調症にかかり回復の見込みがないという事案において、「単に夫婦の一方が不治の精神病にかかった一事をもって直ちに離婚の訴訟を理由ありと解すべきではなく、たとえかかる場合においても、諸般の事情を考慮し、病者の今後の療養、生活等についてできるかぎりの具体的方途を講じ、ある程度において、前途に、その方途の見込のついた上でなければ、ただちに婚姻関係を廃絶することは不相当と認めて、離婚の請求は許さない法意である」としました（最二小判昭33・7・25民集12巻12号1823頁）。すなわち、4号の精神病離婚が認められるためには、精神病に罹患した配偶者の療養、生活等についての具体的な方途の見込みがあることを主張・立証する必要があります。その後の裁判例においても、過去の療養費を全額支払い、将来の療養費についても自己の資力で可能な範囲での支払意思を表明している配偶者からの同号に基づく離婚請求を認めたものがあります（最三小判昭45・11・24民集24巻12号1943頁）。

　あなたのように、自らの資力では、相手方の療養費や生活費の面倒をすべてみることができない場合には、可能な範囲での努力をするとともに、たとえば、離婚後の相手方が生活保護を受けられるように手続の準備をしておく

など、誠意を尽くすことが必要とされます。

2　実際の具体的な離婚方法

　協議離婚や調停離婚をする場合には、当事者に離婚意思があることが必要ですが、強度の精神病にかかっている配偶者の場合には、その意思能力が問題となります。しかし、統合失調症や躁うつ病でも適切な薬を服用することで意思能力を保持することも可能ですから、相手方が離婚の意味を理解できる状態であれば、相手方と協議離婚することは可能です。なお、相手方が成年被後見人である場合にも、協議離婚に際しては、意思能力は必要ですが、成年後見人の同意は不要です（民法764条・738条）。また、協議離婚が難しい場合でも、相手方が離婚の意味を理解できそうであれば、離婚調停の申立てをしてみる方法もあります。家庭裁判所には、医務官（医師の裁判所技官）もいますので、調停手続の中で、相手方の精神状態に関するアドバイスを得ることができます。

　相手方において、精神病のために（それ以外の疾病等の場合もあります）、離婚の意味を理解することが困難である場合には、まず、相手方について、家庭裁判所による後見開始決定を得て、成年後見人を選任してもらい、成年後見人を被告として離婚訴訟を提起する必要があります。人事訴訟法14条では、人事訴訟の原告または被告となるべき者が成年被後見人であるときは、成年後見人は、成年被後見人のために訴え、または訴えられることができるとされています（同条1項）。また、夫婦が、成年被後見人と成年後見人である場合には、成年後見監督人が、成年後見人のために訴え、または訴えられることができるとされています（同条2項）。

3　近時の動向

　民法改正案要綱（1996年2月26日法務省）では、精神病は裁判上の離婚原因とされていません。精神病者に対する偏見につながることから離婚原因から削除されています。そして、一般的破綻条項である「その他婚姻を継続し

難い重大な事由があるとき」（民法770条１項５号）の問題として審理されれ
ば足りるとされています。

　近時の公表された裁判例では、４号を理由とする離婚請求はほとんど見当
たりません。精神疾患の複雑化、多様化に伴い、すでに、４号の精神病によ
る離婚請求ではなく、５号の一般的条項による離婚請求を求める方法が主流
のように見受けられます。

　したがって、精神病と診断されている場合においても、離婚原因として４
号を主張するほか、５号の離婚原因があるという主張もしておいたほうがよ
いでしょう。

ⓠ5　婚姻を継続し難い重大な事由／5号総論

離婚原因とされる「婚姻を継続し難い重大な事由」とは、どういう内容ですか。

Ⓐ　婚姻を継続し難い重大な事由があるときとは、夫婦の一方または双方が共同生活を営む真摯な意思を確定的に喪失するとともに、夫婦としての共同生活の実体を欠くようになり、その回復の見込みがない状態に至った場合をいいます。

1　民法上の離婚原因と破綻主義

民法770条1項は、裁判上の離婚原因として、不貞行為（1号）、悪意の遺棄（2号）、3年以上の生死不明（3号）、強度の精神病（4号）および婚姻を継続し難い重大な事由があるとき（5号）を規定しています。1号から4号は具体的離婚原因であり、1号と2号は有責的な離婚原因、3号と4号は破綻を示す具体的な離婚原因です。5号は抽象的離婚原因であり、婚姻関係が破綻し回復の見込みがないことを意味します。また、同条2項は、1号から4号を理由とする離婚原因が認められる場合においても、裁判所の裁量によって離婚請求を棄却することができるとしていますが（裁量棄却条項）、2項が適用されたケースは最近みあたりません。5号の場合には2項の適用はなく、5号の離婚原因が認められる場合には原則として離婚が認容されることとなります。

離婚の法制度は、相手方に有責行為がある場合のみ離婚を認めるとする有責主義から、当事者の有責の有無を問わず、婚姻関係が破綻していれば認めるとする破綻主義へと変化してきました。

日本では、上記の5号の規定に基づく離婚が可能ですが、最大判昭62・9・2民集41巻6号1423頁が出るまでは、有責配偶者からの離婚請求は認め

られておらず、長く、消極的破綻主義を採用していました。しかし、従前の判例を変更したこの最高裁判例により、一定の条件の下に有責配偶者からの離婚請求も認容されるようになり、日本も積極的破綻主義に向かうようになりました。

2　婚姻を継続し難い重大な事由

　前記最大判昭62・9・2では、民法770条1項5号に関して、「夫婦が婚姻の目的である共同生活を達成しえなくなり、その回復の見込みがなくなった場合には、夫婦の一方は他方に対し訴えにより離婚を請求することができる旨を定めたものと解される」と判示しました。すなわち、婚姻を継続し難い重大な事由があるとは、夫婦共同生活ができなくなって、その回復の見込みがない状態であるということができます。

3　婚姻を継続し難い重大な事由の具体例

　民法770条1項5号による離婚請求がなされる場合、具体的な離婚原因としては、①相当期間の別居、②暴行・虐待等のDV、③重大な侮辱・暴言等の精神的DV、④犯罪行為・受刑、⑤不労・浪費・ギャンブル・借金、⑥疾病・心身の障害、⑦宗教活動、⑧親族との不和、⑨性の不一致、⑩性格の不一致等が主張されています。

　上記の原因は単独で主張される場合もありますが、むしろ、複数の理由をあげて、複合的な理由で婚姻関係が維持できなくなり、回復の見込みがないと主張することが一般的です。

　離婚を請求する者は、これらの具体的事実を主張・立証し、かつ、それにより夫婦関係の回復の見込みがないことを主張・立証する必要があります。これに対して、離婚請求の棄却を求める相手方は、個別の事実そのものを争い、かつ、夫婦関係がいまだ破綻していないことを主張します。

　②③④⑤は被告に有責性があり、破綻の認定には必ずしも別居していることも必要ではないですが、⑥ないし⑩など、必ずしも夫婦の一方のみに専ら

責任があるとはいえない事案では、別居の有無およびその期間が、破綻すなわち離婚請求認容の重要な要素になっています。

4　別居期間

　①の別居の期間は婚姻関係の破綻を基礎づける重要な要素です（秋武憲一『離婚調停〔第3版〕』96頁）。

　こんな例があります。夫婦間に未成熟子の長男（2002年生）がいる離婚訴訟事件において、第一審は、別居に至った責任を被告（夫）のみがその責を負うというのものではないこと、夫が原告（妻）との修復を強く望み、従前の言動を真摯に反省し、妻との関係改善を考えていること、夫と長男の関係が良好に保たれていること、同居期間が約10年であるのに対して別居期間が約3年5か月と短いことを理由として妻の離婚請求を棄却しました（東京家立川支判平27・1・20判タ1432号99頁）。しかし、妻が控訴したところ、東京高等裁判所は、「本件別居の期間は、現在まで4年10か月間余りと長期にわたっており、本件別居について被控訴人（一審被告）に一方的な責任があることを認めるに足りる的確な証拠はないものの、上記のとおりの別居期間の長さは、それ自体、控訴人と被控訴人との婚姻関係の破綻を基礎づける事情といえる」とし、また、控訴人（妻）は、別居後一貫して離婚を求め続けているのに対して、被控訴人（夫）は、婚姻関係修復の努力をすると言いながら、関係修復に向けた具体的な行動ないし努力をした形跡はうかがわれず、かえって、婚姻費用分担金の支払いを十分にしないなど、関係修復に向けた意思を有していることに疑念を抱かせるような事情を認めることができるとしました。そして、これらの事情から、婚姻関係は、すでに破綻しており回復の見込みはないと判断し、第一審を取り消して、離婚請求を認容しました（東京高判平28・5・25判タ1432号97頁）。

　この裁判例では、別居期間の4年10か月余りを長期と判断していますが、実務では、有責配偶者からの離婚請求の場合（本章Q11）を除き、別居期間は長くても3年〜4年くらいで婚姻関係が破綻していると認められ、離婚が

認容される傾向にあります。

　なお、暴力等相手方に有責性がある場合や喧嘩が絶えない場合などには、別居期間がなくても破綻が認められることがあることはいうまでもありません。

　なお、1996年2月26日の法制審議会総会で決定された「民法の一部を改正する法律案要綱」では、「夫婦が5年以上継続して婚姻の本旨に反する別居をしているとき」を裁判上の離婚原因の1つに加えており、いずれかの有責無責を問わない条項になっています。

◎⑥　双方に破綻の責任があるとき

　子どもができて相手方と結婚しました。しかし、結婚後、間もなく、些細なことで相手方が激情し、私への暴力が始まりました。会社の同僚に家庭内暴力のことを相談したところ、その後も親身になってくれて、いつの間にか同僚と親しくつきあうようになりました。1か月前に、私は相手方の暴力に耐えかねて、子どもを連れて別居しました。相手方には離婚したいと申し入れましたが、相手方は私が同僚とつきあっていることをどこかで知ったのか、夫婦関係が壊れたのは私の不貞行為が原因であると言って、離婚に応じてくれません。裁判で離婚は認められるでしょうか。

【A】　離婚が認められる可能性はあります。自分に不貞行為がある場合でも、相手方にも夫婦関係が破綻した責任がある場合で、あなたが主として離婚原因をつくったという場合でない限り、婚姻関係は破綻しているとして、離婚は認められうるからです。また、別居期間が長くなればなるほど、離婚は認められやすくなります。

●━━━━━━━━━━━━━━━━━━━━━━━━━━━━●

1　双方の責任の程度による

　婚姻関係の破綻について、「もっぱら又は主として」原因を与えた者（これを「有責配偶者」といいます）からは離婚請求ができないとされていました（最二小判昭38・6・7判時338号3頁等）。しかし、昭和62年の最高裁判所の判例変更により（最大判昭62・9・2民集41巻6号1423頁）、有責配偶者からの離婚請求であっても一定の条件の下に離婚が認められることになりました（本章Q11）。

　しかし、この有責配偶者からの離婚請求とは異なり、双方にそれぞれ破綻に至ったことについての責任があり、その責任はいずれが重いともいえない場合には、従来から離婚が認められてきました。お互いが、相手方こそ婚姻

関係の破綻原因をつくった、責任があると主張して、相手方を誹謗中傷すればするほど、婚姻関係が修復する見込みがないことは明らかです。

　一方の配偶者に不貞行為がある場合に、他方の配偶者は、鬼の首でもとったかのように不貞行為をした者に責任があると主張しがちです。しかし、他の人に心が移るのもやむをえないと誰もが考えるような夫婦間の信頼を破壊する行動が、不貞の以前に、他方の配偶者にあるような場合も少なくありません。あなたの場合も、相手方のたび重なる暴力はこれにあたるといえるでしょう。裁判では、丹念に、相手方の継続的な暴力によって相手方への信頼を完全になくしていった事実を丹念に主張、証明すれば、責任は五分五分であるとの認定を得られる可能性はあります。

　ただし、裁判所では、どうしても不貞の責任を重くみがちですので、暴力等の証拠（診断書や写真など）をしっかり残しておくとよいでしょう。

　なお、それでも有責配偶者とされてしまいそうな場合には、別居期間をある程度重ねて、子どもも少し大きくなることを待ってから離婚請求をするとよいでしょう。

2　和解離婚によって解決する方法

　協議や調停ではどうしても離婚に応じてもらえない場合にも、離婚訴訟を提起して、裁判所で和解して離婚が成立する場合も少なくありません。2018年の人事訴訟事件の新受件数9271件のうち、離婚事件がその9割近くを占めていますが、離婚訴訟事件のうち48.6％が判決ではなく「和解」で終わっています（裁判所ホームページ「人事訴訟事件の概況（平成30年）」）。ただし、和解ができず、離婚請求棄却の判決が確定すると、既判力が生じることとなります。その場合には、同じ請求原因事実で再度離婚訴訟を行うことはできず（特に、離婚のような人事訴訟では、前の裁判と同じ請求原因の訴訟は提起できないとの特則もあります。人事訴訟法25条1項）、その後に生じた事情など別の離婚原因事実を主張・立証する必要があります。そのため、和解ができず敗訴判決になる場合のリスクも考えておく必要があります。

Ⓠ7　家事・育児への非協力、話し合いができないとき

結婚後、共働きをしています。子どもは2歳と5歳で保育所に預けています。しかし、相手方は、家事を一切せず、育児にもほとんど協力してくれません。相手方には、何回も話をしましたが、休日は自分の好きな趣味に出かけて行き、子どもと一緒に遊ぶこともしません。私もほとほと相手方に愛想が尽きましたので、子どもを連れて親の家に戻りました。離婚できるでしょうか。

Ⓐ　夫婦間の協力義務違反の程度など、夫婦関係が、回復の見込みがないほど破綻しているか否かによって判断されます。相手方が離婚に応じない場合は、別居期間を少し重ねてから、調停を申し立てるとよいと思います。

1　夫婦間の協力義務違反

　かつては、「そのくらいの理由で離婚するなんて」と非難されたかもしれません。しかし、共働きであるにもかかわらず、夫婦の一方が家事や育児など、家庭内の仕事に協力的でないことは、「思いやりがない」自己中心的な行為です。お互いに仕事で疲れて家に帰ってきても、一方配偶者のみが家事・育児をするのであれば、負担感が募り、「何のために結婚をして、子どもをもうけたのだろうか」という気持ちになり、相手方への不満が鬱積していきます。こうしたことが原因で一方配偶者の気持ちが離れて破綻に至る例は少なくありません。家庭裁判所の離婚調停の申立書の書式の「申立ての動機」の欄には、「思いやりがない」という離婚原因は、例示されていませんが（巻末・参考資料【書式例1】参照）、離婚原因の典型例の1つとなっているようです。

　家事も育児も、家庭を運営していくうえで必要不可欠な仕事であり、お互

74

いに支え合い、苦労をともにすることで楽しみも生まれ、家族の間の共感を
もたらすものです。しかし、これを他方に押しつけ自分は何もしないという
態度がひどい場合には、夫婦間の協力義務（民法752条）に違反することにな
ります。

　離婚原因としては、協力義務に反する思いやりのない自己中心的な態度が、
「婚姻を継続し難い重大な事由」（民法770条１項５号）にあたると主張し、回
復の見込みがないほど夫婦関係が破綻していると認められれば離婚が認めら
れます。

2　離婚調停

　相手方が協議離婚に応じてくれない場合には、家庭裁判所の離婚調停の利
用を検討しましょう。離婚調停は、原則として、申立人と相手方が、調停委
員と別々に話をする形で進められますが、あなたは、調停委員に対して、同
居期間中のお互いの関係を含めて、なぜ自分が離婚を求めるのかについて具
体的に説明し、やり直すことはできないということを理解してもらう必要が
あります。それに加えて、調停委員を通して、相手方から、離婚したくない
理由を聞いてもらいます。

　相手方から戻ってくる回答としては、①夫婦関係が修復できない状態であ
ることはおおよそ理解していても、離婚を受け容れるためには少し時間がほ
しいと考えている、②相手方が同居期間中の自己の非協力的な態度を反省し
て、円満修復を願っており、そのための努力をしたいと考えている、③あな
たが勝手に子どもを連れて出て行ったのであり、自分に非はなく、離婚され
る理由はないし、離婚はしたくないと思っている等が考えられます。

　①の場合には、じっくりと調停を続け、調停委員を通じ、時間をかけてあ
なたの気持ちをわかってもらうようにしましょう。②の場合には、あなた自
身も、同居期間中の生活を省みて、やり直せるかどうか真剣に考えてみたら
よいでしょう。どうしても心が戻らないというときには、その気持ちを相手
方に伝えて、相手方が離婚を受け容れるかどうかで調停離婚の成否が決まり

ます。③の場合には、相手方との離婚の合意は当面難しいので、調停を取り下げてさらに別居期間を重ねるか、あるいは離婚訴訟を提起するか検討しましょう。

　相手方が真剣に反省して婚姻関係のやり直しを求めている場合や別居をしたばかりの場合には、裁判所が直ちに婚姻関係が破綻していると認める可能性は低く、その場合には、ある程度の別居期間や冷却期間を設けたほうがよいです。

　また、別居期間を設ける場合、相手方に対してあなたと子どもの生活費である婚姻費用（第1章IQ1）の請求をすることができます（あなたのほうが収入が多い場合は子どもの費用のみになります）。当事者間で婚姻費用の金額を合意できない場合には、家庭裁判所に婚姻費用分担の調停を申し立てることができます。調停でも合意できない場合には、審判手続に移行し、裁判所が婚姻費用の金額を決めることとなります。相手方としては、別居状態が続く限りは、相当額の婚姻費用を支払う必要がありますので（離婚の場合には子どもに関する養育費になります）、気持ちが離婚に傾く場合があります。

3　離婚訴訟

　離婚訴訟では、相手方の協力義務に反する思いやりのない自己中心的な態度が、「婚姻を継続し難い重大な事由」（民法770条1項5号）に該当するとして、具体的な事実を主張・立証する必要があります。すなわち、裁判所に、夫婦関係が回復の見込みがないと思われる程度に破綻していると認めてもらうためには、あなたが、一生懸命家事・育児を行っていたのに対して、相手方は、家事・育児に非協力で、自己中心的、身勝手であったということがわかる相当な具体的事実を主張・立証することが必要です。なお、相手方が修復を求めていると主張しながらも、自らは何ら修復に向けた言動をとっていない場合には、実際には、修復の意思はないものと裁判所に認定される場合もあり、このことは、逆に、あなたにとっては有利な事実にもなります。

　裁判手続の途中で、和解離婚が成立することもありますが、和解ができず、

判決となる場合には、裁判所は、証拠に基づいて判断することになります。

4　本人と親との関係

　子どもを連れて親の家に戻ることは、長所、短所があります。長所としては、親が物心ともに支えてくれる場合には、①親にも、問題や不安を共有してもらえるので、心身ともに比較的安定した生活を送ることが可能なこと、②住居費等がかからず、経済的不安が少ないことなどがあります。短所としては、①親があなたと相手方との関係や子育てについて過度に関与する可能性があること、場合によってはあなたが親の意見に左右される場合もあること、②親に依存して、あなた自身の自立ができなくなることまたは自立が遅れること、③親に対して精神的にも、体力的にも、経済的にも負担をかけることなどがあります。親と同居する場合には、このような長所、短所を自覚しておく必要があります。

　弁護士としても、別居後、親の家に戻った当事者に対しては、親との同居の利害について、説明をしておくとよいでしょう。

ⓠ⑧ 性交拒否・性の不一致を理由と する離婚

　結婚時には子どものことは考えていませんでしたが、お互いに30歳半ばとなり、私のほうは子どもがほしいと思うようになりました。相手方は、子どもはほしくない、育てる自信もないと言って、性交渉を拒否しています。このままでは、相手方との関係も悪くなる一方です。いっそのこと離婚して、お互いに新しい道に進んだほうがよいとも思い始めていますが、こういう状態で離婚できるのでしょうか。

A　離婚がやむをえない場合もありますね。相手方となるべく率直に話し合って見極めてみましょう。裁判では、理由のない性交渉拒否の場合には離婚が認められています。

1　性の自己決定と双方の認識のずれ

　結婚生活のあり方は人さまざまであり、どのようでなければならないというものはありません。セックスレスの状態であっても、夫婦の双方が特に問題とせず、婚姻生活を続けたいと思っているなら、何ら問題ではありません。

　問題は双方の婚姻生活に対する希望、認識にずれがある場合です。夫婦であっても、人はそれぞれ性についての自己決定権をもっています。夫婦であるからといって、望まない性交渉に無理に応じなければならない義務はありません。ただし、一方が性交渉を望まず、他方は望んでいるという場合には、性交渉についてだけではなく、次第に夫婦関係全般にひびが入っていくのは自然ななりゆきです。性交渉を断り続けることは自由ですが、他方の配偶者は、自分は愛されていない、拒否されていると受け止めることがあり、それが夫婦関係の破綻につながる可能性のあることを知っておく必要があります。あるいは逆に、性生活以外の日常生活の中で、和やかな関係がつくれないために、性交渉が途絶えてしまうということもあります。

　さらに、子どもをもつかどうかということは、個人の人生においても、また、夫婦の生活においても、重要なことですので、この点について、お互いの認識を確認しておく必要があります。認識にずれがあるのに、婚姻生活を続ければ、結局、互いに我慢をして共同生活を送ることとなり、いつかは、その綻びが夫婦関係の破綻につながる可能性があります。特に、女性の場合には、いつ頃子どもを産むか、あるいは産まないかが、出産適齢期やキャリアとの関係で、切実な悩みになる場合があります。

2　婚姻を継続し難い重大な事由

　裁判例は、男女いずれからの離婚請求であるかを問わず、相手方の性交不能や性交渉拒否の場合には離婚を認め、たとえば、「『婚姻を継続し難い重大な事由』とは、婚姻中における両当事者の行為や態度、婚姻継続の意思の有無など、当該の婚姻関係にあらわれた一切の事情からみて、婚姻関係が深刻に破綻し、婚姻の本質に応じた共同生活の回復の見込みがない場合をいい、婚姻が男女の精神的・肉体的結合であり、そこにおける性関係の重要性に鑑みれば、病気や老齢などの理由から性関係を重視しない当事者間の合意があるような特段の事情のない限り、婚姻後長年にわたり性交渉のないことは、原則として、婚姻を継続し難い重大な事由に該るというべきである」等と述べています（京都地判昭62・5・12判時1259号92頁）。

　このように、単に性交渉がなかったという事実だけで婚姻関係の破綻の有無が判断されるのではなく、婚姻中の生活全般をみて、破綻しているか否かが判断されますが、婚姻関係における性関係の重要性からして、性交渉が長期間ないという事実は、破綻認定の大きな要素になります。なお、性交渉を拒否された側から拒否した側に対する慰謝料の請求が認められる場合もあります。

　なお、長くセックスレスでも夫婦関係が円満だったのに、突然不自然に離婚要求がなされたという場合には、相手方に異性関係ができたのかもしれません。

いずれにせよ、今後も夫婦として共同生活を続けることができるかどうか、率直に話し合ってみましょう。

3　性的不能・性交拒否と慰謝料

　前記の京都地判昭62・5・12の事案は、同居開始時から同居解消時までの約3年6か月の間、性交渉がなかったと認め、妻からの離婚請求を認めたものですが、同裁判所は、「相手方に対し自己が性的不能であることを告知しないということは、信義則に照らし違法であり不法行為を構成すると解するのが相当である」として、夫に対して、妻に対する慰謝料200万円の支払いを命じました。この事案は、夫が婚姻するに際し、自分が性的に不能であることを妻に隠していたものですが、裁判所は、告知されなかった結婚の条件が、婚姻の決意を左右すべき重要な事実であり、その事実を告知することによって婚姻できなくなるであろうことが予想される場合には、その不告知は、信義則上違法の評価を受け、不法行為責任を肯定すべき場合があるとして、夫から妻に対する性交不能の不告知を不法行為と認定しました。

ⓠ⑨　モラルハラスメントの問題

> 　配偶者から、事あるごとに、「帰ってくるな」「ろくに稼ぎもないくせ
> に」といった言葉を投げつけられたり、気に食わないことがあると、土
> 下座を強要されたりしてきました。
>
> 　DV 相談に行ったところ、これらも DV の一種と教えられました。
>
> 　これを理由に配偶者と離婚ができるでしょうか。この場合、慰謝料は
> もらえるのでしょうか。

Ⓐ　　　いわゆるモラルハラスメントであり、言葉や態度による暴力「精
　　　　神的暴力」であると思われます。自己を執拗に否定されることによ
り、抑うつ状態や PTSD など心身症状が現れるなど、その影響の深刻さは
計り知れません。

　しかし、身体的な暴力と異なり、モラルハラスメントの場合は、診断書や
写真といった客観的な証拠が残っていないことが多く、相手が自身の言動や
責任を否定することも少なくありません。

　夫婦間のやりとりが、主に家庭内で起こっており、そのやりとりを見聞し
た第三者もいないという事情も相まって、特にモラルハラスメントは、周囲
に、あなたの苦しさが理解されにくいという特徴があることは否定できませ
ん。

　そこで、こうした場合には、極力、配偶者とのやりとりの電子メールを保
存しておく、言動を収録しておく、最低でも、その都度言われた内容につき
具体的なメモを残しておくなど、少しでも客観的な証拠を残しておくことを
おすすめします。

1　モラルハラスメントとは

　モラルハラスメントは、一般に、「言葉や態度などにより相手の人格や尊
厳を繰り返し執拗に傷つけ、その恐怖や苦痛によって相手を支配し、思い通

りに操る暴力のこと」をいいます（橋本智子ほか『Q＆Aモラル・ハラスメント』8頁）。

　そのサイクルは、その提唱者マリー＝フランス・イルゴイエンヌによれば、①(コミュニケーションを回避するなどの手段を弄して相手を不安に陥れ)相手を「支配」→②相手の心を破壊していく「暴力」という段階を踏みます（マリー＝フランス・イルゴイエンヌ（高野優訳）『モラル・ハラスメント』159頁〜208頁）。

　一方、配偶者からの暴力、いわゆるドメスティック・バイオレンスといわれるもののうち、精神的暴力といわれるものは「心無い言動等により、相手の心を傷つけるもの」とされており、具体的には、

- 大声でどなる
- 「誰のおかげで生活できるんだ」「かいしょうなし」などと言う
- 実家や友人とつきあうのを制限したり、電話や手紙を細かくチェックしたりする
- 何を言っても無視して口をきかない
- 人の前でバカにしたり、命令するような口調でものを言ったりする
- 大切にしているものをこわしたり、捨てたりする
- 生活費を渡さない
- 外で働くなと言ったり、仕事を辞めさせたりする
- 子どもに危害を加えるといっておどす
- なぐるそぶりや、物をなげつけるふりをして、おどかす

などの行為が該当します（内閣府男女共同参画室ホームページ「ドメスティック・バイオレンスとは」〈http://www.gender.go.jp/policy/no_violence/e-vaw/dv/02.html〉）。これらは、モラルハラスメントとほぼ同義といっていいでしょう。

　DV防止法でも、その1条で、「配偶者からの暴力」を「配偶者からの身体に対する暴力（身体に対する不法な攻撃であって生命又は身体に危害を及ぼすものをいう）」または「これに準ずる心身に有害な影響を及ぼす言動」をい

うとしており、精神的暴力もその対象としています。

　ただし、同法上の保護命令の対象となる精神的暴力は、「その生命又は身体に対し害を加える旨を告知してする脅迫を受けた被害者が、配偶者から受ける身体に対する暴力により、生命又は身体に重大な危害を受けるおそれが大きいとき」（DV 防止法10条）と、かなり限定されています。

　しかし、上記に至らない精神的暴力であっても、配偶者暴力相談支援センターによる保護、警察本部長等の援助、福祉事務所による自立支援等、DV防止法による保護命令以外の多くの支援を受けることができます。

2　モラルハラスメントを理由とした離婚

　モラルハラスメントは精神的暴力、虐待として許されない行為であり、婚姻を継続し難い重大な事由として、離婚原因となりうるものです（民法770条1項5号）。また、程度によっては、民法709条の不法行為にもあたります。

　実際の裁判例や相談例をみると、モラルハラスメントあるいは精神的暴力が離婚の原因となっているケースは決して少なくなく、被害者は男女いずれの場合もあります。

　しかし、加害者は自身の言動や責任を否定し、あるいは独自の論理を展開する、逆に相手方を非難するなどして、容易には離婚に応じないこともあるため、離婚訴訟までもつれこむケースも少なくありません。

　こうした加害者の場合、後に残る電子メールや手紙上では、文面上では、冷静かつ丁寧な言葉を使うなどして暴言等の証拠を残さないようにしているなど、モラルハラスメントという観点では、これといった客観的な資料がないということも多くみられます。

　そのような場合には、相当の別居期間を経るなど、客観的にも婚姻関係は破綻しているという外形が整ってから離婚調停を申し立てたり訴訟を提起するという方法も検討したほうがいいでしょう（東京高判平28・5・25判タ1432号97頁など参照）。

　加害者のモラルハラスメントをニュアンスも含めて第三者に理解してもら

うためには、加害者の言動の録音録画といった証拠はきわめて重要であり有用です。

　筆者自身、被害者である依頼者からいくら言葉で説明されてもその苦しさをなかなか実感できなかったものが、1、2点残っていた録音を聞かせてもらうことで、論理のすり替えや責任転嫁、声色による威迫など、その当該相手とのコミュニケーションの困難さ、そして、その相手と婚姻生活を継続していくことの依頼者の苦悩を、たちどころに理解することができた経験は数知れません。

　録音録画が困難であっても、少なくとも自身のメモとして、配偶者との具体的なやりとり等を記録しておくことは必要でしょう。

　また、モラルハラスメントが原因で、抑うつ、不眠、食欲不振などの精神症状が出ているときは、精神科や心療内科を受診して、配偶者の言動も含めて医師に話をしておけば、後に必要になった際、診断書を作成してもらったり、カルテ開示をしてもらうことにより、同居時の状況を立証できる場合もあります。

　専門の相談機関に継続的に相談していれば、後日、個人情報開示等により取得した相談記録が、当時の状況や自身の認識の立証資料となる場合もあります。

　とはいえ、こうした証拠が確保できていなくても、婚姻関係を継続することにより、自身の心身が破壊されてしまっては元も子もありません。自身で限界と考える場合には、思い切って別居し、その支配から逃れて、冷静に今後のことを考えられる安全な環境を調えることを優先すべきです。配偶者暴力相談支援センター等でまず相談をして専門的なアドバイスを得ながら進めていくと安心です。

　なお、加害配偶者に婚姻費用分担義務が認められる事案では、離婚調停と同時に婚姻費用分担請求を行うことにより、意外に早期に離婚に応じてもらえることもありますので、まずは、これらの調停を申し立ててみるのも1つの方法です。

3　慰謝料

　精神的暴力の場合には、その立証の困難性もあり、慰謝料を認めてもらうことは容易とはいえません。

　それでも、慰謝料が認められた裁判例もあります。たとえば、執拗に要求、難詰、非難および制裁または報復を辛辣で苛烈な文言を使って電子メールを送信し続けた事案につき、被告の原告に対する執拗で苛烈な脅迫的言動によって婚姻関係が破綻したとして100万円の慰謝料を認めた事例（東京家判平26・5・27（平成23年（家ホ）第1179号））、被控訴人の不貞を疑って、被控訴人へ詰問、所持品検査、被控訴人の行動の探索・監視が控訴人・被控訴人間の婚姻関係破綻の主たる原因であるとして、その慰謝料を200万円と認めた事例（大阪高判平28・7・21（平成28年（ネ）第62号））、原告（反訴被告）による執拗な非難・暴言により被告（反訴原告）が急性胃炎・仮面うつ病の疑いとの診断を受けるに至ったとして、別居後の婚姻費用の一部を原告が負担していないことなどの事情を考慮したうえで300万円の離婚慰謝料を認めた事例（東京地判平19・3・28（平成15年（タ）第987号等））などがあります。

Q⑩ 単身赴任の別居、家庭内別居

配偶者が単身赴任している場合や家庭内別居が続いている場合に、どの程度であれば夫婦関係が破綻していると認められますか。

A 相手方が単身赴任しているというだけでは、夫婦関係が破綻しているとは認められません。他方、家庭内別居が続けば、夫婦関係が破綻していると判断されることがあり、離婚が認められる可能性があります。

1 別居と夫婦関係の破綻

夫婦関係が破綻しているか否かは、他人からみて容易に判断できることではありません。しかし、夫婦の少なくとも一方が同居を拒否し、別居期間が長期に及んでいる場合には、第三者からみても破綻が明らかですので、これを破綻の徴表とみて、離婚が認められる場合があります。

しかし、あなたの場合のように、たとえば、子どもの教育や仕事の都合などで、やむなく別居しているような場合には、夫婦関係が破綻しているわけではありませんので離婚原因となる別居に含まれません。

2 途中で婚姻の本旨に反する別居に変わるとき

しかし、最初は離婚とは関係なく始まった別居であっても、別居中に、配偶者の一方に好きな人ができたり、別居前から夫婦関係があまりよくなかったために、別居によって関係が希薄になり破綻してしまうような場合もあります。そのようなときは、別居の性質が「婚姻の本旨に反する」ものに変わったときから別居期間が計算されることになりますが、実際にはその判断は容易ではありません。

結局、第三者からみても、破綻につながる別居であることが明確にわかるような何らかの客観的な状況が開始されたときから、婚姻の本旨に反する別居期間の進行が開始すると考えておけばよいでしょう。たとえば、別居中に

一方配偶者から他方配偶者に対して、別れたいという手紙を送り、交流が途絶えたときや、単身赴任中に一方配偶者の不貞行為が始まりそのことが他方配偶者に知られて喧嘩が絶えなくなったようなときから離婚原因となる別居期間として計算されると考えておけばよいでしょう。

3　家庭内別居と破綻

　別居とは、文字どおり別々に住んでいることを意味しています。しかし、日本では、住宅事情が悪いことや女性の経済的自立が困難なため、夫婦の関係は破綻していても離婚をせずに家庭内別居のままでいることがめずらしくありません。同じ住居に暮らしていても、口をきかない、食事も洗濯も別々、寝室も別にして互いの部屋には鍵をかけている、といったような場合です。

　このような家庭内別居の場合、夫婦の生活の分離がはっきりしており、それが証明されれば、破綻の徴表としての別居に含まれることがありえます。あるいは、別居にあたるか否かが問題なのではなくて、そうした関係の悪さから、破綻しているとみなされて、離婚原因になることがあります。

　このことは逆に、自宅内で、相手方との夫婦としての交流がなく生活の接点が認められない場合において、相手方とは別居していないから離婚などありえないとたかをくくっていてはいけないということです。

　ただし、不貞との関係では、家庭内別居にある状態のときに不貞行為が始まると、「破綻後の不貞行為」とはみなされにくく、有責配偶者とされることが一般的です。家庭内別居、すなわち、1つの家に住みながら夫婦関係が破綻していることの証明は容易ではないのです。本当に離婚をしたいのであれば、そして相手方が離婚に反対している場合には、家庭内別居という中途半端な状態を解消し完全な別居に踏み切ったほうがよいです。

ⓠ11　有責配偶者からの離婚請求

　私と夫は結婚15年になり、10歳の娘がいます。夫は職場の女性と親し
くなり、4年ほど前に家を出て行ってしまいました。今は女性と2人で
暮らしているようです。夫から離婚調停が申し立てられましたが、私は
離婚に応じませんでした。すると、先日、離婚の訴状が届きました。夫
への愛情は冷めていますが、まだ離婚の決心はつきません。このままで
すと離婚が認められてしまうのでしょうか。

A　　不貞行為をはたらいた配偶者からの離婚請求は、破綻の原因をつ
くった有責配偶者からの請求として、直ちに認められるわけではあ
りません。現在、別居期間が4年でお子さんが10歳ですので、判例に照らす
とまだ離婚が認められるのは難しいでしょう。しかし、別居期間がもっと長
くなり、子どもも成長すると、あなたの意思にかかわらず、離婚が認められ
る時期がやってくる可能性があります。生活費の確保、子どもの心情や福祉
も考慮しながら、今後の生活の見通しを立て離婚に備えておきましょう。

1　有責配偶者とは

　夫婦関係の破綻の主たる原因をつくった配偶者を有責配偶者と呼んでいま
す。有責行為の具体例としては、不貞、暴力、虐待、悪意の遺棄等の違法行
為があります。人は、誰も完全ではありませんので、多少の性格的な欠点や
不穏当な言動等があっただけでは、直ちにここでいう有責配偶者にあたるわ
けではありません。本人を責められない傷病（離婚原因としての不治の精神病
を含みます）や悪意の遺棄とはいえない生死不明は、有責行為ではありませ
ん。性の不一致等もその原因はさまざまであり、それだけでは有責行為とは
いえません。また、婚姻関係が破綻した後に、離婚するより前に配偶者以外
の者との性交渉があったとしても、破綻の原因ではありませんので、有責配
偶者とはいえません。

2　判例の立場

　民法770条１項５号は、「婚姻を継続し難い重大な事由」（破綻）を裁判離婚の原因とし、破綻主義（本章Ｑ５参照）を採用していますが、破綻しているからといって、自ら夫婦関係を破綻させた者からの離婚請求を認めると、信義に反する自分勝手を認めることになってしまいます。

　しかし、一方で、現実には破綻しているのにいつまでも離婚を認めないでいると、かえって夫婦間の子の利益を害する場合が生じたり、別居後に形成されている新たな家族やその間の子をいつまでも保護できないことになります。

(1)　最高裁大法廷判決

　古くは、裁判所は、婚姻関係が破綻していても、有責配偶者からの離婚請求はまったく認めないという考え方（消極的破綻主義）をとっていました。しかし、結婚観・離婚観の変化や女性の社会進出などに伴って、破綻の事実を重視すべきとする考え方が強まりました。

　そこで、有責配偶者からの離婚請求について、最高裁判所は、「有責配偶者からされた離婚請求であっても、夫婦がその年齢及び同居期間と対比して相当の長期間別居し、その間に未成熟子がいない場合には、相手方配偶者が離婚によって精神的・社会的・経済的に極めて苛酷な状態におかれる等離婚請求を認容することが著しく社会正義に反するといえるような特段の事情のない限り、有責配偶者からの請求であるとの一事をもって許されないとすることはできない」（最大判昭62・9・2民集41巻6号1423頁）と判断し、破綻主義を一歩おしすすめました。これは、破綻してさえいれば離婚を認めるという積極的破綻主義をとらないことを明らかにする一方で、有責配偶者からの請求でも、一定の条件を満たし信義に反しないならば離婚を認容しうることを明らかにしたものです。

　なお、判例のいう「未成熟子」は、「未成年者」とは異なり、社会的・経済的に自立していない子を指しますが、成人していても障害があり経済的自

立が困難である子を含み、一方で、中学卒業でも働いて立派に自立している子は含まないことになります。

　ちなみに、この判例の事案は、いずれも高齢の夫婦で、夫婦間に子はなく、同居12年に対し、別居期間は36年に及んでいました。判決時には妻はすでに無職で資産をもたず、一方、夫は2つの製造会社の代表取締役や不動産の賃貸等を目的とする会社の取締役をしており経済的にはきわめて安定した生活を送っていました。別居後3年目に夫が提起した離婚訴訟は有責配偶者であるという理由で請求を棄却する判決が出て確定していましたが、約30年後に再度離婚調停を申し立てて不成立になり、離婚訴訟を提起したという事案でした。

　最高裁判所はこれを高等裁判所に差し戻し、差戻審判決は離婚を認容しました。最高裁判所は、有責配偶者からの離婚請求に関し、この後もこの大法廷判決に沿った多数の判例を出してきています（最三小判昭62・11・24判時1256号28頁、最三小判昭63・2・12判時1268号33頁、最一小判昭63・4・7判時1293号94頁など）。

(2)　最高裁大法廷判決以降の裁判例の傾向

　2020年3月の時点で、最高裁判所が有責配偶者からの離婚を認容した判例の中で別居期間が最短であるものは8年弱ですが（最一小判平2・11・8家月43巻3号72頁）、別居8年で離婚を認めなかったケースもあります（最三小判平元・3・28判時1315号61頁）。

　しかし、最近の下級審の裁判例（未公刊のものを含みます）には、別居期間が6年程度でも有責配偶者からの離婚請求を認容したものもあり（東京高判平14・6・26判時1801号80頁）、有責性の程度や同居期間との対比等を抜きにして、別居が何年であれば離婚が認められると一概にいうことはできません。結局は事案ごとの事情（双方の経済状況、未成熟子の有無、別居期間中の婚姻費用の支払状況等）の総合判断で離婚の可否が決まるものといえます。たとえば、東京高判平26・6・12判時2237号47頁は、同居9年、別居2年1か月の事案でしたが、有責配偶者である妻からの離婚請求を認容しています。この

事案では、子は7歳と5歳でしたが、離婚を最初に言い出したのは夫であることや、夫にも妻の人格を否定する行動等があり、婚姻破綻の責任がないとはいえないことを考慮しての判断でした。

　一方で、別居9年以上で成人している重度の障害をもつ子がいる夫婦について、夫からの離婚請求を棄却した例（東京高判平19・2・27判タ1253号235頁）や、別居期間7年、夫である原告がその間話し合いを一切拒絶し、被告妻からは有責配偶者からの離婚請求であるとの主張がされていないケース（本人訴訟）において、有責配偶者に準ずるような立場にあるとして棄却した例（東京高判平30・12・5判タ1461号126頁）などがあります。別居1年6か月余り、未成熟子が2人いるケースで夫からの離婚を認めた例もありましたが（札幌家判平27・5・21（平成26年（家ホ）第20号等））、その上級審では逆に離婚請求が棄却されています（札幌高判平28・11・17（平成27年㈔第226号等））。

3　1996年改正案

　判例の流れや積極的破綻主義を支持する学説等を背景に、1996年には、離婚原因に「5年の別居期間」を追加し、あわせて離婚を認めると苛酷な状況におかれることになる場合に離婚請求が制約されるとする「苛酷条項」を明文化する民法改正案（1996年）が公表されました。しかし、法案の国会提出は見送られ、改正は実現していません。

　社会の離婚についての意識の変化、婚姻後も就労を続ける女性の増加、ひとり親家庭の自立支援策の進展などにより、今後さらに有責配偶者からの離婚請求は認められやすくなる方向へ進むかもしれません。欧米では20世紀の間にすでに、有責配偶者からの請求も原則認めるという積極的破綻主義におおむね移行しており、日本の判例の立場は国際的にみれば少数派です。したがって、離婚を要求されている当事者は、相手が有責配偶者であっても離婚に備えて住居・仕事・子どもの養育環境なども含めた今後の生活設計を立てておくことが必要です。

4　ご相談の場合

　ご相談のケースでは、相手に不貞があり、別居期間が4年で、お子さんがまだ10歳とのことですので、前記の判例の動向からは、すぐに離婚を認容する判決が出ることはなさそうです。

　子どもの監護費用も必要ですので、離婚するまでは、あなたに収入があっても相手に婚姻費用の分担請求をすることができ、婚姻費用は離婚後の養育費より額は大きいと思われます。経済的自立が容易でなければ、子育てのためにもしばらく別居を続けることにメリットはあります。

　しかし、いずれは離婚が認容される時期がやってきます。相手から強く離婚を求めてくるとき、しかも相手にとっては離婚は認められにくい時期の離婚請求は、判決の基準よりよい離婚条件を提示してもらえる可能性もありますので愛情が冷めているのであれば、相手の提示する離婚給付案を、聞くだけは聞いてみられるのも悪くないと思います。財産分与は、別居時に存在した財産が対象になりますが、別居から長く経過してしまっている事案では、財産の証明が困難になり分与額にマイナスに影響したり、不動産が処分済みであったり、資力がなくなっていたりというケースもあります。その他、子どもに及ぼす影響、住居、仕事などの諸事情を総合的に考慮して検討しましょう。

　いずれにしても、訴状が届いているのであれば、早めに弁護士に相談してみてください。

Q⃝12　認知症と離婚

> 　妻（62歳）の認知症が進み、私が夫であることもわからず、会話らしい会話もができなくなってしまいました。現在、施設に入所しています。私は今年65歳で定年退職しましたが、人生100年ともいわれる時代、まだ先は長く、心の通う伴侶を得たくなりました。離婚をすることはできないのでしょうか。

A　離婚できる可能性はあります。妻について成年後見を開始して、裁判所に成年後見人を選任してもらうか、自らが成年後見人である場合は、後見監督人の選任を受けるなどして、離婚の手続を進めることが可能です。ただし、入所している妻の今後の生活への十分な配慮も必要です。

1　認知症と離婚

　人は誰しも、高齢化するにつれ、病気を患ったり、障害を負ったり、認知症になりものごとを理解できなくなったりする可能性があります。そうしたときこそ夫婦として支え合うべきともいえますが、一方、実際の介護は時として過酷で、他方の配偶者の体や心も蝕んでしまうことがあります。

　ただ介護が辛いというだけで離婚が認められるわけではありませんが、認知症がかなり進行しコミュニケーションがとれなくなり、婚姻の本質でもある精神的結合が失われるような程度に至っているときには、民法770条1項4号の強度の精神病（本章Q4参照）にはあたらなくても、5号の「婚姻を継続し難い重大な事由」に該当するとして離婚が認められる場合があります。ただし、離婚が認められたケース（長野地判平2・9・17判時1366号111頁）は、妻（59歳）は重度のアルツハイマー型認知症とパーキンソン病に罹患し、夫を認識できなくなっており、日常会話も困難になっていましたが、夫（42歳）は退職して自宅でしばらく妻を看護し、そののち妻は特別養護老人ホームに入所し、入所後も夫は1週間〜2週間に一度の割合で見舞ったり身の回

93

りの世話をしており、妻の病状は回復の見込みがなく、離婚後の療養費は全額公費負担になるというケースでした。配偶者として必要な誠意を尽くし、かつ離婚後の妻の生活の具体的な見込みがついているということが認容の事情として考慮されています。病気に罹患した弱者をただ追い出すような離婚は認められません。離婚後の配偶者の生活が成り立つように十分に配慮し信義（民法2条）を尽くしていると認められた場合のみ、離婚が認容されると考えたほうがよいでしょう。

2　離婚の手続

　配偶者が重度の認知症である場合には、意思能力がなく心身喪失の常況にあるといえますので、離婚の手続を進めるためには、成年後見人を選任してもらう必要がありますが、手続は本章Q4の2で解説した場合と同様です。

3　軽度の認知症の場合

　認知症といっても、離婚の意味がわかる程度の判断能力はある場合もあります。そうした場合、もともと離婚するか否かはその人の人格的な生存にかかわることであり、他人が代わりに決めるべきではないので、本来代理にはなじまず、本人の意思が尊重され、本人が希望すれば離婚届に署名捺印して協議離婚をすることも可能です。その人についてすでに成年後見が開始されている場合であっても、離婚の意味がわかる程度の能力を備えているときなら同様で、成年後見人の同意を得ることなく協議離婚をすることが可能です（成年被後見人が婚姻をするにはその成年後見人の同意を要しないとの民法739条を同法764条が引用）。しかし、決して本人の判断能力の低さにつけこんで離婚を押しつけるようなことをすべきではありません。また、医師による判断能力についての診断書を得ておくなど、後に、意思能力のない者による協議離婚として無効とされることのないよう、十分配慮をしておくべきと思われます。

　なお、そうした判断能力を有する当事者は、調停手続や訴訟の追行能力を

否定されず、他方で成年後見人や成年後見監督人が原告・被告になることも
否定されていません（人事訴訟法14条）。

4　離婚給付など

　当事者が婚姻の意味がわかる程度の判断能力がある場合でも、財産分与、
離婚慰謝料、婚姻費用、養育費、年金分割等の合意については、財産に関す
る法律行為ですので、成年後見人等が法定代理人として処理すべきことにな
ると考えられます（家事事件手続法252条1項参照）。他方、離婚自体や離縁、
親権や子の監護に関する事項（養育費以外）、氏に関する事項等は、明文の規
定を待つまでもなく、基本的に代理になじまないと考えられます。

　上記のように、成年後見人や成年後見監督人が関与できる範囲は限定的な
ものになります。

第3章
離婚手続

Ｑ1　協議離婚

今、夫婦で離婚の話し合いをしており、子どものことや財産のことも合意ができそうです。協議離婚の場合、どんなことに気をつければよいでしょうか。

Ａ　協議離婚は話し合いにより離婚する方法で、合意ができれば簡単かつ迅速に離婚できますが、合意内容が不公平であったり不十分なものになる可能性もあります。

未成年ないし未成熟の子がいる場合には、親権や監護の方法、養育費や面会交流など子どものことをしっかり話し合って取り決めておくこと、将来も子どものことについては協力し合えるよう無用に傷つけあわず父母としての信頼関係はなるべく維持しておくこと、慰謝料や財産分与について分割払いを合意している場合や、月払いである養育費の履行に不安がある場合には、最後まで履行がされるよう公正証書を作成するなどの工夫をしておくことが大切です。

1　協議離婚とは

日本では、夫婦の合意のみでできる協議離婚が認められています（民法763条）。当事者に真摯に離婚する意思があることと、離婚届の役所への届出という方式に従うこと（民法764条によって準用される同法739条）が、協議離婚の要件であり、非常に簡便な方法です。

離婚届には、夫婦連名で署名押印し（戸籍法76条・29条）、証人2名も署名押印します（民法764条によって準用される同法739条2項）。

日本では、離婚のうち協議離婚が約87％を占め、調停離婚は約10％弱、和解離婚1.6％、判決離婚1.0％、審判離婚0.5％となっています（2018年厚生労働省人口動態統計）。

2　親権者等の取り決め

夫婦間に未成年の子がいるときは、離婚後の親権者の定めが離婚の要件となっており、親権者を定めて記載しなければ離婚届は受理されません（民法765条1項・819条1項）。ただし、親権者の記載がないまま見過ごされ受理されてしまえば、離婚は有効であり無効にはならず（同法765条2項）、届出の追完や親権者指定の手続で解決されます。

なお、2013年4月より、離婚届用紙に面会交流や養育費の取り決めがされているかをチェックする欄が設けられました。ただし、この取り決めは離婚の要件ではないので、その記載がなかったり、あるいは記載内容が事実と異なっていても、離婚の効力には影響しません。戸籍係には、養育費と面会交流の合意書のサンプルも備えつけられています。協議離婚の際にも、可能な限り子の立場に配慮して、養育費や面会交流など子どもに関することを取り決めましょう。

3　離婚届の不受理申出

まだ離婚の合意ができていないのに、配偶者の一方が勝手に離婚届を提出してしまう（偽造の場合に限らず、本人自身が署名したが、翻意した場合を含みます）おそれがあるときには、戸籍を管掌する市区町村長に、離婚届の「不受理申出」をすることができます。これは、戸籍役場への出頭者の本人確認ができないときには、離婚届を受理しないように申し出ておく制度です（戸籍法27条の2第3項ないし5項・4条）。申出ができるのは本人のみで、代理人による申出はできません。

　原則として郵送による申出は認められていませんが、疾病等など正当な理由があるときは、不受理申出をする旨を記載した公正証書または私署証書に公証人の認証を受けたもの等確実に本人であることを明らかにするものを提出すれば可能です（戸籍法施行規則53条の４第４項、平20・４・７法務省民一第1000号通達第６の１(1)(4)）。届出先は本籍地ですが、非本籍地でも提出が可能です。

　期限はなく、取り下げない限り、不受理申出は有効です。取下げには、不受理申出をした本人が、「不受理申出取下書」を提出して行います。

4　公正証書と調停調書の比較

　慰謝料や財産分与について分割支払いの合意をした場合や、養育費のように原則月払いである金銭債権については、口約束や私的合意書だけでは履行の確保が不十分です。したがって、協議離婚の場合でも金銭の支払いに関する合意に関しては、離婚給付公正証書（執行証書）を作成しておく方法が望ましいといえます。不履行の場合に強制執行を受諾する旨の約款を入れておけば、不履行があったときにあらためて裁判を起こさなくても、義務者の財産に直ちに強制執行をすることが可能です。当事者にとっては公正証書の作成手数料は裁判所での調停手続の費用よりもかかりますが、公証役場は裁判所に行くよりも心理的に敷居が低く、代理人をつければ本人が出頭する必要がなく、事前に十分に公証人とファクシミリや電子メールで打ち合わせをすれば、１回の出席で作成が可能であるなどのメリットがあります。

　公正証書と本章Ｑ２で述べる調停調書には、下記のような違いがあります。

① 　調停では調停成立時に離婚の効力が発生しますが、公正証書はその成立自体では離婚や親権者指定の効力を発生させられず、別途証人２人の署名捺印を得て離婚届に署名捺印して戸籍係に届け出ることが必要です。

② 　調停では、裁判所のチェック機能がはたらき、財産清算の公平さや子どもの福祉への配慮が確保されやすいです。

③ 　公正証書も調停調書も金銭債権につき強制執行できる点では同じです

が、調停調書の場合は、不履行の場合にいきなり強制執行をするのではなく、裁判所の履行勧告や義務履行命令（家事事件手続法289条・290条、第4章Q11参照）の制度を利用することができます。

④　公正証書で強制執行をするためには、離婚の事実を証明する事実到来執行文を付けてもらう必要があります。

⑤　公正証書では、一定の金銭の支払い等を定め、債務者が強制執行に服する旨の記載がある場合（民事執行法22条5号）にしか執行力をもたせられません。しかし、調停調書ではこうした制約はなく、子の引渡しのほか面会交流を認める条件が明白なものであれば面会交流についても一定の執行力をもちます（直接強制はできませんが間接強制ができます）。

上記のような違いを理解して、どのような方法をとるか検討してください。

5　協議離婚の無効・取消し

離婚届が届け出られても、偽造されたなど当事者に離婚の意思がなかった場合は離婚は無効です。争う方法は、離婚無効の調停（調停前置）および離婚無効訴訟です。詐欺や強迫によって離婚届を作成提出させられた場合は、離婚無効ではなく、離婚取消しの問題となりますが（民法764条・747条）、詐欺を発見しまたは強迫が止んだときから3か月以内に訴えを起こし、あるいはこれに先立つ調停を申し立てる必要があります（人事訴訟法2条1号、家事事件手続法277条1項）。

6　当事者が外国人の場合等の留意点

諸外国では、離婚について、日本の調停と似たメディエーション制度の利用が進められていますが、日本のように当事者の合意だけで離婚の成立を認める国はなく、裁判所が何らかの関与を行っています。フィリピンのように離婚自体を認めない法制もあります。日本にいる外国人同士あるいはいずれも日本に常居所を有しない日本人夫婦の離婚で、離婚の準拠法として日本の法律が適用されない場合（通則法27条・25条参照）、その成立要件や効果につ

いて外国法の適用がある場合、日本における手続とは別個に外国での届出や
登録等が問題になるような場合等には、単なる離婚届出のみではなく、調停
（本章Q2参照）や裁判の方法をとることが必要になる場合があります。渉外
離婚については第8章Q1を参照ください。

ⓠ2　離婚調停

‖　離婚の調停とはどのような手続ですか。　　　　　　　　　　　‖

Ⓐ　　　当事者間では離婚の協議が整わないけれども、一方が離婚を求める場合は、離婚調停を申し立てることができます。また、仮に合意ができていても、養育費の取り決めなどを家庭裁判所が作成する調書の形で残して執行力をつけておきたい場合にも、調停手続が活用できます。

　協議事項の一部についてわずかな相違で合意ができない場合や、実質的に合意はできているが当事者の出頭に支障があるときなどには、調停手続を終了してもらい、調停に代わる審判（本章Ｑ3参照）という一種の裁判で、離婚を成立させる方法もあります。

1　離婚調停とは

　調停離婚とは、家庭裁判所の家事調停の手続によって離婚する方法です。この手続を「離婚調停」と呼んでいますが、夫婦関係については、離婚に限らず、円満同居、当面の別居の話し合いなど、夫婦関係を調整する調停全般を指して、家裁実務では「夫婦関係調整調停」といっています。

　当事者間で離婚の協議ができないか、話し合いがまとまらないときに（条件面について等を含みます）、調停申立てが考えられます。裁判所が間に入るとはいえ、あくまで当事者が主体となって話し合いをする手続です。離婚のうち10％弱を調停離婚が占めています。

2　調停前置主義

　離婚訴訟を提起する前に、まず調停手続をとることが必要とされており、これを調停前置主義といいます（家事事件手続法257条1項）。その趣旨は、家庭内の紛争については、非公開の手続によりプライバシーが守られた状態の下での、当事者の自主性を尊重した柔軟で円満な解決が望ましいためです。

　なお、他方当事者の意思無能力、行方不明等の事情があれば、その趣旨を実現することは初めからできませんから、調停に適しないものとして、調停前置は求められません（家事事件手続法257条2項但書）。調停前置に違反して提訴した場合、訴え提起が不適法になるわけではなく、適宜、調停に付する措置がとられることになります（同項本文）。

　相手方に暴力などがあるため、危害を加えられるおそれがあるような場合も、直ちに調停が不要とはなりませんが、裁判所にその旨を伝えることにより、調停での同席を避けたり、待合室のフロアを変えたり、出席日時を別にしたりする等の配慮をしてもらうことができます。また、暴力の危険性があまりに高いなど、ケースによっては調停に付することが相当ではないと判断されることもあります。

　調停の管轄裁判所は相手方の住所地または合意で定める家庭裁判所です（家事事件手続法245条1項）（離婚手続の流れのフローチャートは、巻末・参考資料【図表】、調停申立書は、巻末・参考資料【書式例1】参照）。

【調停条項例2】　離婚の調停条項例

1　申立人と相手方は、本日調停離婚する。

2　当事者間の長男○○（令和○年○月○日生）の親権者を母である申立人と定める。

3　相手方は申立人に対し、長男の養育費として、令和○年○月から令和○年○月まで、月額○万円を、毎月末日限り、長男名義の○銀行○支店普通預金口座（口座番号○○○○）に振り込んで支払う。振込手数料は相手方の負担とする。

4　前項のほか、長男の病気、進学等の事情により、臨時で多額の出費を必要とする場合、当事者双方は誠意をもって協議し、相手方の負担額を定める。

5　申立人は相手方に対し、月2回、長男と面会交流することを認め、うち1回は日帰り、1回は1泊2日とする。面会交流の日時、場所、受渡方法等については、子の福祉に最大限配慮して当事者間で協議して定めるものとし、その連絡は原則電子メールにて行う。

6　相手方は申立人に対し、離婚に伴う財産分与として、金○○万円の支払義

務があることを認め、これを、令和○年○月末日までに、申立人名義の○銀行○支店普通預金口座（口座番号○○○○）に振り込んで支払う。振込手数料は相手方の負担とする。

7　相手方は申立人に対し、離婚に伴う慰謝料として、金○○万円の支払義務があることを認め、これを令和○年○月○日までに前項記載の口座に振り込んで支払う。振込手数料は相手方の負担とする。

8　申立人と相手方との間の別紙年金分割のための情報通知書記載の情報に係る年金分割についての請求すべき按分割合を、0.5と定める。

9　当事者双方は、当事者らの離婚に関し、以上をもって一切解決したものとし、本調停条項に定めるほか、当事者間に何らの債権債務のないことを相互に確認する。

3　調停はどのように進められるか

　夫婦関係調整調停は、原則として裁判官または家事調停官と、家事調停委員である男女各1名の3名で構成される調停委員会によって実施されますが、訴訟から調停に付された場合など、裁判官単独での調停が実施される場合もあります（家事事件手続法247条）。ただし、当事者の求めがあるときは、調停委員会による調停を実施しなければなりません。

　また、当事者については、夫婦以外の人、たとえば親や兄弟姉妹は、調停には関与できず、調停室にも入れないのが原則ですが、連帯保証や担保提供など、特に離婚給付の履行に関して問題になるような場合等に裁判所の許可を得て利害関係人として参加することもあります。多くは、約30分ずつ別々に当事者から事情や意向を聴取したり、合意に向けた調整をしながら話し合いを進めますが、情報の共有化や手続の透明化にとどまらず、当事者の自主的解決の促進や、当事者の納得を得やすくする等の見地から、同席調停の活用を図るべきという意見もあります。当事者が拒否しない限り、調停の最初や最後に双方同席で進行の確認をするという運用がされている裁判所もあります。

　最近は、家庭裁判所によりますが、18歳未満の子がいる事案で、初回期日の待ち時間に、紛争下にある子の心理状態や親として配慮すべきことをわかりやすく解説したビデオ（親ガイダンスの一例）を当事者が視聴することもあります（香川礼子ほか「東京家庭裁判所における親ガイダンスの取組について〜現状と課題〜」家庭の法24号36頁）。

4　記録の開示

　調停申立書は、原則として相手方にも送付されますが（家事事件手続法256条）、主張書面、事情説明書や証拠資料などは、閲覧謄写の対象にはなっても、当然に他方当事者に送付されるものではありません。記録の閲覧謄写は、当事者から申立てがあれば基本的には認める方向で運用されていますが、これを認めることによって、当事者が秘匿を希望する情報が他方当事者に知られてしまったり、他方当事者を誹謗中傷するような内容等が記載されていてかえって円滑な調停に支障を生じることもあるので、裁判官の許可が必要とされています（同法254条3項）。

　現在の住所など、当事者が相手に秘匿したい情報については、非開示の申出をすることができ、このような申出をした情報はその意向が尊重されます（家事事件手続法47条4項）。非開示の申出は、非開示を希望する文書ごとにします（非開示の申出書は、巻末・参考資料【書式例2】参照）。

5　遠隔地の場合

　調停手続では、電話会議システム（テレビ会議等を含みます）を利用することも可能ですが、離婚調停を成立させるときには、同システムは使えず（家事事件手続法270条2項）、当事者が遠隔地に居住しているなどの事情があっても、書面受諾の方法は認められません（同法268条3項）。また、離婚する旨の合意は代理になじまないことから、手続代理人弁護士がついている場合でも、成立時には本人が同行する必要があります。なお、本人の同行がどうしても困難だが成立をさせたいというときには、調停に代わる審判を利用す

る方法もあります。

6　事実の調査等

　裁判官は、調停委員会の決議により、事実の調査および証拠調べをすることができ（たとえば財産分与対象資産の把握のための金融機関に対する預貯金の調査など）、家庭裁判所調査官や裁判所書記官、家事調停委員に事実の調査をさせ、または医務官（医師の裁判所技官）に事件の関係人の心身の状況について診断をさせたり、調停委員会を組織していない家事調停委員の専門的な知識経験に基づく意見（たとえば財産分与の対象財産の時価評価など）を聴取することもできます（家事事件手続法261条・262条・264条）。

　また、家庭裁判所は、他の家庭裁判所や簡易裁判所に対して事実の調査の嘱託ができ、嘱託を受けた裁判所は家庭裁判所調査官や裁判所書記官に事実の調査をさせることができます（家事事件手続法258条・61条、たとえば子どもの状況の調査を子どもの住所地の裁判所調査官に依頼する場合など）。

7　調停の成立

　調停離婚する旨の合意が成立した場合、成立の時点でその効力が発生し、離婚が成立します。そして、調停成立日を含めて10日以内に、申立人（ただし、相手方の申出により調停離婚するなどの条項を入れた場合は相手方）は戸籍係に対して離婚の報告の届出をしなければなりません。その期間を徒過すると、過料の制裁（家事事件手続法135条・136条）を受けることがあります。また、判決や審判と異なり、当然に調停調書の正謄本が送付されてくるわけではないので、裁判所に対して正謄本または戸籍届出用謄本の送付または交付を申請しておく必要があります。報告的届出は、離婚届の不受理申出がされていることによっては妨げられません。

　調停離婚の場合、原則として申立人がその届出義務を負います。しかし、申立人よりも相手方のほうが離婚に積極的であり申立人による届出に不安がある場合のほか、戸籍の筆頭者でない側が届け出ることと定めたほうが婚氏

続称や離婚後の本籍の定めの点で便利なことも多いので、こうした場合は、「離婚届は相手方においてする。」「相手方の申出によって調停離婚する。」などの条項を入れて、相手方が戸籍係に届け出られるようにして調停を成立させています。

8　調停調書の効力

　調停において当事者間に合意が成立して調書に記載されると、その記載が確定判決（ただし、家事事件手続法別表第二に掲げる事項にあっては確定審判）と同一の効力を有することとされます（同法268条1項）。調停調書に違算、誤記やこれらに類する明白な誤りがあるときは、家庭裁判所は、申立てによりまたは職権で、いつでも決定書を作成して更正決定をすることができます（同法269条）。

9　外国人の離婚調停

　外国人同士の離婚など外国法が適用される場合や、少なくとも一方が外国人で外国での登録・届出等が問題になり、国内と国外で離婚の成否や効力に食い違いが生じるおそれがある場合は、外国でも有効な離婚と扱われるよう別個の配慮が必要となります。調停離婚の場合、「この調書には確定裁判と同一の効力がある。」という条項を付したり、調停に代わる審判を活用したりしています。

────／コラム3／────

親ガイダンス

　数年前から、各地の家庭裁判所の本庁および支部で、夫婦関係調整（離婚）調停等の当事者を対象として、親ガイダンスが行われています。その趣旨は、子の意思の尊重や子の福祉への配慮を重視し、当事者である父母に、父母の紛争下にある子どもの心情への理解や配慮を促し、子

の福祉を踏まえた冷静な合意形成を図ろうとするものです。実際に行われている親ガイダンスには、個別型と集団型があり、また、調停期日とは別の日に家庭裁判所でガイダンスを行う場合と調停期日の待ち時間にガイダンスを行う場合があります。いずれも強制ではなく調停当事者の任意参加とされています。ガイダンスの内容は、DVD の視聴や家庭裁判所調査官による講義等で、30分から90分程度です。親ガイダンスを受講した当事者は、おおむね親ガイダンス受講が有益であったと受け止めているとの報告もあり（大島眞一＝千村隆「大阪家庭裁判所における親ガイダンスの取組について―現状と課題―」家庭の法 8 号24頁）、一定の評価を受けています。

　裁判所のホームページでは、ビデオ「子どもにとって望ましい話し合いとなるために」や「離婚をめぐる争いから子どもを守るために」を視聴できます。子どもの年齢別に配慮すべきポイントも指摘されており、調停前に、あるいは協議離婚を考えているときに、視聴することをおすすめします。

Q3　調停に代わる審判

調停に代わる審判とはどのような手続ですか。

A　裁判官または家事調停官は、単独調停の場合を除いて家事調停委員の意見を聴いたうえ、当事者双方のために衡平に考慮し、一切の事情を考慮して相当と認める場合は、「調停に代わる審判」によって離婚を命じることができます（家事事件手続法284条）。このような離婚を「審判離婚」と呼びます。

1　審判離婚

　調停に代わる審判（審判離婚）は、裁判の一種でもあり、調停またはその延長ともいえる手続です。調停に代わる審判により離婚する場合、戸籍上も判決離婚と同様に「○年○月○日離婚の裁判確定」と記載されますが、調停手続の終了事由として、「調停に代わる審判」の確定により離婚が形成されるものです。家事事件手続法別表第二事項におけるように、調停手続から審判手続に移行するわけではありません。

　調停に代わる審判（家事事件手続法284条）の活用場面として、①代理人を介したり電話会議や書面によるなどして、実質的に合意ができているが、当事者が遠隔地に居住するなど、出頭が困難な場合、②調停には手続代理人が本人を出頭させていなかったが、出頭した側の当事者のあらためての出頭の負担を避けたい場合、③わずかな相違で合意の成立に至らない場合、④相当な解決案の策定を双方が裁判所にゆだねる場合、⑤怠情や無関心で当事者が出席しないが、実質的な争いはなく、あえて訴訟手続をとらなくても裁判所の審判により解決する可能性が高い場合、⑥当事者が合理的な条項案や訴訟になれば当然に予想される結論を相当な理由もないのに受け容れない場合、⑦協議や調停離婚の制度をもたない国の人を当事者とするが効力に疑義が生じないようにする場合、⑧DV事案等で当事者の接近を避けたい場合、⑨

年金分割の按分割合で合意ができているが、情報通知書の入手が期日までに間に合わなかった場合など、工夫次第でいろいろなケースがあり、家事事件手続法施行後、その利用が大幅に進みました。

2　異議申立て

調停に代わる審判に対しては、当事者が異議の申立てをすることができます（家事事件手続法286条）。これは、憲法上の要請により、当事者に公開の法廷における正式な裁判を受ける機会を保障するためのものです。よって、異議の申立てさえあれば、その理由の有無が審査されることもなく、審判がされたという事実は残るものの、審判は効力を失い、あらためて訴訟で解決するなどしなければならなくなります。また、調停に代わる審判の告知は、公示送達の方法によることはできません。告知ができなければ、審判は取り消されることになります（同法285条2項・3項）。当事者以外の利害関係人には、異議申立権はありません（同法286条1項）。

調停に代わる審判がされた後は、その内容が不満だからといって調停申立てが取り下げられては事案解決の妨げになるので、調停の取下げはできません（家事事件手続法285条1項）。

異議申立期間は審判の告知を受けてから2週間ですから（家事事件手続法286条2項・279条2項）、異議申立てがないままその期間が経過し、または異議申立てが不適法であることを理由として却下された場合、審判は確定して効力を生じます。別表第二に掲げる事項（親権者指定、養育費、財産分与、面会交流、年金分割等）についての調停に代わる審判は、確定した別表第二審判と同一の効力を、その余の事項についての調停に代わる審判（離婚、慰謝料等）は確定判決と同一の効力を有します（同法287条）。確定すると、当事者は、確定証明書を添えて離婚の報告的届出を戸籍係に対してします。この届出については、確定証明書が必要なことと戸籍上の記載方法が異なるほかは、調停離婚と同様です。

Ｑ4　離婚と訴訟手続

協議や調停手続で離婚できないときの離婚はどのようにしたらよいですか。

Ａ　訴訟手続（裁判）による解決にゆだねられます。裁判で離婚判決を得るためには、一定の離婚原因（民法770条１項）が必要ですが、裁判が始まってからも、裁判上の和解や認諾、協議離婚等も可能ですし、付調停後の調停によって、調停手続と同様の解決方法も可能ですので、すべて判決で終了するわけではありません。

1　判決離婚

協議でも調停でも離婚を合意できない場合のいわば最後の手段としての離婚方法が訴訟です。人事訴訟である離婚訴訟を提起して、認容判決を得て、これが確定すれば、離婚の効力が発生します。

離婚が認容されるためには、主張および証拠または弁論の全趣旨に基づき、裁判上の離婚原因が認められる必要があります。裁判上の離婚原因は、不貞行為（民法770条１項１号）、悪意の遺棄（同項２号）、３年以上の生死不明（同項３号）、回復の見込みのない強度の精神病（同項４号）、その他婚姻を継続し難い重大な事由、換言すれば夫婦関係が回復の見込みがない程度に破綻していること（同項５号）です。うち、１号から４号の離婚原因については、一切の事情を考慮して、婚姻の継続が相当と認められるときには、裁量により棄却することができる（同条２項）との条項がありますが、最近、２項が適用されることはまずありません。また、有責配偶者からの離婚請求の場合には離婚を認めると他方配偶者が苛酷な状況になるときには、請求が棄却されます（第2章Q11参照）。これら離婚原因ごとに訴訟物（請求）が異なるのか否かについては、見解が分かれています。

訴訟物についての考え方は別としても、同時に主張できる離婚原因等（婚

姻の無効・取消事由も含みます）はすべて主張しておく必要があります。もし棄却判決が出たときは、判決後相当期間が経過したり、新たな離婚原因となる事情が生じていない限り、前訴の期間中に主張しえた事実のみを離婚原因として再度訴訟を提起しても不適法として却下されます（人事訴訟法25条1項）。これは、被告の側が反訴で主張できた事由についても同様です（同条2項）。ただし、被告が反訴を提起しなかったことに無理からぬ事情があったような場合にまでこの効果を及ぼすべきではないと解されています（松川正毅ほか編『新基本法コンメンタール人事訴訟法・家事事件手続法』64頁）。

　離婚訴訟では弁論主義の適用が除外されており、自白の適用はなく（もっとも、弁論の全趣旨による事実認定は可能です）、職権探知主義がとられ、職権証拠調べが行われることがあります。よって、結審まぎわに新たな事実を主張しても、時機に後れた攻撃防御方法ということだけで、却下されることはない建前です。ただし、子の福祉にかかわる事項はともかく、現実には当事者主義的運用がされていますので、適切な時期に主張・立証することは必要です。

　未成年の子がいる離婚の場合は必ず親権者の指定が必要であり、離婚請求とあわせて請求の趣旨に記載する必要がありますが、これは附帯処分ではなく、裁判所が職権で判断します（民法819条2項）。離婚原因と共通する事実を請求原因とする損害賠償請求（慰謝料請求など）については、離婚訴訟と併合して審理判断することが可能です（人事訴訟法17条2項）。財産分与、養育費、面会交流、年金分割等は、「附帯処分」として離婚訴訟とあわせて申し立てることができます（被告側からでも可能）。

　訴訟手続においても、親権や子の監護に関する処分に関してなど、家庭裁判所調査官による事実の調査は可能ですが（人事訴訟法34条）、裁判官の判断のために必要な範囲に限られ、家庭裁判所調査官には調停手続におけるような調整活動は求められていません。

　離婚訴訟が係属してからでも、調停による解決が適当と判断されるときは、家庭裁判所または高等裁判所は、家庭裁判所の調停に付することも、控訴審

自ら調停を担当することもできます（家事事件手続法274条）。

　裁判は公開が原則ですが、証人が私生活上の重大な秘密に関して尋問を受ける場合において、社会生活上の不利益を受けることが明白で、かつ、その尋問が欠かせない場合は、その尋問の間、公開停止が認められます（人事訴訟法22条）。

　離婚の認容判決は、上訴期間（各当事者ごとに、控訴期間、上告期間ともに、判決の送達を受けた日から 2 週間。民事訴訟法285条・313条）の経過により確定し、離婚の効力が生じます。確定した判決の効力は、審判離婚と同様ですが、さらに既判力が生じることや婚姻無効や婚姻取消しの主張もできなくなるという再訴禁止効（人事訴訟法25条）が生じる一方、審判などと異なり、執行には執行文が必要です。

　判決中附帯処分についてのみ不服があるときでも、控訴不可分の原則により、不服申立手続は控訴等によることになり、離婚自体と一体として控訴審の判断の対象となります。控訴審で反訴を提起したり、附帯処分を申し立てる場合、他方当事者の同意は不要です（人事訴訟法18条）。

　附帯処分が申し立てられている離婚訴訟係属中に、附帯処分の部分については定めないまま協議離婚などにより離婚が成立したときは、訴訟が当然に終了するのではなく、附帯処分についてだけ審理され、判決が出ることになります（人事訴訟法36条）。よって、裁判所は、協議離婚が成立したことを理由として附帯処分の申立てを取り下げないまま訴えを取り下げようとする場合には、取下書とともに戸籍記載事項証明書等を提出させるだけでなく、附帯処分に関する部分についても、合意が成立済みか、当事者らに確認することになります（人事訴訟規則29条）。

　当事者の一方が死亡した場合は、婚姻は離婚により終了し、離婚訴訟は当然に終了します（人事訴訟法27条）。

　離婚判決確定後、当事者は役所に対して判決の謄本を添付して離婚の報告的届出を行う必要があります（戸籍法77条・63条）。また、判決で命じられた内容が履行されないとき、履行勧告の申出や義務履行命令の申立てをするこ

とも可能です（人事訴訟法38条・39条）。

　渉外離婚については第8章を参照してください。なお、家事事件および人事訴訟に関する国際裁判管轄に関し、人事訴訟法、家事事件手続法の一部が2018年4月に改正され、2019年4月より施行されています。

2　和解離婚

　離婚訴訟において、離婚を内容とする裁判上の和解が成立した場合も、離婚の効力が生じます。この場合、おおむね調停離婚と同様の法律効果が生じます（人事訴訟法37条1項本文）。確定判決と同一の効力を生じることから、不履行がある場合には履行勧告の申出や義務履行命令の申立ても可能です。ただし、家事事件手続法別表第二事項に関する単純執行文の要否については、判決離婚と同様、執行文が必要になります。

　本人不出頭のまま電話会議システムを利用した方法による和解や、書面受諾による和解等は認められません（人事訴訟法37条2項・3項）。

　渉外事件の場合、和解離婚においても、調停離婚と同様、「この調書には確定裁判と同一の効力がある。」という注意書をして、外国においてもその効力を認めさせる配慮がなされています。

　また、裁判上の和解により、離婚の訴えを取り下げ、和解離婚ではなく協議離婚をすることの合意をし、離婚給付条項を定める方法（これらを和解調書に記載します）も実務では行われています。

3　認諾離婚

　離婚訴訟において、被告が請求を認諾した場合、離婚の効力が生じます。ただし、親権者の指定が必要な場合や、附帯処分の申立て（被告からの申立ての場合を含みます）について判断される必要があるときは、認諾離婚はできません（人事訴訟法37条1項但書）。したがって、被告が、親権者指定、財産分与、養育費、面会交流、年金分割等、すべて争わないで原告の言うとおり認める場合であっても、認諾離婚ではなく和解離婚等で解決することにな

ります。慰謝料請求は附帯処分の申立てではなく通常の民事訴訟事項ですので、離婚とは別個に認諾が可能です。

　認諾をすると直ちに離婚の効力が生じますので、離婚日以降の婚姻費用分担の権利義務も消滅します。代理人としては、認諾については当事者の真意を十分に確認したうえで、慎重にすすめる必要があります。

ⓠ5　本来の「審判」と「調停に代わる審判」の違い

‖　本来の「審判」と、「調停に代わる審判」は、どう違いますか。　　‖

A　　審判は裁判官が審理して判断する裁判の一種です。調停に代わる審判は、名前は審判とされていますが、裁判官によって審判の形式で解決案が示され、当事者に異議がなければ確定し異議があれば効力を失うというもので、調停の延長ともいえます。

本章Ｑ３で、「調停に代わる審判」（審判離婚）を説明しました。このほか、家事事件には、「審判」という手続があります。これらの違いを簡単に説明します。

「調停に代わる審判」は、話し合いによる解決ができる事項（離婚など一般調停事件および養育費など家事事件手続法別表第二事件の対象事項）について、調停では合意に至らないけれど、調停手続の中に現れた一切の諸事情に基づき、裁判所が合理的な案を示して、解決に導く制度です。当事者間のわずかな意見の違いで調停が成立しない場合や、一方当事者が手続を続けることの意欲を失ったような場合（出席した調停期日には適切な案なら応じると述べていたにもかかわらずその後の期日に出席しなくなったなど）などに、利用されています。家事事件手続法が2013年に施行されて以降、利用される機会が多くなりました。

一方、「審判」は、家事事件手続法別表の事件につき、裁判官が事情を総合的に考慮して判断する裁判の１つです。違いを〔図表１〕にしてみました。

〔図表１〕　「審判」と「調停に代わる審判」の違い

※条文は家事事件手続法

	審判	調停に代わる審判
根拠条文	39条〜243条	284条〜287条
対象となる事項	別表第一および第二事件	一般調停条項（離婚や離縁） 別表第二事件（婚姻費用、養育費、面会交流、財産分与等）

不服申立方法	高等裁判所への即時抗告 85条	家庭裁判所への異議申立て 286条 1 項
不服申立後は	抗告審に第二審として係属して裁判官が審理して決定する。 91条	調停に代わる審判は効力を失う。 286条 5 項 一般調停条項（離婚）は、「審判」に移行しない。離婚を求めるには離婚訴訟の提起が必要。 別表第二事件は、当然に「審判」に移行する。
相手方の住所などが不明の場合	審判は可能。	調停に代わる審判はできない。

〔図表 2 〕　別表第二事件（婚姻費用・養育費・財産分与請求など）の流れ

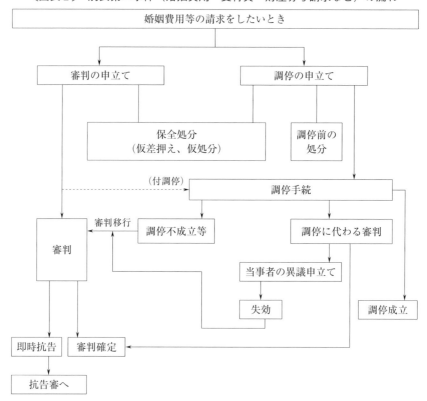

―／コラム 4／―

秘匿したい情報があるときは

　第1章ⅡQ14(1)でも触れていますが、家事事件においては、DV事案に限らず、不測の事態が起こることがありうるため、住所、居所、就労先、就学先等秘匿したい情報がある場合には、十分に注意を払う必要があります。

　特に家事調停、家事審判および人事訴訟でそれぞれ提出文書の扱いが異なるため、きちんとこれを把握しておくことが必要です。

　夫婦関係調整調停（離婚）等の家事調停申立書や審判の申立書の写しは原則として相手方にそのまま送付されるため（家事事件手続法67条・256条）、住所等を秘匿している場合、申立書や委任状には秘匿している住所を記載すべきではありません。従前の夫婦の住所など、相手に知られてもさしつかえのない住所を記載しておく必要があります。

　また、源泉徴収票、診断書、年金分割のための情報通知書および陳述書等の書証に表れる住所居所・就労先・就学先を推察される部分は、マスキング（黒塗り）処理して提出します。

　マスキング処理をすることができない書面については、家事調停・審判の場合は、文書ごとに「非開示の希望に関する申出書」（巻末・参考資料【書式例2】参照）と当該資料を綴じて一体化したうえで提出するとよいです。

　もっとも、調停段階では、当事者による記録の閲覧謄写が、家庭裁判所が相当と認めるときにこれを許可することができるとされているのに対し（家事事件手続法254条）、審判に移行すると、①事件の関係人である未成年者の利益を害するおそれ、②当事者もしくは第三者の私生活もしくは業務の平穏を害するおそれ、③当事者もしくは第三者の私生活についての重大な秘密が明らかにされることにより、その者が社会生活を営むのに著しい支障を生じ、もしくはその者の名誉を著しく害するおそ

れがあると認められるときでなければ、家庭裁判所は、原則、当事者には閲覧等を許可することになります（同法47条4項）。

　そのため、調停から審判に移行する可能性も念頭に入れ、調停段階でも、審判段階で非開示とすべき事由があるのであればその旨裁判所に伝え、該当事由がないのであれば、審判では開示される可能性を踏まえ、提出の有無およびその方法を検討する必要があります。

　他方、離婚訴訟など人事訴訟になると、相手方当事者に対して訴訟記録を非開示とすることはできませんので（民事訴訟法91条・138条）、委任状等の住所の記載についてはより慎重に処理することが必要です。

　その他、秘匿情報がある場合には、家庭裁判所調査官調査の際にも、報告書において、秘匿情報を推知されないような記載にとどめてもらうよう、念のため、家庭裁判所調査官に注意喚起しておくことも必要になります。

　さらに、調書、決定書、判決書、和解書への住所の記載は、記載されてもさしつかえのない住所かどうか、よく確認する必要があります。この点、特に上級審において、失念しがちなので、注意しましょう。

ⓠ⑥　離婚後の戸籍と氏

調停や判決等によって離婚した場合、その後、戸籍についてはどのような手続が必要でしょうか。また、私が、離婚後も夫の姓を名乗り、子を私の戸籍に入れるには、どうしたらよいでしょうか。

Ⓐ　協議離婚以外の方法で離婚した場合も、役所への報告的な届出が必要です。ただし、夫婦の一方が届出に行けば足り、他方の署名捺印は不要です。婚姻によって氏を改めた当事者が婚氏を名乗り続けたいときは、婚氏続称届を提出し、お子さんをあなたの戸籍に入れるには、子の氏の変更許可審判を得て、あなたの戸籍への入籍届を届け出ます。

1　報告的届出

協議離婚では、双方の署名の入った離婚届が役所で受理されたときに離婚の効力が発生します。この場合は、離婚届の届出により離婚という身分変動が生じるので「創設的届出」といいます。

一方、それ以外の方法による離婚、つまり、調停離婚、審判離婚（調停に代わる審判による離婚）、判決離婚、和解離婚（裁判上の和解による離婚）、認諾離婚などにより離婚した場合は、調停成立や和解成立の時点、または判決や審判が確定した時点（上訴審への不服申立期間や異議申立期間が経過して確定したとき等）に、すでに離婚の効果が生じています。しかし、こうした場合も、当事者の一方（届出義務者は後記2のとおり）が、調停等の成立や判決等の確定から10日以内に戸籍係にその旨を届け出ることが義務づけられています（戸籍法77条・63条・43条、民事訴訟法267条、戸籍法施行規則57条2項、民事訴訟法115条・116条、家事事件手続法268条1項・287条）。この届出はすでに効力が生じている離婚について報告するものですので、「報告的届出」といいます。この報告を怠ったときは、5万円以下（催告後は10万円以下）の過料の制裁が課せられる旨の規定があります（戸籍法135条・136条）。裁判所の調

停調書の作成が遅れる場合もありますので、実際には届出が多少遅れたからといって過料が課せられることは稀のようです。

　なお、外国で外国法に従って離婚の手続をした場合にも、それを日本の役所に報告的に届け出る義務はありますが（戸籍法41条1項参照）、届け出なかったからといって過料は課されません（平10・7・24法務省民二第1374号通知）。

　届出には、判決や審判の場合、判決または審判の謄本と確定証明書が必要です。判決は判決理由などプライバシーに関する部分を提出する必要はなく、離婚と親権について命じている主文の部分のみ表示された「抄本」（戸籍届出用謄本）で足ります。調停や和解でも同様の条項の部分（ただし、相手方または被告を第一次的届出義務者とした場合、その旨の記載部分も含みます）で足ります。

　なお、当事者による報告的届出とは別に、これらの届出の遵守の有無を把握するため、裁判所書記官から裁判確定の事実等について管轄市区町村役場に通知がされます（人事訴訟規則17条、家事事件手続規則130条2項1号・136条1号）。届出期間を徒過している場合には、市区町村役場から管轄簡易裁判所に「失期通知」がされます（戸籍法施行規則65条）。もし、本来の届出義務者（後記2）がその期間内に届け出ないときは、その相手方または被告が届け出ることができます。

　こうした離婚の報告的届出の場合は、一方が以前に離婚届の不受理申出（本章Q1参照）をしており、これを取り下げていない場合であっても受理されます。

2　報告的届出をする義務者

　報告的届出について届け出るべき義務者は、離婚を請求した者（離婚調停の申立人や離婚認容判決を得た原告）です。協議離婚の場合と同じ離婚届を使って届け出ますが、署名欄は届出人の単独でよく、証人もいりません。

　なお、調停、和解および調停に代わる審判の場合は、婚姻改姓していた配

偶者が離婚後の新本籍を届け出たり、婚氏続称届を同時に提出する便宜上、双方の合意によって離婚の報告的届出をすべき当事者を変えることが可能です。その場合、「離婚届は相手方においてする。」「相手方の申出により調停離婚する。」などの条項を調書の中に記載します。原則どおり、離婚請求をした申立人が報告的離婚届出をする場合も、相手方の離婚後の本籍地を定める必要があるため、「相手方は本籍を○○と定めて新戸籍の編製を受ける。」といった条項を調書の中で定めておく場合があります。

3　離婚後の戸籍

　離婚後、従前の戸籍から、婚姻改姓していた配偶者（戸籍に2番目に入っていた配偶者）の戸籍が除かれます。しかし、夫婦間の子は、親権者の定めにかかわらず、その戸籍に留まり、子の氏も従前のままです。

　婚姻改姓していた配偶者は、同人の元の戸籍（たとえば父母の戸籍）に復することを原則としていますが（戸籍法19条1項本文）、三世代同戸籍禁止の原則（祖父母と孫は一緒に入れないので、子を自分の戸籍に移すことを予定している場合は、父母の戸籍に戻りません）や同氏同戸籍の原則（婚氏続称を希望する場合など）から、元の戸籍に戻れないことがあります。その場合、この機会に自らを筆頭者とする新戸籍を編製してもらいます（同項但書・6条但書）。元の戸籍に戻れる場合であっても、本人が希望すれば新戸籍をつくることもできます。離婚後の新本籍地は、日本に実在する場所であれば、従前の本籍、現住所、出生地などとはまったく無関係に、自分で自由に決めた場所に定めることができます（「本籍」は、戸籍という身分登録簿の索引の役割をするものにすぎません）。

4　婚氏続称

　婚姻により改姓した配偶者は、婚姻の際に名乗っていた氏を、離婚後も称し続けることができます。離婚後3か月以内であれば、婚氏続称届を役所に提出するだけで足ります（民法767条2項、戸籍法77条の2）。提出すると、婚

氏で戸籍筆頭者となる新戸籍が編製されます（戸籍法19条3項）。3か月を過ぎた以降に、婚姻中の氏を名乗りたい場合は、戸籍法による「氏の変更許可審判」を家庭裁判所で得る必要があります（同法107条1項）。また、いったん婚氏続称の届出をした後、婚姻前の旧姓に復氏したい場合にも、同様に氏の変更許可審判を得る必要があります。氏の変更許可を得ることは、一般的には容易ではありませんが、離婚後の処理としての場合は、比較的容易に許可を得ることができます。なお、仮に婚氏続称をしても、それは呼称上の氏が元配偶者と同一であるだけで、民法上の氏（民法上夫婦同氏を定める民法750条、子の氏について定める同法790条参照）は元配偶者とは異なると説明されています。戸籍編製単位を定めるための技巧的な説明といえます。

5　離婚後の子の氏

　離婚後の子の氏は、子がすでに婚姻改姓していたり、養子縁組をして養親の戸籍に移っていたような場合は別にして、両親が離婚しても、父母の婚姻中の氏のままです。子が未成年であっても当然に親権者と同じ氏になるわけではありません。

　離婚後に、子の氏を離婚して復氏した親と同じ氏にした場合、家庭裁判所に、「子の氏の変更許可審判」の申立てをして、認容審判を得たうえで、親権者の戸籍に入籍する届出をします（民法791条1項、戸籍法18条2項・98条1項、家事事件手続法別表第一60項）。

　離婚した親が婚氏続称届をしていて引き続き子と同じ氏を名乗っている場合についても、子を他方の親の戸籍に移したい場合には、上記と同様に子の氏の変更許可審判を家庭裁判所に申し立てて、審判を得たうえで、市区町村役場に届け出ることによって、子の戸籍を移すことができます（たとえば父の「山田」から母の「山田」への変更となります）。子の氏変更許可審判は、親権者の氏に変更する申立てであれば、通常特段の審理をすることなく容易に認められます。郵送申立ても可能で、郵送で許可決定が送られてきます。認容審判に対する即時抗告は認められていませんので、確定証明書の添付は不

要です。

　子の氏の変更許可審判の家庭裁判所への申立ては、子が15歳未満の場合は法定代理人である親権者が行い、子が15歳以上であれば子自身が行います（民法797条1項の反対解釈の類推。家事事件手続法160条2項、戸籍法32条）。認容審判の役所への届出（入籍の届出）は、親権者からだけではなく、届出能力があれば子からでも届出ができます（戸籍法31条1項）。家庭裁判所への申立ては子が成人してからでも可能です。

　家庭裁判所の許可を得て、父または母の氏に変更した子は、20歳に達したときから1年以内は、入籍の届出をするだけで従前の氏に戻ることができます（民法791条4項、戸籍法19条2項）。子は、自身の婚姻等により新たな戸籍の編製を受けたりするほか、成人した子は、分籍を届け出て、自らが筆頭者となった戸籍の編製を受けることができます（戸籍法100条1項）。

6　渉外離婚の場合

　外国人は戸籍が編製されず、もともと結婚しても日本人配偶者の婚姻事項に記載されるだけで、国際結婚には夫婦同氏（民法750条）は適用されません。よって、離婚復氏もありませんが、日本人が戸籍法により外国人配偶者の氏に変更していたときは、婚姻後3か月以内は、家庭裁判所の許可がなくても婚姻前の氏に戻ることができます（戸籍法107条3項）。

　父または母が外国人である者（戸籍筆頭者とその配偶者を除きます）が、その父または母の付している氏に変更するには、家庭裁判所の許可が必要です（戸籍法107条4項）。

第４章

財産分与

⓺1　財産分与総論

財産分与とはどういうものですか。

A　財産分与とは、離婚に際し、夫婦共有財産を分与することをいいます。財産分与の対象となるのは婚姻期間中に夫婦で形成、維持してきた財産で、その基準時は離婚時または別居時となります。

1　財産分与の概要

　財産分与とは、離婚に際して、夫婦の財産を分与することをいいます。財産分与には、清算的要素、慰謝料的要素、扶養的要素があるとされていますが、中心になるのは清算的財産分与です。

　民法762条は「婚姻中に自己の名で得た財産は、その者の特有財産とする」と夫婦別産制を採用し、夫婦財産を名義に従い帰属させることにしています。そうすると、家事などにより婚姻生活の維持に協力したことが財産の形成や維持に結びつかないことになり不平等になってしまいます。そのため、夫婦間の公平・平等を図るものとして、離婚に際して財産分与が定められていると理解されています（最大判昭36・9・6民集15巻8号2047頁は、民法762条の夫婦別産制の原則により配偶者の一方の財産取得に対する他方の協力・寄与が財産の帰属において直接評価されない結果になったとしても、離婚の際の財産分与や配偶者相続権などにより、結局において夫婦間に実質上の不平等が生じないよう立法上の配慮がなされている旨述べています）。こうした夫婦別産制と清算的

財産分与との関係について、通説は、財産が名義に従い配偶者の一方に帰属するとしても、財産の形成は他方の配偶者の協力・寄与があった結果であるとして、他方の配偶者の潜在的持分があるとしています。

2　財産分与の対象

　清算的財産分与においては、婚姻期間中に夫婦が協力して形成した財産が「夫婦共有財産」（実質共有財産）として財産分与の対象となります（民法768条3項は、「当事者双方がその協力によって得た財産」と規定しています）。婚姻期間中に夫婦が協力して形成した財産であれば、その種類や名義は問いません。典型的な例としては、不動産、預貯金、自動車、保険、株式などの有価証券、現金などがあります。宝くじや馬券が当たった場合の当選金等についても、くじや馬券の購入は通常婚姻費用やその余剰金をあてている場合が多いことも踏まえると、財産分与の対象となります（奈良家審平13・7・24家月54巻3号85頁は小遣いから万馬券を購入したことや、万馬券は射倖性の高い財産で必ずしも一方配偶者の固有の才覚だけで取得されたものともいえないことなどを指摘し特有財産であることを否定しています。宝くじについては、東京高決平29・3・2家庭の法13号71頁）。

　自宅不動産の名義を夫3分の2、妻3分の1のように共有にしている場合もありますが、この場合持分に応じて分与することになるわけではなく、結婚生活中に購入していたものであれば、自宅不動産全体が財産分与の対象となり、分与割合（原則2分の1）に従い分与されることになります。

　生命保険などの保険については、解約返戻金があるものであれば、資産性があるとして財産分与の対象となります（実際には基準時における解約返戻金相当額を財産分与の対象とすることになります）。なお、損害保険金について、大阪高決平17・6・9家月58巻5号67頁は逸失利益のうち婚姻期間に対応する部分について財産分与の対象としています。

　また、子名義の預貯金については、子自身のお年玉やアルバイト、祖父母からの贈与などが原資の場合は子固有の財産となります。原資が夫婦の収入

や（実質的な）共有財産の場合であっても、子への贈与がなされたような場合などは財産分与の対象とならないとする裁判例があります（大阪高判平26・3・13判タ1411号177頁、高松高判平9・3・27判タ956号248頁等）。

ところで、夫婦が共同で事業をしていた場合は、当該事業用財産も財産分与の対象となります（松山家西条支判昭50・6・30判時808号93頁、東京高判昭54・9・25判時944号55頁など）。しかし、法人にしていた場合は当該法人の財産は財産分与の対象とはならず、婚姻中に夫婦の一方が取得した株式や出資金が対象となります。ただし、便宜上法人にしていただけで実質的には夫婦の一方または双方のみが当該事業をしていたような場合は法人格が否認され、法人名義の財産が財産分与の対象となることもあります。

3　特有財産

他方、婚姻前から有する財産や、婚姻後であっても他方の協力によらずに得た財産は、それぞれの特有財産となり、原則として財産分与の対象になりません。後者の例としては、相続や贈与で得た財産、交通事故による賠償金（ただし逸失利益については前掲大阪高決平17・6・9）などがあげられます。

もっとも、特有財産についても、その維持に他方の配偶者が寄与した場合は、その寄与した範囲において考慮されることになります。たとえば、夫が婚姻前に購入した不動産のローンを婚姻後も夫婦共有財産から返済し完済していたような場合、婚姻後の返済相当分については、他方の寄与があったとして財産分与で考慮されることになります。

4　財産分与の2つの基準時

清算的財産分与は、離婚するにあたって夫婦で形成した財産を清算しようというものですから、その清算する対象財産の範囲を確定する基準時は離婚時となります。また、裁判の場合は、事実審口頭弁論終結時が清算の基準時となります。

ただし、離婚より以前に、すでに別居し破綻している場合は、別居以後協

力して財産を形成したとはいいがたいことから、対象となる財産の範囲については原則として別居時を基準時とすることになります（広島高岡山支判平16・6・18判時1902号61頁等）。なお、別居時から離婚時までの間の財産変動については、公平の見地から例外的に考慮する場合もあると考えられます。

　清算にあたっては、個々の財産の財産的価値を評価する必要がありますが、その評価の基準時は、価格変動のない財産については財産分与の基準時と同じ時点となります。ただし、株式や土地など、夫婦の協力等とは無関係に価格が変動するものについては、離婚時（裁判の場合は事実審口頭弁論終結時）を基準に判断することになります（東京地判平17・4・27公刊物未登載等）。

Q2　財産分与の清算割合

財産分与はどういった割合で分けることになるのでしょうか。専業主婦の場合、共働きの場合、家業に従事していた場合で異なってくるのでしょうか。

 特別な事情がない限り、原則として 2 分の 1 の割合で分けられることになります。

夫婦が話し合いで清算の割合についても合意した場合にはその割合に従うことになりますが、話し合いができない、または話し合いがつかない場合には、家庭裁判所の調停、審判（離婚後の場合）、判決（離婚とともに決める場合）などにより決めることになります。

財産分与は、夫婦の協力により形成・維持された財産を分与するというものですが、清算割合で考慮するのは、財産形成に対する経済的寄与に限られるものではなく、夫婦としての協力、役割分担関係になります。

実務では、共働きであるか、一方が専業主婦であるかを問わず、夫婦が互いに協力し合って夫婦財産を形成・維持したとして、清算割合を原則として 2 分の 1 としています。広島高判平19・4・17家月59巻11号162頁は、妻が専業主婦の事案において「夫婦が婚姻期間中に取得した財産は、夫婦の一方の所得活動のみによるものではなく、他方の家計管理や家事・育児等を含む夫婦共同生活のための活動の成果として得られたというべきであるから、妻が専業主婦の場合の財産分与の判断においても、家事従事による寄与を正当に評価する必要がある」として、扶養的要素も考慮して財産分与割合を 2 分の 1 と判示しています。

ただし、夫婦共同生活における役割分担の内容に偏りがある場合や、夫婦の一方が医者、弁護士、芸能人、芸術家であるなど、夫婦の一方の特殊な才能や専門性によって多額の財産が形成されているような場合など、夫婦財産形成への寄与に関して特別な事情がある場合には、清算割合が異なってきま

す。前者の例として、東京家審平 6 ・ 5 ・31家月47巻 5 号52頁は夫と妻が芸
術家として各々の活動に従事するとともに、妻は約18年間専ら家事労働にも
従事してきたことなどを考慮して、妻の寄与割合を 6 割としました。また、
後者の例として、大阪高判平12・ 3 ・ 8 判時1744号91頁は、夫が一級海技士
の資格をもち 1 年に 6 か月ないし11か月の海上勤務をするなどしたことによ
る寄与が大きいとして、夫の寄与割合を 7 割としたほか、大阪高判平26・
3 ・13判タ1411号177頁は、医師である夫が婚姻前から個人的な努力をして
医師の資格を獲得したことや、医師の資格を有し、婚姻後にこれを活用し多
くの労力を費やして高額の収入を得ていることを考慮して、夫の寄与割合を
6 割としました。

⓺③　特有財産の維持への寄与・貢献

　結婚以来、夫はギャンブル好きのため給料を家計にほとんど入れてくれず、私がずっと働いて家計を維持してきました。子どもたちも一人前になり、また、私が頑張ってきたので、結婚後に夫が父から相続した自宅も、私が固定資産税や修繕費用等を支払うなどして、売らずにきました。離婚する場合に、この夫の相続財産である自宅も財産分与の対象になりますか。

　Ａ　あなたの自宅維持への寄与・貢献が認められる場合には、その寄与度・貢献度に応じて、相当額が、清算的財産分与として認められると考えてよいでしょう。

1　夫婦が協力して得た財産が原則

　夫婦の財産分与の対象となる財産は、原則として夫婦が婚姻生活中に協力して形成した財産であることが必要です。なお、婚姻前に同居が先行する場合は、同居時点以後に取得した財産が対象となり、離婚に際して別居が先行する場合は、別居時点までに取得した財産が対象となります。したがって、一方配偶者が、婚姻前から有していた財産、相続で取得した財産、第三者から贈与を受けた財産は、その者の特有財産（固有財産）であるとして、財産分与の対象にはならないというのが原則です。

2　維持した特有財産も清算的財産分与の対象になる

　しかし、一方配偶者の特有財産であっても、通常ならば婚姻生活中にその財産を失っていたところ、他方配偶者の寄与・貢献によって、維持して残したという特段の事情がある場合には、この特有財産の価格も清算的財産分与の対象に含まれる余地はあります（東京高判平7・3・13判タ891号233頁）。これは特有財産の維持に対する寄与・貢献がある場合に限られますので、た

だ単に特有財産が残されているというだけでは不十分で、他方配偶者が寄与・貢献したことによって特有財産が残っているという事情（因果関係）のあることが必要です。

たとえば、夫が父から譲り受けた借地権について、妻が同借地権の維持のために寄与したとして、同借地権の価格の1割の財産分与を認めた事案（東京高判昭55・12・16判タ437号151頁）、夫の特有財産等の価値の減少を防止し、その維持に一定限度寄与し、その他一切の事情を総合して妻に対して1500万円の財産分与を認めた事案（京都地判平5・12・22判時1511号131頁）などがあります。

あなたの場合には、夫がギャンブル好きのために、給料を家計にほとんど入れてくれなかったのですから、通常であれば、夫が父親から相続した財産は、生活費を工面するために手放してしまっていたと推測されます。それをあなたの努力で今日まで維持されたということですから、一方配偶者の特有財産の維持に他方配偶者が寄与・貢献した場合に該当します。

このような場合、どのくらい取得できるかは具体的な事情によって異なり、裁判所の裁量的判断によることとなりますが、夫婦共有財産ではなく、特有財産であることを考慮しますと、この特有財産の価格の一部が、清算的財産分与額として認められると考えてよいでしょう。

なお、以上は夫婦で築いた財産の清算という意味での財産分与の問題として説明しましたが、離婚後扶養（補償）としての財産分与（扶養的財産分与）、未払婚姻費用がある場合または慰謝料を定める際に、夫の資産として特有財産の自宅が存在していることは別途考慮の対象となりえます。

Q4　退職金の財産分与

私は、結婚20年になる会社員ですが、妻との離婚を考えています。妻と離婚する場合、将来私が会社から受け取る退職金も財産分与の対象になりますか。

 退職金も財産分与の対象となります。なお、妻も稼働し、退職金が支給される場合には妻の退職金も財産分与の対象財産とされます。

1　退職金と財産分与

以前は、離婚の際に清算的財産分与の対象となる夫婦財産は、原則として離婚または別居時点で現実に存在している財産に限られていました。そのため、将来支給される退職金は財産分与の対象とはされていませんでした。

しかし、退職金が賃金の後払い的性質を有するものであるという点から、定年退職が比較的近い場合には、退職金を財産分与の対象とし、他方配偶者に一定割合を分与する事例が増えてきました。たとえば、東京高決平10・3・13家月50巻11号81頁は、定年退職まで7年間ある事案で、妻の寄与率を4割として、夫が退職金を支給された時における妻への金員の支払いを命じました（第一審（水戸家龍ケ崎支審平9・10・7家月50巻11号86頁）の妻の寄与率5割を変更）。また、東京地判平11・9・3判時1700号79頁は、定年退職まで6年間ある事案で、退職時に支給される予定の退職金額に総勤務期間中の実質的婚姻期間の割合を掛け、中間利息を複利計算で控除して現在額に引き直した金額（ライプニッツ係数利用）に妻の寄与率5割を掛けた金額を財産分与として支払うべき金額としました。

そして、現在は、退職までにある程度年数があっても、基準時（離婚時または別居時）において分与義務者が自己都合退職した場合の支給額を用いる方法が一般的となっています（蓮井俊治「財産分与に関する覚書」ケース研究329号123頁以下）。

2 財産分与の対象となる退職金の計算方法と支払方法

前記の自己都合退職した場合の支給額を用いる場合の財産分与される退職金額の計算方法は次のようになります。

基準時（離婚時または別居時）において自己都合退職した場合の支給金額×（同居期間／基準時までの在職期間）×1／2(他方配偶者の寄与率)

婚姻（同居）前および別居後は、他方配偶者の寄与貢献はありませんから、その期間は財産分与の対象となりません。

また、支払方法は離婚時に一括支払いが原則ですが、離婚時に分与義務者に支払能力のない場合には、調停離婚においては、退職金支給時に支払う旨の合意をすることもあります。この場合は、離婚時から支給時までの間の分与義務者の懲戒解雇、同人の会社の破綻等のリスクを、分与権利者のほうで負う可能性も考えておく必要があります。

3 企業年金（退職年金）

企業年金等としての退職年金は、年金分割の対象とはなりませんが、財産分与の対象となります。最近は、退職金を一時金として一括支給される場合のほかに、退職者の選択によって退職金を退職時に一時金部分と年金部分に分けて支給される場合もあります。また、在職中から、退職後の年金として、賃金の一部を積み立てている場合もあります。

このような年金型に形を変えた退職金については、支給期間も各年金組合によって終期があるものと終身給付のものがあり、不確定要素が多く、財産分与額の計算が難しくなっています。このような場合の財産分与金額を算定する方法としては、以下のようなものが考えられます。

（方法1）

年間の年金受領額×相手方の年金開始年齢時における平均余命年数に応じた中

間利息控除のための係数×(同居期間／在職期間)×1／2(他方配偶者の寄与率)

（方法2）

別居または離婚時に解約して企業年金から脱退したと仮定した場合に支払われる払戻金額×(同居期間／在職期間)×1／2(他方配偶者の寄与率)

　その他の方法も考えられますので、事案に応じて、検討する必要があります。

　なお、具体的な財産分与額として計算することが難しい場合には、清算的財産分与額総額を判断するに際して、企業年金（退職年金）の部分が「その他一切の事情」として加算要素として考慮されることになると考えられます。

⑤5　婚姻費用不払いの清算

夫と２年間別居していますが、別居中の生活費を請求してもまったく送ってくれないので、私が働いて子どもを育ててきました。

離婚の財産分与を決めるとき、生活費の不払分を考慮してもらえますか。

考慮してもらうことができます。

1　婚姻費用（生活費）分担の義務

夫婦は互いに協力して扶助する（助け合う）義務があり、結婚生活から生じる婚姻費用（生活費、子どもの養育費を含む）を分担する義務があると定められています（民法752条・760条）。これはたとえ夫婦が別居していても変わりはないので、原則として離婚などにより夫婦関係が解消されるまで、婚姻費用（生活費）を支払う義務があります（第１章ⅠＱ１参照）。

その額は、双方の資産、収入、その他一切の事情を考慮して決めるものとされており、子どもの養育費分も含まれていますので、子どもの年齢・人数などが大きな考慮事情となります。

当事者間で分担の有無、分担額について協議ができないときは、家庭裁判所に調停申立てをして話し合い、調停での合意もできないときは調停は不成立となって、審判で判断されます（家事事件手続法272条４項）。

2　財産分与における清算

別居中にこのような手続をとっていなかったため婚姻費用の額が定まっておらず、夫が別居中の婚姻費用をまったくあるいは十分に送らなかったとすれば、その分の婚姻費用をあなたが立て替えたことになりますから、離婚に際しての財産分与の中でそれを清算してもらうよう請求することができます。

　裁判所も「離婚訴訟において財産分与の額及び方法を定めるに当たっては、当事者の一方が過当に負担した婚姻費用の清算のための給付をも含めて財産分与の額及び方法を定めることができる」と判断しています（最三小判昭53・11・14民集32巻 8 号1529頁）。

　これはあくまで「過当に負担した婚姻費用の清算」ですので、別居するまでに形成された夫婦財産の清算とは別個に請求できることになります。かつて民法改正案についての議論の中で、法務省も、「婚姻費用の分担義務を履行しなかったことによって、その特有財産からの支出を免れているときは、婚姻費用を支出した者がその特有財産の維持に寄与したものと評価できる余地がある」（法務省民事局参事官室「婚姻制度等に関する民法改正要綱試案の説明」ジュリ1050号214頁以下）として、婚姻費用の不払分を相手の特有財産（たとえば結婚前から所有していた財産や相続により取得した財産など）から清算させる余地を認めていました。

　いずれにしても、特有財産の有無にかかわらず、過当に負担した婚姻費用の清算は別途請求できると考えられます。

3　清算の基準

　本来どのくらいの婚姻費用を分担すべきであったかについては、前述のとおり、双方の収入・資産、子どもの人数・年齢、生活水準その他の諸事情を考慮して決められます。

　標準的な婚姻費用の額については、家庭裁判所の算定表が参考になります（第 1 章Ｑ 1 参照）。

　たとえば、婚姻費用として算定表によれば本来月20万円の支払義務があったとすると、 2 年間では480万円が未払分ということになりますので、この分を財産分与の一部として請求することができます。

　ただし、財産分与は裁判所が一切の事情を考慮して定めるとされていますので（民法768条 3 項）、財産分与の考慮事情としての婚姻費用の清算については、必ずしも算定表による算定額全額が認められるとは限らず、具体的な

額や認める期間については、裁判所の判断にゆだねられています。

　ちなみに離婚においては、このように財産分与の中で、過去の婚姻費用の清算を含めて決めることができますが、婚姻費用の一部である過去の養育費についても、その清算を求めることが可能です。

　すなわち、別居後離婚までの間の子の養育費（監護費用）の分担を離婚の訴えに附帯して申し立てられるか否かにつき、控訴審の東京高判（平17・7・6家月59巻7号123頁）がこれを不適法として却下したのに対し、最高裁判所は人事訴訟法32条1項所定の子の監護に関する処分を求める申立てとして適法なものであると判断して破棄差戻しとしました（最二小判平19・3・30裁判所時報1433号2頁）。

　したがって、過去の子どもの養育費相当分については、財産分与としてではなく、離婚後の養育費とあわせて、別居から離婚に至るまでの婚姻期間中の未払いの養育費として請求することもできます。

ⓠ⑥　債務（負債）と財産分与

私は現在妻と別居しており、私名義の自宅には妻と子どもが住んでいます。自宅は結婚後買ったもので、まだローンが残っています。離婚の財産分与で自宅のローンはどうなりますか。

A　離婚にあたり、自宅を売却するときは、売却代金からローンを返済し、税金・仲介手数料などを差し引いて残ったお金から財産分与をすることになります。自宅を妻に渡し、妻と子がそのまま住み続けるときは、①ローンの負担付きのまま財産分与で名義変更し、以後妻がローンを支払っていく方法、②あなたがローンを一括払いをする方法、③あなたが今後も引き続きローンを支払っていくような取り決めをする方法等があります。

1　債務の処理

　財産分与の対象となる夫婦財産は、婚姻中に夫婦の協力によって形成された財産であって、不動産、預貯金等の積極財産のみならず、住宅ローンや生活費のための借入れなど婚姻生活の中で負担した債務、すなわち消極財産も清算の対象となりえます。

　すなわち、積極財産額のほうが消極財産額より大きい場合は、積極財産から債務を差し引いた財産を分与対象とすることになります。

　たとえば、不動産、預貯金その他の総額が1000万円、債務額が400万円であるとすれば、財産分与額は差引額600万円の2分の1である300万円となります。

　しかし、債務が積極財産を上回り、差引がマイナスとなる場合に、財産分与として債務の負担を命じることができるかは問題です。裁判実務では消極的な立場をとっています（松本哲泓『離婚に伴う財産分与』127頁）。

　したがって、このような場合、財産分与はゼロとなり、債務を負担している当事者が相手配偶者にその負担を求めることはできないと解されます。

2　住宅ローンの処理

⑴　自宅を売却する場合

　夫婦で購入した自宅の住宅ローンも清算対象となりますので、もし自宅を売却するときは、売却代金から住宅ローンの残債務を差し引いた額の２分の１を財産分与として妻に支払うことになります。

　オーバーローンで債務が売却代金を上回るときは、売却代金を充当してもローンが残ってしまいますが、不動産以外の積極財産がないならば、他の債務と同様、これを財産分与の対象として妻に一部の負担を求めることはできないと解されていますので（東京弁護士会弁護士研修センター運営委員会編『離婚を中心とした家族法』20頁〔橋本一夫〕、東京高決平10・３・13家月50巻11号81頁）、残ったローンはあなたの負担となります。

⑵　財産分与で妻に自宅を譲渡し、妻と子が自宅に住み続ける場合

　妻と子が自宅に住み続けることを前提に、当事者間で妻が離婚後のローンを負担する合意をすることがありますが、債務者を妻に変更するためには債権者である銀行や住宅金融支援機構の了解をとる必要があります。銀行では一般に債務者の変更（免責的債務引受）には応じないことが多く、その場合はいったんローン全額を返して、妻名義で別の金融機関で借り換える手続が必要です。妻の収入が少ない場合などには借り換えができないこともあります。住宅金融支援機構では、収入の基準を満たしていれば、名義変更が可能な場合があります（審査が必要で、ケースによっては認められなかったり、一部の繰上返済や債務者の追加を求められたりすることもあるようです）。

　もし、あなたが了解できるのであれば、債務者名義はあなたのままとして、事実上妻がローンを引き継いで支払い完済する旨の取り決めを当事者間でしておくことも可能です。もしも妻がローンを支払わなかった場合、自宅に抵当権が設定されていますので、最終的には自宅の抵当権が実行されることになります。

　しかし、この場合、銀行との関係での債務者はあくまであなたですので、

抵当権を実行しても債務が残るときは、あなたに支払義務があります。

　妻がローンを負担するときは、その時点でのローン残債額を差し引いた評価額を財産分与として渡したことになります（たとえば時価5000万円の土地建物でローンの残債が2000万円あったとすると、差引の価格は3000万円ですから、土地建物を妻に分与した場合、財産分与の価額は3000万円です）。

　これに対し、あなたが引き続きローンを負担するときは、自宅の評価額（上記でいえば5000万円）を財産分与として渡したことになります。もしあなたが途中でローンを支払えなくなると、住宅ローンの担保として設定された抵当権が実行されることになりますので、妻としては不安が残るとして、公正証書または調停調書による取り決めを求められるかもしれません。

　あなたが一括でローンを繰上返済できるときは、妻や子にとってもそれが最も安心できる解決方法です。この場合も上記と同様、自宅の評価額相当額を財産分与したことになります。妻の親族の援助を得て、繰上返済して解決する例も珍しくありません。

ⓠ7 子どもの養育のためにも自宅に住み続けるには

夫と離婚したいのですが、自宅を出ると住むところがありません。財産分与で自宅全部をもらうのは無理でも、せめて子どもが成人するまで住めるようにしてもらいたいのですが、可能ですか。

A 可能な場合もあります。具体的には、財産分与で自宅を取得するよう交渉するか、これが無理なときは、一定期間建物の使用権（使用貸借、賃貸借）を設定するなどの方法があります。

1 夫婦財産全体の2分の1が原則

離婚の際の財産分与は清算的財産分与が中心となりますので、自宅の不動産（土地・建物）が夫婦で形成した財産である場合には、いずれの名義であっても、原則その持分2分の1の取得を要求する権利があります。

そして、自宅全体を財産分与で請求しても、他の財産も含めた夫婦財産全体の2分の1以下にあたる場合には、自宅全部の取得を主張することができます。また、自宅不動産の価格が夫婦財産全体の2分の1を超えるときも、事案によっては、扶養的財産分与や慰謝料分を含めて考慮して自宅全部の取得を主張できることもあります。

なお、自宅が夫婦の共有名義になっている場合も離婚による財産分与請求が可能な場合は共有物分割請求ではなく、原則財産分与によるべきと考えられます。婚姻中に夫が妻に共有物分割請求の訴訟を起こしたケースで、権利濫用にあたるとして、請求を棄却した判例もあります（東京地判平29・12・6判タ1464号208頁など）。

2 住み続けることが難しい場合

しかし、財産分与などで自宅全部を取得することが難しい場合でも、相手

に代償金を支払って全部を取得する方法があります。

しかし、十分な代償金を支払うことが困難な場合は、自宅全部を得ることはできなくなってしまいます。

3　子どもが成人するまでの対処法

それでも、子どもが成人するまで自宅に住み続けることを希望するときは、扶養的財産分与の要素も考慮して、子どもが成人するまでの期間、夫と賃貸借契約または使用貸借契約を結ぶ、という方法があります。

賃貸借では毎月一定額の賃料を夫に支払うことになりますが（一部養育費と相殺することもあります）、使用貸借では無償で住むことができます。

いずれの合意ができるかは夫との交渉次第です。

裁判例でも、このような賃貸借契約の設定を判決によって認めたものがあります（浦和地判昭59・11・27判タ548号260頁、名古屋高判平21・5・28判時2069号50頁など）。

また、扶養的財産分与として、離婚後の一定期間、妻と子3人が住む自宅に使用貸借権を設定した例もあります（名古屋高決平18・5・31家月59巻2号134頁）。

この名古屋高等裁判所のケースでは、離婚成立の日から3人の子どもがそれぞれ成人、高校卒業、小学校卒業となる年の3月末まで約8年間弱の使用貸借が認められました。

なお、もともと自宅が夫婦の共有であった場合には、夫の持分を財産分与で譲渡してもらえば、妻の単独所有になりますので、引き続き居住できますが、それが難しい場合は前述のとおり、やはり利用権の設定が必要です。

4　居住用財産への配慮──子どもを育てる側が住み続けられるように

このように、数は多くありませんが、未成年の子どもがいる夫婦の離婚の場合、その住環境に配慮した裁判例がみられます。

　子どもにとっては両親の離婚は経済的にも精神的にも大きな影響を与える出来事です。子どもに対して、極力離婚の影響を最小限に抑える配慮をするという意味で、学校・友人関係も含めたそれまでの子どもの住環境を変えないことが重要になります。離婚後も子どもが転校などしないで引き続き今までの住居に住めることは、最も望ましい方向といえましょう。

　このような観点から、自宅の利用権の設定につき夫と交渉してみてください。住居は原則として子どもの親権者となる配偶者が取得することとし、もし取得できないときは前記のように住居として一定期間使用できる権利を設定することをルール化すべきであると考えます。

5　共有持分権に基づく利用

　夫婦共有財産として持分登記がされているときは、多数持分権者といえども、少数持分権者に明渡しを請求することはできませんが（最一小判昭41・5・19民集20巻5号947頁）、適宜、利用料の負担を求めたり（最二小判平12・4・7判時1713号50頁）、共有物分割手続をとることは可能です。

　なお、共有物分割手続を使って元配偶者を追い出しにかかるような場合は、権利濫用として認められない場合があります（大阪高判平17・6・9判時1938号80頁。詳しくは第1章Ⅳ Q1 2(3)、コラム2参照）。

Q8　夫名義で借りている家に住み続けるには

　夫名義で借りている借家に住んでいますが、離婚後も住み続けたいと思います。夫が借家の名義の変更手続に応じないとき、あるいは夫が勝手に賃貸借契約を解約したときは出て行かないといけないのですか。

　状況にもよりますが、出て行く必要はありません。

1　借り主名義の変更

　夫名義で借りている借家から夫が出て行き、離婚後もあなたのほうで住み続けたいときは、離婚の際に夫と協議し、家主とも交渉して、賃借人を夫から妻に変えてもらっておく（賃借権の譲渡）のが安心です。この場合、あらためてあなたと家主が賃貸借契約書を取り交わす必要があります。

2　借家人の家族の立場

　もし、夫または家主が名義変更に応じないときは住み続けられないかという点ですが、同居時に家族の住居として夫が家を借りた場合は、家族の一員である妻も賃借人たる地位をもっていると考えることができます（東京地判昭39・8・5判時388号43頁）。

　上記裁判例のケースは、賃借人たる事実婚（内縁）の妻が賃貸借契約を合意解約したため、家主が夫に明渡しを求めたものですが、賃料の支払状況なども考慮して、当事者間の信頼関係を著しく破壊させる事情がない限り、内縁の夫も賃借権者として保護すべきと判断しました。

　したがって、家族の住居としての家を賃借した場合には、たとえ夫が勝手に賃貸借契約を合意解約したとしても、特段の事情のない限り、家主は妻に対して明渡しを求めることができません。

3　結婚前からの賃借と家主の明渡請求

　夫が結婚前から借りていた家であるときは、上記の考え方があてはまりませんが、そのような場合であっても、夫が出て行った後も妻がずっと家賃を支払い続けて住んでいたという事情があるときは、賃借権譲渡または転貸について家主の黙示の承諾があったとみることができます。

　また、たとえ夫が勝手に家主と合意して契約を解約したとしても、家主からの明渡請求は権利濫用にあたるとして認められないこともあります。

　内縁関係にあった夫が借家より立ち退いた後、妻が子とともに居住し、長年にわたり、妻が賃料を支払い続けていたケースで、夫との間で賃貸借契約を合意解除したとして、家主が妻に明渡しを求めたのに対し、夫が建物を出た時点で賃借権の譲渡があり、家主は黙示の承諾をしていること、仮にそうでないとしても、賃貸人との信頼関係を破壊するほどの背信性はないとして、家主からの明渡請求を権利濫用と判断し、認めなかった裁判例（京都地判昭54・3・27判時939号86頁）などがあります。

　明渡請求が認められるかどうかは、それまでの賃貸借関係の経緯や賃料の支払状況などの諸事情を評価して判断されることになります。契約者たる配偶者の退去後、他方配偶者が独立の占有を取得したとしながらも、賃料が継続して不払いになっているときは賃貸借契約の解除と明渡しが認められた裁判例がありますので（東京地判平25・9・25（平成25年(ワ)第5559号））、注意してください。

Ⓠ⑨　離婚後扶養

夫と離婚することになりましたが、生後6か月の子どもを抱えており、就職先が見つかりません。せめて経済的に自立できるまでの3年間くらいは夫に生活費の面倒をみてほしいのですが、可能ですか。また、高齢や病気で働けないときはどうなりますか。

 経済的に自立できるまでの期間、離婚後扶養（補償）が認められる場合があります。夫と交渉してみてください。

1　財産分与の一要素としての扶養

財産分与は清算・扶養・慰謝料の三要素を包含するとされますが、現在は清算を中心に判断されており、慰謝料は別個のものとして検討されることが多いといえます。しかし、ケースによっては離婚に伴い、婚姻費用の分担を請求する権利や相続権を失うことにより、生活に困窮する当事者もいるため、扶養の観点からの財産分与を考慮すべき場合があります。

これを扶養的財産分与といい、清算としての財産分与や慰謝料を考慮しても、生活に困る場合に検討される、補充的なものとされています。

2　離婚後扶養（補償）とは

1996年の民法改正案では、夫婦でつくった財産の清算としての財産分与だけでは離婚後の生活に不十分な場合、すなわち2人の経済的な格差が大きい場合や配偶者の一方が乳幼児を抱えていたり、高齢や病気など社会復帰が困難な場合に、自立期間として一定期間、離婚後の「補償」を認めて当事者間の経済的公平を図る制度が取り入れられていました（1996年民法改正案要綱）。

この離婚後補償の考え方は、離婚後の当事者間の経済的公平をどう確保するかにウェイトがおかれており、扶養とは観点がやや異なっています。

離婚後扶養や補償は、夫婦の一方に高齢、病気、乳幼児を抱えていると

いった事情があるにもかかわらず、夫婦で築いた財産はほとんどないが、他方に資力はあるというケースの救済になりますし、また慰謝料と違って、どちらが悪かったかを責任追及する必要がないので、支払う側が納得しやすいといったメリットがあります。

3　考慮される要素

離婚後補償の考慮要素としては、民法改正案では「婚姻の期間、婚姻中の生活水準、婚姻中の協力及び扶助の状況、各当事者の年齢、心身の状況、職業及び収入その他一切の事情」があげられており、これらを総合的に考慮して補償の期間と金額が決定されるとしていました。

自立の準備期間として大体どのくらいの期間が必要かについては、当事者の年齢、乳幼児がいるかどうか等の事情により異なります。一般的には少なくとも3年間程度は必要でしょう。

たとえば乳児を抱えた妻につき、自立するまでの3年間月10万円の離婚後補償を請求するといった方法です。

ただし、当事者が高齢や病気などにより、自立が困難または不可能であるときは、もっと長期間の補償が必要になります。

これらの考え方は離婚後扶養にもほぼあてはまります。

支払いについては、相手に支払い能力のないときは分割払いでもやむをえませんし、扶養という面を重視すると、毎月の支払いとなるかもしれませんが、なるべく一括金とするほうが後日のトラブルを回避できます。

4　裁判例

この民法の改正はいまだ実現していませんが、高齢者の離婚において、扶養としての財産分与が認められたケースはあります。

たとえば東京高判昭63・6・7判時1281号96頁では、75歳の無職の妻に対して、「離婚によって婚姻費用の分担分の支払を受けることもなくなり、相続権も失う反面、これから10年はあると推定される老後を、生活の不安に晒

されながら生きることになりかね」ないとし、1200万円の扶養的財産分与を認めました（月10万円程度の生活費を10年間支払うとの計算を前提にしていると考えられます）。

この事案では、別途慰謝料1000万円の支払いが命じられており、別居期間が17年間と長期にわたることもあって、清算的財産分与の対象たる財産がなかったことも考慮されたようです。

また、東京高判平元・11・22判時1330号48頁でも、73歳の妻に対して、「（離婚が認容されたならば）将来の配偶者としての相続権を失い、また……婚姻費用分担申立ても不可能となることから、老後の不安が増大することは避けられないというべきである」とし、月額10万円を「平均余命の範囲内である今後10年間の生活費として」負担を命ずることは相当としました。なお、この事案では1500万円という異例に高額の慰謝料が認められていますが、妻側が主張した過去の婚姻費用の清算としての財産分与は認められていません。本件は有責配偶者の離婚請求を認める判例変更をした最大判昭62・9・2民集41巻6号1423頁の差戻審であり、高齢の妻の離婚後の生活に配慮をして、上記のような判断になったものと思われます。

このほか、妻が経済的に自立できるまでの3年間、離婚後扶養を認めた例もありますが（東京高判昭47・11・30判時688号60頁）、妻に相応の財産があるとみて、妻が死亡するまで月15万円の扶養的財産分与を認めた第一審（横浜地判平9・1・22判時1618号109頁）を変更して扶養を認めなかった例もあります（東京高判平10・3・18判時1690号66頁）。

これらの判例は、退職金や企業年金の財産分与がまだ一般的ではなく、かつ離婚時の年金分割の制度ができる前の判断です。現在はこれらの財産分与が一般的に認められており、公的年金についての年金分割の制度もありますので、長期間の離婚後扶養を認める裁判例はあまりみられません。

Ⓠ⑩　離婚に伴う財産分与や慰謝料を保全する手続は

　これから夫に対して離婚調停を申し立て、財産分与や慰謝料を請求しようと思います。しかし、最近、夫は不動産を売ってしまうと言っており、もし勝手に売られてしまうと、その売却金を隠されてしまいそうです。どうしたらよいでしょうか。

Ⓐ　あなたに財産分与請求権があることが一応確からしいという程度の証明（これを「疎明」といいます）をして、裁判所の命令によって、迅速に、相手の資産を仮に差し押さえたり、売却などの処分を仮に禁止したりすることができます。これらを保全手続といい、権利の種類、対象財産等により、保全の種類が異なります。

1　保全処分とは

　財産分与や慰謝料などの権利の有無について争いがあるときは、訴訟や審判で争い、裁判所が判断して確定し、それに基づいて権利を実現することができます。しかし、権利の有無が確定するまでに時間がかかり、確定する前に相手によって財産が処分され隠されてしまいますと、後に判決や審判が出ても絵に描いた餅になってしまいます。そうした危険がある場合に、裁判所の命令によって暫定的に財産を保全することを保全処分と呼んでいます。

　財産分与の保全処分には、金銭の請求権を保全するための仮差押えと、売買・抵当権設定などの財産の処分を禁じる仮処分があります。慰謝料の保全処分は仮差押えだけです。保全処分は、その権利の有無を確定したり、権利を形成する本来の手続があることを前提として、その緊急の処分として認められるものですが、権利を確定する本来の手続（事件）を本案事件と呼んでいます。

　家事事件に関連する保全処分には、その本案事件の種類によって分ければ、

①財産分与など家事事件手続法別表第一または第二の審判事項を本案とする「審判前の保全処分」、②人事訴訟法による離婚訴訟を本案とする財産分与や慰謝料についての保全処分、③慰謝料請求など通常の民事訴訟を本案とする民事保全法上の保全処分があります。ただし、②は人事訴訟法が民事保全法を適用することとしているので（人事訴訟法30条。ただし、管轄裁判所は家庭裁判所です）、②③はいずれも民事保全です。

　何を請求するか、離婚の前か後か、によって、①ないし③のいずれを使うのかが決まってきますが若干複雑です。

2　財産分与の保全処分

(1)　離婚後の場合または事実婚（内縁）の場合

　離婚後に財産分与請求をする場合、または事実婚（内縁）の解消の場合の財産分与は、家事事件手続法別表第二の審判事項であり（家事事件手続法39条・別表第二4項）、これを本案とする保全手続は、「審判前の保全処分」です（同法105条）。管轄は本案の審判事件が係属する家庭裁判所または高等裁判所です。審判前の保全処分は、本案の財産分与の審判を申し立てていない段階でも、調停がすでに係属していれば、申し立てることができます（同法105条1頁）。しかし、調停も審判も申し立てていない段階では、保全処分の申立てをすることはできません。

　審判前の保全処分は、保全命令に対する不服申立てである抗告が申し立てられ確定していなくても、その審判を受ける者に告知することによって効力を生じます（家事事件手続法74条2項本文）。その緊急性および暫定性を考慮して、家事審判の手続の特則として、家事事件手続法74条2項但書は適用されません（同法109条2項）。そして、審判前の保全処分でその内容が強制執行に親しむもの、すなわち、金銭の支払い、物の引渡し、登記義務の履行その他の給付を命ずるものや、不動産の仮差押え、処分禁止の仮処分を命ずるもの等は、執行力を有し、審判を受ける者への告知前であっても、民事保全法等の規定に従い、執行することができます（家事事件手続法109条3項、民

事保全法43条 3 項）。

このほか、調停中には、審判前の保全とは別に、執行力がなく過料の制裁しかない「調停前の仮の処分」（家事事件手続法266条。ただし、管轄裁判所は家庭裁判所です）という方法もありますが、ほとんど使われていません。

⑵　離婚前の場合

離婚前に財産分与請求をする場合は、本案は離婚訴訟であり（離婚訴訟の附帯処分として財産分与を申し立てます。人事訴訟法32条）、保全の方法としては、「審判前の保全処分」は認められず（家事事件手続法105条）、離婚訴訟を本案とする民事保全命令の対象となり（民事保全法 1 条）、管轄は家庭裁判所です（人事訴訟法30条 1 項）。この民事保全は、前掲⑴の審判前保全とは異なり、まだ裁判を提訴していなくても、あるいは離婚調停を申し立てていなくても、離婚前であれば（もちろん、離婚調停や訴訟中であっても）申立てをすることができます。

なお、離婚前の段階で財産分与についての調停を申し立てる場合は、離婚調停事件（一般調停としての夫婦関係調整調停申立事件、家事事件手続法244条）の中で、離婚の条件の 1 つとして付随して請求します。この調停中に、前記⑴の「調停前の仮の処分」を求めることはできます。

⑶　審判前の保全処分と民事保全命令の違い

前記のとおり、⑴の審判前の保全処分は、調停または審判がすでに申し立てられていることが申立ての要件ですが、⑵の民事保全は、本案と独立して、本案が申し立てられていなくても先立って申立てできる点に大きな違いがあります。

不服申立ての方法も異なります。民事保全では、認容された場合、同一審級内での審理再開である保全異議の方法により、却下された場合は即時抗告の方法によりますが、審判前の保全では認容、却下を問わず高等裁判所に対する即時抗告です。

また、民事保全では、本案訴訟についての起訴命令等の制度があります。保全命令を受けた相手方から起訴命令を裁判所に申し立てると、裁判所は起

訴命令を発しなければなりません。すると、保全を申し立てた者は、保全の効力を維持するためには離婚訴訟を提起しなければならなくなります（離婚調停を申し立てることでも「起訴」になります）。したがって、すぐには離婚を望まない当事者の場合、保全命令申立てには慎重な検討が必要です。

(4)　手続の実際

　たとえば、離婚に伴い1000万円の財産分与請求権があることが疎明できるが、預貯金が解約されそうで預貯金を押さえておきたいという場合、預貯金払戻請求権という金銭債権の仮差押手続をとります。同じ金銭債権でも、給与債権に対する仮差押えの場合は、それにより失職する危険がありますので裁判所の認定は慎重です。他に仮差押えの可能な財産がないかを確かめ、たとえば自宅不動産など他に財産があればそちらを先に仮差押えするように裁判所は求めてきます。

　財産分与金を得たいという場合ではなく、自宅の不動産等特定の財産を財産分与として分与してもらいたい、あるいはその持分を分与してもらいたいという場合で、それが合理的であると認められる蓋然性がある場合には、売買等の処分を禁ずる仮処分を申し立てるとよいです。

　保全手続は、証明には至らない疎明によって迅速に（即日で）認められる手続ですので、万が一、債務者に不当な損害を与えたときのための保証金を納める必要があり、裁判所が額を決定します。保証金を納める資金がない場合には、法テラスの立担保援助である支払委託契約（「ボンド」と呼んでいます）を利用できる場合もあります。ただし、立担保のみの援助はできず、仮差押えや仮処分の申立事件自体について法テラスの援助を受ける必要があります。この保証金は、保全の必要がなく取り下げるに至ったときなど、担保取消しの申請をすることによって戻ってきます。

3　慰謝料の保全処分

　慰謝料請求は、審判事項ではなく、通常の民事訴訟事項ですので、離婚の前後を問わず民事保全命令の対象となります。慰謝料請求は、必ずしも離婚

手続に併合して請求する必要はなく、家庭裁判所のほか、地方裁判所や額によれば簡易裁判所も管轄を有することになります。

〔図表〕　財産分与の保全

	離婚前の財産分与	離婚後の財産分与 事実婚の離婚の財産分与
調停や審判の申立てがされていない時期	民事保全	× 保全の申立てはできない
財産分与の調停中	夫婦関係調整調停事件（離婚事件、一般調停）としての調停中につき民事保全	家事事件手続法別表第二項としての財産分与調停中につき審判前の保全
審判中	× 離婚前に財産分与のみの審判はできない	財産分与審判中 審判前の保全
離婚訴訟中	離婚訴訟で財産分与の附帯処分を申し立てているとき民事保全	

Ⓠ⒒　財産分与の強制執行、履行確保

離婚に伴う財産分与や養育費の強制執行の手続は、通常の民事事件の
強制執行とどんな点が異なりますか。

Ⓐ　単純執行文（後記1参照）の付与が必要な場合が限定されている
こと、一般に仮執行宣言が認められておらず裁判の確定を要件とす
ること、他方、抗告審の決定に対して、最高裁判所に特別抗告等を申し立て
ても、抗告審決定の確定は妨げられないことなどの違いがあります。

1　単純執行文が不要な場合

　一般の民事事件の判決等に基づく強制執行には、裁判所書記官による執行
文の付与が必要です（民事執行法26条）。しかし、家事事件の審判や調停調書
が債務名義である場合には、執行文付与が不要な場合があります。

　財産分与、婚姻費用、養育費、子の引渡し、面会交流等の家事事件手続法
別表第二の審判事項についての金銭の支払い、物の引渡し、登記義務の履行
その他の給付を命じる家事審判で確定したものは、執行力のある債務名義と
同一の効力を有するとされています（家事事件手続法75条）。

　また、家事調停における調停調書は、別表第二審判事項については確定審
判と同一の効力を有するとされ（家事事件手続法268条1項）、調停に代わる審
判で、異議の申立てがないか却下審判が確定したときも、同様です（同法
287条）。

　したがって、別表第二審判事項である財産分与や養育費については、単純
執行文はなくても、こうした債務名義自体が執行力を有するものとされ、執
行手続が簡略化されています。ただし、たとえば、「子が大学に進学したと
きは金〇円を支払う。」といった停止条件付の債務であるときの条件成就等
にかかる事実到来の場合は執行文が必要となります。

　一方、離婚判決において財産分与や養育費の支払等が命じられた場合は、

154

前記の家事事件手続法75条のような規定は人事訴訟法にはなく、別表第二審判事項である財産分与についても単純執行文が必要です。

　離婚調停において慰謝料の支払いが合意されたり、離婚判決や一般の民事判決の中で慰謝料の支払いが命じられたりした場合にも、単純執行文が必要です。

　なお、協議離婚前に、離婚およびこれに伴う財産分与、慰謝料および養育費についての強制執行受諾約款付の公正証書を作成した場合は、離婚が成立したこと自体が、事実到来執行文の付与事由となり、強制執行には執行文が必要です。

2　履行確保の制度

　家事事件の債務については、強制執行とは異なる家事事件手続法や人事訴訟法による履行確保の制度が設けられています。家事調停や確定した家事審判（審判前の保全処分や調停に代わる審判を含みます）で認められた金銭の支払い、物の引渡し、登記義務の履行その他の給付を内容とする債務（面会交流なども含みます）については、執行裁判所ではなく本案裁判所の裁判の後の手続として、権利者の申出により、家庭裁判所が義務履行状況を調査してその履行を勧告するという「履行勧告」の制度があります（家事事件手続法289条）。費用は無料で、方式は書面でも口頭でもよく、申出が簡単です。財産分与もこの対象ですので、手続が煩雑である強制執行の前に履行勧告を申し出ることは有意義です。家庭裁判所調査官が書面等で義務者に連絡をとり、履行状況を調査のうえ、義務履行を促してくれます。

　また、財産上の給付（面会交流や子の引渡しについては除かれますが、金銭の支払いに限られません）については、過料の制裁を予定した「履行命令」の対象にもなります（家事事件手続法290条）。なお、これらの制度は、強制執行が可能なことを前提とせず、調停前の処分（同法266条、もっとも実務ではあまり利用されていません）で定められた事項も対象になります。

　こうした履行確保手続と民事執行法による強制執行は、いずれを先行させ

るかは自由ですし、並行して利用することもできます。

　なお、離婚判決で命じられたり、和解調書に定められた財産分与や養育費、面会交流、子の引渡しについても履行勧告、履行命令の制度がありますが（人事訴訟法38条・39条）、慰謝料や民事保全命令で定められた義務は、これらの履行確保の制度の対象外です。

3　裁判の確定を条件とすること

　審判前の保全処分は、確定しなくても執行力を生じますが（家事事件手続法109条 2 項）、一般的に別表第二審判事項についての家事審判は、法律関係を形成するという性質上、確定しないと効力が生じず（同法74条 2 項但書）、仮執行宣言も付けられないとされています。逆にいうと、婚姻費用や養育費等に関する家事審判において、仮執行宣言のように迅速に執行できることを認めてもらうためには、本案事件のほかに、審判前の保全処分またはこれに代わる裁判（同法105条 2 項）をあわせて申し立てるとよいです。

　慰謝料のうち、さまざまな原因を包括して離婚の結果を発生させ離婚に至ったこと自体を損害として請求するという「離婚自体慰謝料」については、離婚の成立が不法行為の成立要件となることから、やはり確定しないと効力が生じず、仮執行宣言も付けられず、遅延損害金は離婚判決確定日（当日を含みます）以降分が認められることになります。ただし、配偶者の暴力等の個別の離婚原因を請求原因とする「離婚原因慰謝料」の場合は、離婚の成立は停止条件ではありません。

　調停に代わる審判は、告知を受けてから 2 週間以内の適法な異議申立てがあれば、公開の法廷における正式裁判を受ける憲法上の権利を保障するため、その理由の当否を問わず効力が失われ、確定しないと効力が生じません（家事事件手続法286条・287条）。

4　特別抗告等に確定遮断効がないこと

　家事審判に対する抗告審の決定に対して、最高裁判所に特別抗告や抗告許

可を申し立てたり、当該許可がされたとしても、審判の確定は妨げられず（家事事件手続法74条4項・5項・95条・98条）、執行停止を申し立てて認められた場合を除き、最高裁判所で変更される可能性を残したまま、執行力も有することになります。

　他方、離婚訴訟係属中に、当事者が協議離婚をするなどして離婚自体は解決済みとなり、財産分与等の附帯処分についてだけ判決で命じられた場合（人事訴訟法36条）、最高裁判所への不服申立手段は上告や上告許可申立てですので、これらの不服申立ては、判決の確定遮断効をもちます。

Q12　財産分与等と税金

① 　私は妻と離婚する際、自宅を含めた全財産を妻に財産分与として渡しました。ところが、その当時の自宅の時価が高かったので、多額の税金をかけられてしまい、とても払いきれません。そんなに税金が高いということは分与の当時知らなかったのですが、財産分与をやり直せないでしょうか。

② 　夫と離婚するにあたり、私が子どもの親権者になることで合意していますが、子どもが成人するまでの期間分、養育費を一括して払ってもらいたいです。贈与税はかかりますか。

A ① 　税金が高額すぎて、財産分与をした側の支払能力を超えるような場合は、錯誤により取消事由とされることもあります（2020年3月以前は「無効」でした）。

② 　養育費が将来分も含めて一括払いされるときは、贈与税がかかることがあります。

1　財産分与と税金

(1)　財産分与を受ける場合

　財産分与を受ける側には、原則として贈与税も所得税もかかりません（相続税基本通達9－8）。

　ただし、財産分与の額が、婚姻中に形成された夫婦の財産その他一切の事情を考慮してもなお過当である場合は、その過当な部分については贈与税がかかることがあります。

(2)　不動産譲渡の場合

　財産分与として不動産を譲渡するときは、分与時の価格が取得時の価格より値上がりしている場合、譲渡益があるとみられて、分与する側に譲渡所得税がかかるとされています（所得税基本通達33－1の4）。

　財産分与をする側が現実には対価を得ていなくても、分与義務の消滅とい
う経済的利益を得たとして、譲渡所得があるとみなされているのです（最三
小判昭50・5・27民集29巻5号641頁）。

　しかし、この点については異論もあり、日本弁護士連合会は、財産分与に
おける不動産の譲渡に譲渡所得税を課税する制度は、財産分与が実質的共有
財産の清算であることからすれば見直すべきとの意見を出しています（「婚
姻制度等に関する民法改正要綱試案に対する意見書」21頁（1995））。

　譲渡者が自宅で住民登録をしている場合には、一定の要件の下に、居住用
不動産の特例（3000万円まで特別控除）を受けられますが（租税特別措置法35
条）、譲渡者自身が居住しなくなってから3年を経過する日の属する年内ま
でに分与しなければ、この特例も受けられません。

　不動産の財産分与を受ける側は、不動産取得税（地方税法73条以下、固定資
産税評価額の3％～4％、一定の軽減措置や非課税枠がありますが、都道府県に
よっても異なります）がかかりますが、贈与税・所得税はかかりません。

⑶　錯誤により取消事由となるとき

　譲渡に伴う所得税および地方税は、不動産を所有していた期間（5年を超
えるかどうか）や金額によって異なりますが、譲渡価格（不動産価格）から取
得費その他の諸費用を引いた金額の20％～40％です（詳しくは税理士等に相
談してください）。

　この場合の不動産の価格は時価とされていますので、取得時よりも譲渡時
の不動産価格が高騰しているときは課税額もかなり高額になります。

　不動産が高騰している時期に、夫が妻に自宅全体を財産分与したところ、
2億円以上の譲渡所得税がかけられることがわかったため、夫から財産分与
は錯誤により無効であると主張したケースについて、最高裁判所は、分与側
には課税されないとの前提で、黙示に動機が表示されていたとみられるとし、
動機の錯誤を認めなかった控訴審判決（東京高判昭62・12・23判時1265号83
頁）を破棄して差戻しとしました（最一小判平元・9・14判時1336号93頁）。そ
の高等裁判所の差戻審では、この点につき、要素の錯誤にあたり、重過失も

ないとして、財産分与は無効と判断しています（東京高判平3・3・14判時
1387号62頁。なお、このケースは、その後最高裁判所の和解において、不動産売
却益の2分の1を妻に財産分与をすることで合意し、解決しています）。

　なお、債権法によれば、2020年4月以降は錯誤により無効となるのではな
く、取消事由となります（民法95条）。

　あなたの場合も税金の額にもよりますが、取消事由となる可能性はありま
す。しかし、離婚交渉において弁護士を立てている場合などには、専門家が
介在しているわけですから、税金のことも考慮して財産分与の内容を決定し
ているはずで、税金のことを知らなかったという言い分は通りにくくなるで
しょう。

2　慰謝料と税金

　慰謝料は損害賠償金であり、相当な額であれば支払いを受けても所得税、
贈与税などの税金はかかりません（所得税法9条1項17号、所得税法施行令30
条3号）。ただし、不動産の財産分与で慰謝料分を考慮した場合には、譲渡
所得税に注意が必要です。

3　養育費・婚姻費用と税金

　養育費・婚姻費用ともに扶養義務者の義務の履行としての支払いであり、
通常必要と認められる範囲内であれば、贈与税は課されません（相続税法21
条の3第1項2号）。

　しかし、将来の支払分も含め、一括で支払いがされた場合には、通常必要
と認められる範囲を超えているとして、贈与税が課されることがあります。

　一括払いを受けた金員を資金として不動産を購入したり株式を購入したり
した場合は贈与と認定されるなど、使い途も考慮して贈与にあたるかどうか
の判断がされるようです。

　一括払いに代えて不動産を譲渡したときも同様の問題が生じます。

　ただ、信託銀行などで子を受益者とする信託契約を締結し、一括払いの養

育費を信託財産として信託銀行等に預け、養育費に相当する給付金を子が継
続的に受け取る場合には、信託財産の名義は支払者のままなので、贈与税は
かかりません（租税特別措置法70条の2の2）。

　このほか、2021年3月31日まで、子（孫）の教育資金、結婚・子育て資金
目的の信託銀行における預金等につき、一定額（1500万円まで）が非課税と
なる制度もあります（租税特別措置法70条の2の3）。

　税制はたびたび改正・改定されますので、具体的事例への適用にあたって
は、都度税理士などに相談したり、国税庁のホームページで確認してくださ
い。

Ⓠ13　財産分与と詐害行為

　私の借金苦がもとで夫婦仲が悪くなり、妻と離婚して自宅を財産分与として妻に譲渡しました。しかし、私の債権者が詐害行為にあたると言って取消しを求めてきました。財産分与は取り消されてしまうのでしょうか。

　　財産分与の額が相当なものである限り、詐害行為とはなりません。

1　詐害行為と財産分与

　金銭を借りるなどの債務を負っている者が、自分の財産を贈与、売買等して財産を減少させた場合、当事者が債権者の権利を害することを知っているときは詐害行為にあたるとして、贈与等が取り消される場合があります（民法424条）。

　したがって、夫から妻に、離婚に伴う財産分与として自宅などの不動産を譲渡したり、金銭を支払ったような場合に、夫の債権者から妻に対して財産分与の取消しを求めることができるかが問題となることがあります。

　そもそも離婚そのものが偽装で、実際には夫婦関係が解消されていない場合には、財産分与も虚偽表示として無効となります（民法94条1項）。

2　財産分与が相当なものか

　それでは、真実夫婦が離婚する合意をしていて、その際に財産分与がされた場合は、どうでしょうか。

　結婚30年近くの夫婦が夫の倒産と不貞により協議離婚し、夫所有の土地を、慰謝料を含めた財産分与として妻に譲渡したのに対し、夫の債権者が詐害行為による取消しを求めて提訴したケースで、最高裁判所は、「財産分与によって一般債権者に対する共同担保を減少させる結果になるとしても、それ

が民法768条3項の規定の趣旨に反して不相当に過大であり、財産分与に仮託してされた財産処分であると認めるに足りるような特段の事情のない限り、詐害行為として、債権者による取消の対象となりえないものと解するのが相当である」と判示し、土地購入の経緯、離婚原因、離婚後の妻や子らの生活設計の見通し、婚姻期間、妻の年齢などの諸般の事情を考慮したうえで、土地の譲渡は離婚に伴う慰謝料を含めた財産分与として相当なものといえるので、詐害行為にはあたらないとし、債権者の請求を棄却しました（最二小判昭58・12・19判時1102号42頁）。

　また、結婚3年未満の夫婦が夫に多額の負債があることなどにより協議離婚した際、慰謝料2000万円、生活補助費月10万円を妻に払う旨公正証書で取り決めたケースで、債権者が、この合意について通謀虚偽表示による無効ないしは詐害行為として取消しを主張して提訴したところ、第一審（大阪地判平9・7・25民集54巻3号1027頁）は通謀虚偽表示による無効を認めましたが、控訴審（大阪高判平9・11・20民集54巻3号1034頁）は無効とはしなかったものの、合意の額が「異常に高額である」として、詐害行為にあたるとし、全部の取消しを認めました。これに対し、最高裁判所は、「当該配偶者が負担すべき損害賠償債務の額を超えた金額の慰謝料を支払う旨の合意がされたときは、その合意のうち右損害賠償債務の額を超えた部分については、慰謝料支払の名を借りた金銭の贈与契約ないし対価を欠いた新たな債務負担行為というべきであるから、詐害行為取消権行使の対象となり得るものと解するのが相当である」としたうえで、「その扶養的財産分与のうち不相当に過大な額及び慰謝料として負担すべき額を超える額を算出した上、その限度で本件合意を取り消」すべきであると判示して、破棄差戻しとしました（最一小判平12・3・9判時1708号101頁）。最高裁判所の考えによれば、財産分与や慰謝料が当該事案に即して不相当に過大かどうかを判断し、これを超えた部分が取消しの対象となります。

　たとえば、結婚30年以上の夫婦の夫が多額の債務を有していたところ、協議離婚に際し、その住居たる夫婦財産の建物と夫の特有財産である土地を妻

に財産分与したのに対し、債権者が詐害行為による取消しを主張したケース
で、財産取得の経緯、離婚原因、離婚後も夫が住居に居住し、住宅ローンを
払い続けている等の諸事情を考慮のうえ、建物の2分の1および土地の財産
分与は過大であるとし、当該評価額に相当する価額賠償を妻に命じています
（大阪高判平16・10・15判時1886号52頁）。

　したがって、それまでの結婚生活からみて財産分与があまりにも過大とい
えるケースでない限り、財産分与を取り消されることはありませんが、多額
の債務がある当事者が離婚して、相手配偶者に財産分与や慰謝料の支払いを
するという場合には、婚姻期間、当該財産の形成過程、寄与の程度、離婚原
因、当事者の離婚後の生活設計の見通し等からみて、財産分与・慰謝料が相
当なものであるかどうか、慎重に検討しておく必要はあるでしょう。

　なお、詐害行為が取り消された場合、現物返還が不可能ないしは著しく困
難でない限りは、現物返還によるべきとされており（大判昭9・11・30民集
13巻2191頁）、現物返還ができないときは価額賠償となります。価額賠償の
価格の算定の基準時は、特別の事情がない限り、事実審の口頭弁論終結時と
されています（最二小判昭50・12・1民集29巻11号1847頁）。

　ちなみに、財産分与の分与者が破産した場合、分与を受けた相手方は、破
産管財人に対し、取戻権の行使として、財産分与の権利を根拠に支払いを求
めることはできず、財産分与に基づく債権は破産債権になるとされています
（最一小判平2・9・27家月43巻3号64頁）。

　詐害行為取消権については、2017年の民法改正によって、詳細な規定が設
けられましたが（民法424条〜426条）、基本的には従来の判例法理を踏まえた
ものとなっています。

第5章

慰　謝　料

@1　慰謝料の法的性質

> 私は7年間連れ添った夫と、夫の暴力が原因で昨年協議離婚しました
> が、その際財産分与として100万円をもらいました。しかし、100万円で
> はあまりにも少ないので別途慰謝料を請求したいと思います。財産分与
> をもらった後でも請求できますか。請求できる期間はありますか。

 請求できます。請求できるのは離婚後3年以内です。

1　個別の慰謝料と離婚自体の慰謝料

慰謝料というのは、精神的苦痛に対する損害賠償金のことです。

戦前の民法では、離婚に伴う財産分与の制度がなかったため、離婚給付は
財産分与の要素も含めてすべて慰謝料として支払われていました。

1947年の改正で財産分与の制度ができたので、慰謝料は財産分与と並ぶ離
婚給付の1つとなり、現在では財産分与が離婚給付の中心となっていますが、
有責性（どちらの配偶者が離婚原因をつくったか）を重視して、それが離婚の
可否にも影響する現在の裁判所の判断においては、慰謝料の問題も一定の
ウェイトを占めています。

離婚における慰謝料には、①離婚原因となった個別の不法行為（不貞行為、
暴力行為、悪意の遺棄など）についての慰謝料（離婚原因慰謝料）と、②離婚
に至ったことそのものについて、つまり離婚自体の慰謝料（離婚自体慰謝料）

の 2 つの種類があるとされています。

①の離婚原因慰謝料を主張する場合は、一般の不法行為と同様に、不法行為の日時・場所、故意・過失、因果関係、損害の内容（額）を主張する必要があります。

②の離婚自体慰謝料は包括的なもので、離婚という結果に対する慰謝料ですので、個々の行為は離婚原因の内容として主張することになり、それらを総合的に判断して慰謝料額が決まります。

裁判では、いずれの請求かによって、遅延損害金の起算点が違ってきます。個別の不法行為による損害賠償であれば各不法行為時からとなり、離婚自体の損害賠償であれば離婚判決確定の日の翌日からとなります（実際には、前者であっても、訴状送達の日の翌日を起算点としているものが多いようです）。

また、時効の起算点（個別の不法行為時か、離婚成立時か）も違ってきます。

もっとも、多くの事例では、個別の不法行為を請求原因とはせず、それらを離婚原因とした②の離婚自体の慰謝料として請求し（これを一般に「離婚慰謝料」と呼んでいます）、認定しています。

なお、双方に有責行為が認められる場合でも、相殺禁止（民法509条）により交互に請求を認めるのではなく、事情を総合考慮して支払義務の有無および額を判断しています。

2　消滅時効

離婚成立後 3 年経つと、慰謝料を請求する権利は時効で消滅しますので注意が必要です。個別の不法行為による請求権は、それぞれの不法行為を知った時より時効が進行し、 3 年で消滅します。

2017年に民法が改正され（2020年 4 月施行）、債権の消滅時効は、債権者が権利を行使することを知った時から 5 年、権利を行使することができる時から10年となりましたが、不法行為に基づく損害賠償請求権の消滅時効はその例外として、損害および加害者を知ったときから（主観的起算点） 3 年、不法行為の時から20年として、従来の規定が維持されました（民法724条 1 号・

２号）。なお、生命、身体の侵害による損害賠償請求権の消滅時効について
は、主観的起算点から５年とされました（同法724条の２）。ただし、夫婦間
の権利についてはさらに特別の規定があり、個別の不法行為より３年を経過
していても、離婚から６か月を経過するまでは時効による削減はありません
（民法159条）。

3　財産分与との関係

　財産分与の性質としては、一般には、①清算（結婚生活中に形成した夫婦財
産の清算）、②扶養（離婚後の生活の扶養）、③慰謝料（離婚による精神的苦痛の
損害賠償）の３つの要素を含むものとされています。

　したがって、財産分与に慰謝料の要素も含めて請求することも可能ですが、
裁判所は「財産分与は離婚について有責の者でも請求できることから慰謝料
とその性質をかならずしも同じくするものではない」とし、財産分与に慰謝
料を含めたと解せない場合やその額および方法において精神的苦痛を慰謝す
るには足りないと認められるときは、財産分与を得ていても別個に慰謝料を
請求することができるとしています（最二小判昭46・７・23判時640号３頁）。

　このような判例の立場に立てば、財産分与の支払いを受けた場合でも、そ
の額、支払方法などが結婚期間や夫婦財産の総額等からみて慰謝料も含まれ
ているとみるには不十分と判断できる場合には、後から慰謝料の支払いを求
めることが可能ということになります。

　あなたの場合も、財産分与の対象財産がどのような範囲であったか不明で
すが、結婚期間や夫婦財産の額などからみて、財産分与・慰謝料双方を含む
とみるには額が少ないといえるときは、離婚成立後３年以内であればあらた
めて慰謝料を請求することが可能です。

　判決では、財産分与と慰謝料は別個に判断されますので、明確に区別でき
ますが、協議離婚や調停・和解などでは、「解決金」「和解金」の名目で金銭
が支払われることがしばしばみられるため、その内容として上記のように慰
謝料が含まれているか否かが問題となるのです。

　しかし、協議離婚の合意書や、調停離婚の調停調書の中で、清算条項（お互いに債権債務が一切ないことを確認する旨の文言）が入っているような場合には、後から慰謝料を別途請求をすることはできません。

　今後破綻主義がますます浸透していくことを考えると、離婚給付も慰謝料より清算としての財産分与にウェイトが移っていくでしょう。ただし、清算的財産分与の額が低く、一方の離婚後の生活が困難な場合には、離婚後扶養や補償の考え方がもっと浸透していくことが望ましいといえます。

Ｑ2　慰謝料の基準

> 　夫の浮気が原因で離婚することになりましたが、慰謝料はどの程度もらえますか。慰謝料は何を基準にして決めるのですか。

Ａ　　慰謝料は一般的に100万円〜300万円、多くて500万円までの範囲で決まることが多く、それぞれのケースで婚姻期間や相手の有責性の程度などを考慮して総合的に判断されます。

1　慰謝料の基準

　離婚の慰謝料は、婚姻期間や当事者の年齢、経済力、不法行為（不貞・暴力などの有責行為）の程度・回数・期間などの有責性の高さ、請求する側にも落ち度があるかなどの事情を総合して決められます。

　ただ、慰謝料の額は明確な基準があるわけではなく、裁判での認容額の大まかな「相場」はありますが、一般的に裁判になると低めになる傾向があります。

　交渉や和解でも、慰謝料を請求する側が早期の離婚を希望している場合や、紛争の拡大を回避したい場合などの事情により、低額になったり、または請求を控えたりすることもあります。

　逆に、協議や調停において、慰謝料を支払う立場の当事者が早期の離婚を強く望んでいる場合や裁判になると離婚認容判決を得られる見込みが少ない場合（たとえば不貞行為をした有責配偶者が離婚を請求していて、別居期間など一定の要件を満たしていない場合）、あるいは社会的立場等のために当事者の一方が裁判を回避したいと考えている場合などには、慰謝料は裁判で得られる額より高額になることがしばしばあります。

　裁判になった場合の認容額については、東京地方裁判所で2004年度から2010年度までの間の統計があります。それによれば、500万円以下が640件で86.8％となっていて大部分を占め、そのうち100万円以下が208件、200万円

以下が196件、300万円以下が183件で、300万円以下が8割を占め、全体的に高い額とはいえません（東京家庭裁判所家事第6部編著『東京家庭裁判所における人事訴訟の審理の実情〔第3版〕』86頁ないし88頁）。

　また、東京家庭裁判所で2012年4月から2013年12月までの間に終了した離婚裁判のうち、慰謝料が争点となった203件について動向を分析した結果が公表されています（神野泰一「離婚訴訟における離婚慰謝料の動向」ケース研究322号26頁以下）。

　これによれば、大半が離婚慰謝料として請求されており、離婚原因慰謝料（個別の不法行為による慰謝料）として請求されたのは7件のみとなっています。全体の平均認容額は153万円、最高額は700万円、最低額は10万円であり、最も件数が多い認容額が100万円（27件）、次が200万円（13件）ということで、全体に額が多いとはいえません。離婚原因別で平均認容額が最も高いのは不貞で223万円、悪意の遺棄200万円、暴力123万円となっています。粗暴な言動や精神的圧迫はそれぞれ100万円、93万円で、不貞等に比べ、これら行為の悪質性に対する裁判所の評価は軽くなっているのが現状です。

　よって、ケースにより事情が異なるとはいえ、一般的な慰謝料としては、大体100万円〜300万円、多くて500万円までの範囲で決められているといえます。

2　裁判の具体的認容例

　裁判においては、妻の離婚後の生活状況と財産分与の多寡が慰謝料額の決定に影響を与えているようです。

　たとえば、有責配偶者からの離婚請求を認容しうる判断を示した最高裁大法廷判決（最大判昭62・9・2民集41巻6号1423頁）の差戻審では、夫からの離婚請求を認容しましたが、妻の離婚後の生活および財産分与の対象財産が乏しいことを考慮して、1500万円の慰謝料（財産分与は1000万円）を認めています（東京高判平元・11・22判時1330号48頁）。また、同様に妻が高齢の事例（別居期間17年）で1000万円の慰謝料（財産分与は1200万円）を認めた裁判

例もあります（東京高判昭63・6・7判時1281号96頁）。このような高額の
ケースは例外的ともいえます。

　ただし最近は、継続的に暴力が振るわれていた場合に700万円の慰謝料を
認めるなど、高額の慰謝料を認めているケースもみられます。暴力により傷
害を負い、その結果後遺障害があるような例では、離婚原因となった個別の
不法行為についての損害賠償義務を認め、交通事故の損害賠償に準じた損害
賠償金が命じられた例もあります（この場合は慰謝料以外の損害賠償金も含ま
れます）。すなわち、夫の暴力によって妻が傷害を負い右鎖骨骨折・腰痛の
運動障害を後遺症として残した事例では、離婚の慰謝料350万円に入通院慰
謝料、後遺障害慰謝料、逸失利益などをあわせて約1714万円の損害賠償金の
支払いが命じられました（大阪高判平12・3・8判時1744号91頁）。

3　慰謝料の請求方法

(1)　離婚調停申立てと同時に行う場合

　離婚調停の申立ての中で付随して慰謝料の支払いを求めることが可能です。

　ただ、財産分与や養育費については調停で合意できない場合、離婚のみま
ず成立させ離婚後に審判で決めてもらうことが可能ですが、慰謝料の審判を
もらうことはできません。

　財産分与の中で、慰謝料の要素を含めて考慮して判断してもらうよう、審
判手続で求めることは可能であり、現にそのような審判も出されています。

(2)　離婚訴訟提起の場合

　人事訴訟である離婚の訴訟提起とともに慰謝料の支払いを請求することも
可能ですし、離婚訴訟を提起した後から慰謝料を追加して併合請求すること
も可能です（人事訴訟法17条1項・2項）。

　また、慰謝料（損害賠償）請求の訴訟が第一審の裁判所（簡易裁判所または
地方裁判所）に係属しているとき、相当と認められる場合には、離婚訴訟の
係属している家庭裁判所に移送してもらうこともできます（人事訴訟法8条
1項）。

　財産分与とともに慰謝料を請求している場合、実務では、財産分与の認容額が慰謝料額の決定に影響を与えることもあります。つまり、財産分与が結婚年数等に比して低いときは慰謝料額を高く認めて、当事者間に不公平が生じないよう配慮される場合があるということです。これは、離婚の慰謝料の場合、年齢・婚姻期間や未成熟子の有無などのほか、当事者の経済状況・支払能力も考慮要素とされているためです。

⓺⓷　不貞行為の相手方に対する慰謝料請求

> 　夫がほかの女性と浮気をしていることがわかり、離婚したいと思っています。相手の女性に対して慰謝料を請求することはできますか。

　請求することができます。

1　判例の動向

　裁判所は、配偶者の不貞行為の相手方に対して、不法行為による損害賠償を請求する権利を他方の配偶者に認めています。

　すなわち、夫が妻子と別居して別の女性と同居し、10年以上経過していたケースで、妻から女性に対して慰謝料を請求したのに対し、最高裁判決は、「夫婦の一方の配偶者と肉体関係を持った第三者は、故意又は過失がある限り、右配偶者を誘惑するなどして肉体関係を持つに至らせたかどうか、両名の関係が自然の愛情によって生じたかどうかにかかわらず、他方の配偶者の夫又は妻としての権利を侵害し、その行為は違法性を帯び、右他方の配偶者の被った精神上の苦痛を慰謝すべき義務があるというべきである」と判示し、女性の不法行為責任を認めました（最二小判昭54・3・30民集33巻2号303頁）。同じ日に妻の不貞相手に対する夫からの慰謝料請求についても同様の判断をしています（最二小判昭54・3・30裁判集民126号423頁）。

　なお、これらの最高裁判所のケースでは、子どもたちからも不貞の相手に対して損害賠償を求めたのですが、裁判所は、特段の事情のない限り、ほかの女性（男性）と同居したことと、父親（母親）が子どもの養育にかかわれなかったこととの間には相当因果関係がないとして子どもたちからの請求を認めませんでした（相当因果関係があるとする反対意見もあり）。第一審判決は配偶者と子ども双方に慰謝料を認め、控訴審判決はいずれにも認めないとい

うように、下級審裁判所も結論が分かれていました。

　その後、同様のケースでは配偶者からの不貞の相手方に対する慰謝料請求が認められています（東京高判昭55・9・29判タ427号157頁、東京地判昭61・3・24判タ615号64頁、東京地判平22・12・22（平成22年(ワ)第6001号）ほか、中里和伸『判例による不貞慰謝料請求の実務』に詳しい判例分析がされています）。

　なお、必ずしも夫婦が別居、離婚に至っていることを請求認容の要件としていません（東京地判平22・8・25（平成21年(ワ)第43251号）、岡山地判平16・1・16判タ1278号61頁）。不貞行為の相手方たる第三者に請求できるのは個別の不法行為についての慰謝料であって、離婚させることを意図して不当な干渉をするなどの特段の事情がない限り、離婚慰謝料は請求できないと注意喚起する判例もあります（最三小判平31・2・19民集73巻2号187頁）。

　ちなみに、訴訟においては男女関係が疑わしい証拠だけでは直ちに不貞の認定（推認）がされず、不貞が認められなかったケースも相当程度ありますので、提訴にあたっては証拠を十分に吟味すべきです（大塚正之「不貞行為慰謝料に関する裁判例の分析(2)」家庭の法11号41頁以下）。

2　金額の基準

　裁判所で認められる慰謝料の金額は一般的にさほど高くなく、おおむね100万円〜300万円とされています（平均216万円とする報告もあります。安西二郎「不貞慰謝料請求事件に関する実務上の諸問題」判タ1278号45頁）。

　東京地方裁判所で2015年10月から2016年9月までの1年間に言い渡された不貞行為の慰謝料事件判決についての分析においても、中央値はおおむね150万円と報告されています（大塚正之「不貞行為慰謝料に関する分析(1)」家庭の法10号34頁以下）。

　判断基準としては、婚姻期間、不貞の期間、配偶者と第三者の関係（どちらが積極的であったか、職場での上下関係など）、婚姻が破綻に至ったか否かなどを総合的に判断して違法性の程度により金額を決定しています。

3　配偶者の責任との関係

　不貞行為は、配偶者（たとえば夫）と不貞の相手方による他方配偶者（たとえば妻）に対する共同不法行為にあたるとされており、両者の連帯債務となります。したがって、理論上は、２人のいずれかが損害の全額を賠償すればそれで損害は補填されたということになります。不貞の相手方に対する慰謝料請求の調停をする場合は、一般の民事調停（簡易裁判所）を利用することもできますが、多くは家庭裁判所の調停によっています。家庭裁判所の調停のほうが手続の費用が安いなどのメリットがあります。調停が成立せず、提訴するときは、地方裁判所または簡易裁判所に訴えを提起することになります。また、配偶者への離婚請求訴訟とあわせて、家庭裁判所に提起することも、追加提訴することも可能です（人事訴訟法17条１項・２項）。

　家庭裁判所にすでに離婚訴訟が係属しているときは、家庭裁判所に不貞の相手方に対する訴訟を提起して、併合審理を求めることもできますし、すでに地方裁判所などに訴訟を提起している場合でも、家庭裁判所への移送を申し立てて、家庭裁判所での併合審理を求めることも可能です（人事訴訟法８条１項・２項）。

4　婚姻関係破綻後の性関係

　婚姻関係破綻後（別居した後など）に性関係をもった場合には、法的保護に値する利益がないとして、配偶者からの慰謝料請求は、認められないとの判断がなされています。

　すなわち、夫が妻と別居後に親しくなった女性と性関係をもち、同居に至ったケースで、妻が女性に慰謝料を請求したのに対し、最高裁判所は「婚姻関係がその当時既に破綻していたときは、特段の事情のない限り、……不法行為責任を負わないものと解するのが相当である」とし、不貞行為が他方の配偶者に対する不法行為となるのは、それが「婚姻共同生活の平和の維持という権利又は法的保護に値する利益を侵害する行為ということができる」

からであって、すでに婚姻が破綻していた場合には、原則として、このような権利または法的保護に値する利益があるとはいえないとし、妻からの訴えを棄却しました（最三小判平8・3・26民集50巻4号993頁）。

このようなケースでは婚姻関係の破綻は、外形的にもそれが明らかな「別居」の事実を想定しているものと考えられますが、実際のケースではその前後関係が微妙で証拠上明確でない場合が少なくありません。また、家庭内別居状態で破綻が認められるケースもあります（岡山地判平17・4・26判タ1278号61頁）。

5　消滅時効

この権利は不法行為に基づく慰謝料請求権であるため、最後の不貞行為および加害者を知ったときから3年経過すると時効によって、請求権を失います（民法724条1号）。

不貞関係が一定期間継続しているときも、その不法行為および加害者を知った時期から時効が進行します。

したがって、継続的な不貞関係を知っていて権利行使をしなかった場合には、その最後の不法行為を知ったときから3年以内の請求であっても、不貞関係の期間の全部または一部が時効にかかっていると判断されることになります（最一小判平6・1・20判タ854号98頁、東京高判平17・6・22判タ1202号280頁）。

6　学説の動向

不貞の相手に慰謝料を認めるというのは、かつてのイギリスのように妻を夫の財産とみなして、妻の不貞行為は夫の所有権侵害にあたるとみていた考え方からきています。このような社会では、逆に、妻からの請求はまったく認められていませんでした。

現在、諸外国では不貞行為の相手に対する損害賠償を認めない国が多くなっています（たとえばオーストリア、フランス、アメリカの一部の州など）。

　日本では考え方が分かれていますが、最近では不貞行為は配偶者の自由な意思が働いている以上、責任はその配偶者にあり、不貞の相手方の行為は不法行為にはあたらないとする考え方や、性の自己決定権を前提に責任を否定する考え方が有力になっています（前田達明『愛と家庭と』、肯定説、否定説については、二宮周平＝榊原富士子『離婚判例ガイド〔第3版〕』163頁〜167頁、170頁参照）。

　ただし、慰謝料が離婚給付の補完的役割を担っている実態があること、不貞の相手方に慰謝料請求することにより、気持ちの整理をつけて前向きに生きていく当事者も多いことなどにかんがみれば、理論面はともかく、現状ではこのような請求を一概に否定できるものではないと考えられます。

第 6 章

年金分割

Ⓠ　離婚時年金分割制度とは

離婚時の年金分割とはどんな制度ですか。どうすれば分割を受けられ
るでしょうか。

Ⓐ　離婚または一定の事実婚（内縁）解消の場合に、婚姻期間中に納
めた厚生年金の保険料の納付記録を当事者間で分割し、老後の年金
を公平にしようとする制度です。離婚等から２年以内に年金事務所を通じて
日本年金機構に請求することが必要です。

1　年金分割の意義

　厚生年金について、離婚または一定の事実婚（内縁）の解消の場合に厚生
労働大臣の権限の委任を受けた日本年金機構において、夫婦間で定めた按分
割合あるいは審判や判決が命じた割合に従い、各自が年金保険料を負担した
のと同様になるよう再計算して、標準報酬および標準賞与を決定または改定
することを、年金分割と呼んでいます。婚姻期間中の保険料の納付は、夫婦
が共同で負担してきたと考え、老後の生活における公平を図ろうとしていま
す。

　分割を受ける側が、もともと厚生年金の加入者である場合が改定、そうで
ない場合が決定となります。

　配偶者の一方に具体的に発生した、あるいは将来発生する抽象的な年金受
給権（受給資格）を分割するというのではなく、いわば、保険料納付記録の

分割（付け替え）であり、あくまで各自固有の年金受給権を離婚時に改定し、決定するものなので、いったん改定または決定すれば、納付記録を分割した側の配偶者がその後死亡しても、分割を受けた側の年金が左右されることはありません。また、受給資格の有無や受給開始年齢等は、受給者各自について判断されることになります。分割を合意した場合の条項例は、第3章Q2【調停条項例2】のとおりです。

　財産分与と似ていますが、公的年金受給権の一身専属性や、財産的価値の算定が困難なことなどから、財産分与とは別の制度として定められました。財産分与との違いとして、事実婚（内縁）では被扶養者（三号被保険者）であった場合に限って認められること、基準時は別居時ではなく離婚時に固定されること、離婚時から2年以内という期間は、裁判所ではなく年金事務所に対する手続期間であることなどがあります。

　裁判所が関与しうるのは、按分割合を定める部分だけであり、裁判所に年金分割を請求するわけではありません。

2　対　象

　国家公務員、地方公務員および私立学校教職員の共済年金は、2015年10月に厚生年金に統一され、被用者年金は1つになりました。分割の対象となる年金はこれのみです。

　年金にはほかにも、基礎年金と位置づけられた国民年金のほか、国民年金基金や厚生年金基金、企業年金（確定給付企業年金、確定拠出年金の企業型年金、企業年金基金等）、個人年金等がありますが、これらはいずれも年金分割の対象ではありません。よって、自営業の経歴しかない人について、年金分割を求めることはできません。

　ただし、上記年金基金、企業年金や個人年金は、保険契約や信託契約に基づくものとして、解約返戻金相当額の資産があるとみて、財産分与の対象になりえます。もっとも、裁判では企業年金などについては実際には厳格な計算はされず、事情として相当額を加算するという例、あるいは扶養的財産分

与として考慮する例が多いようです。ただし、現実に企業年金の受給を受けている場合には、

> 年間受給額×平均寿命までの年数に応じた中間利息控除のための係数×
> （同居期間÷勤務年数）

という計算式によって、離婚後の受給額総額のうちの夫婦財産分を算定し、分与を命じている裁判例もあります。

　婚姻期間には、事実婚（内縁）期間のうちの被扶養配偶者（三号被保険者）であった期間も含み、重婚による婚姻取消しがされた場合の重婚期間は除外され、対象期間は月ごとの単位（1か月に満たない場合切り捨て）で計算されます。なお、同一当事者らが、氏の関係等で形式的にだけでも離婚した後、再婚した場合、最初の婚姻期間分についての2年の請求期間は最初の離婚時より進行します。後の婚姻が解消された場合の年金分割は、最初の離婚より前の婚姻期間分は合算できません。夫婦別姓を実践しつつ、子どもを婚内子にするために出産の前後で婚姻と離婚を繰り返す場合等がありますが、年金分割の関係では要注意です。

3　合意分割と三号分割

⑴　合意分割

　三号分割が認められる期間以外の部分については、分割の按分割合は、当事者の合意か裁判手続で定めます（厚生年金保険法78条の2）。

　すなわち、三号被保険者であった期間がまったくない夫婦については、すべての期間について合意で割合を決め、三号分割が認められる期間とそうでない期間がある夫婦については、合意分割と三号分割の両方を行うことになります。

　合意によって定められるのは、按分割合だけであり、対象期間は離婚時までと固定されていて、別居後の期間を除くなどの合意はできません。

　按分割合は、ほぼすべての事案において、0.5と定められています。年金

分割をしない合意のときは、按分割合を 0 と定めるのではなく、「年金分割請求をしない。」旨の条項にします。

(2)　三号分割

2008 年 4 月 1 日以降に、夫婦の一方が三号被保険者であった婚姻期間については、按分割合は当然に 2 分の 1 とされ、これを三号分割といいます（厚生年金保険法78条の14）。三号分割は、事実上の離婚状態であることに当事者間に争いがないときや、他方配偶者が行方不明となって離婚届を提出しないまま 3 年を経過したときも認められますが、対象期間を障害厚生年金の額の計算基礎としている場合は認められません（同条 1 項、同法施行規則78条14）。

　合意分割の請求がされた場合、婚姻期間中に三号分割の対象期間が含まれるときには、分割する者が障害厚生年金の受給権者である場合を除き、同時に三号分割の請求があったとみなされます。

4　手　　続

(1)　年金分割のための情報通知書

年金事務所で、対象期間、標準報酬総額、按分割合の上限および下限、対象期間等、必要な情報が記載された年金情報の提供を受けることができます。代理人によることもできますが、当事者自身で入手するほうが簡単です。この情報通知書は、年金分割の請求に必要です。

　情報の有効期間は、原則 1 年です。

　一定の事情変更や裁判所に対する申立てのために必要な場合を除き、3 か月以内の再請求は認められません。

　離婚等の後に夫婦の一方から請求があった場合は他方に通知されますが、離婚等の前の請求の場合には通知されずに一方だけで取得することができます。

　また、50歳以上の人または障害年金受給権者は、50％の分割を受けた場合の年金見込額の情報を得ることもできます。

⑵　合意ができた場合の手続

　合意分割で割合が合意できた場合、夫婦双方またはその代理人が揃って年金事務所に出向いて手続をする方法と、公正証書や公証人の認証を受けた私署証書（公正証書よりも安価です）を作成し、夫婦の一方が年金事務所に出向いて手続をする方法があります。

⑶　合意ができない場合の手続

　按分割合について夫婦のみでは合意ができないときは、裁判所の手続をとる必要が生じます。家事事件手続法別表第二の審判事件とされています（家事事件手続法233条）。

　裁判所における手続は、離婚前は、①夫婦関係調整（離婚）調停事件の中であわせて求め、調停または調停に代わる審判で定められる方法、②離婚訴訟で附帯処分として年金分割を申し立て、和解または判決で定められる方法によります。訴訟の中で、被告が離婚を争いつつ、離婚が認められる場合に備えて被告からの申立てをすることも可能です（申立費用1200円が必要となります）。

　離婚後は、①按分割合を定める調停、または、②これを定める処分（審判）によって定められることになります。審判事件の管轄は、当事者の一方の住所を管轄する家庭裁判所に属します。審理にあたっては、不適法または理由がないことが明らかな場合を除き、当事者の陳述を聴かなければなりませんが、審問の期日に聴く必要はありません。

⑷　年金分割の請求先

　年金分割は日本年金機構がする手続であり、その請求先も日本年金機構ですので、調停や和解の調書に、「他に何らの債権債務がない。」といった清算条項が入れられたとしても、後に年金分割の請求手続をすることや、裁判所に按分割合の定めを求める調停や審判を申し立てることは妨げられません。

5　請求期限

　離婚後2年を経過する前に、年金事務所を通じて日本年金機構に請求する

必要があります。審判や判決で分割割合の決定を得たあと、手続は終わったと安心してしまって、年金事務所への請求手続をせずに期限を過ぎてしまう例がたまにあります。代理人弁護士は、請求手続をすべきことを明確に当事者に伝えておく必要があります。

6　当事者の死亡

財産分与と異なり、年金受給権の一身専属性や技術的制約により、原則として当事者の一方が死亡したときは、年金分割の請求はできなくなります。

ただし、三号分割や、按分割合が定められ確定した後に相手方が死亡したときは、その死亡日から1か月以内に限り、請求前1か月以内に作成された生存を証する書類を添付して請求でき、この場合死亡の前日に請求があったとみなされます。

逆に、いったん年金分割の手続をとってしまうと、分割を受ける側の固有の受給権の問題となるので、元配偶者が死亡した後も、年金をもらえることになります。

こうした見地から、離婚の定めと同時に年金分割に関しても定めておき、決まったら早めに手続をとることが望まれます。

第7章
子どもの問題

I　別居に伴う問題

Q1　子どもを連れて別居した場合

子どもは2歳ですが、配偶者は子育てに理解がなく、子どもが泣くと「うるさい！」と子どもまで叱りつけることがあります。話し合いをしようとしても、「仕事で疲れている」と言ってとり合ってくれません。びくびくしながら子育てをすることに疲れ、先日、子どもを連れて別居しました。居所はまだ知らせていません。離婚をしたいと思います。今後、どのようなことに配慮して手続をしていったらよいでしょうか。

A　子どもへのケアについては本章IQ4を参照ください。子どもの気持ちや立場に最大限の配慮をはらいながら、生活費（婚姻費用）、面会交流、離婚、離婚後の養育費などについて、配偶者との話し合いや手続を進めていきましょう。

また、残された配偶者の不安な気持ちにも配慮して、できる限りあなたへの連絡方法を確保し、直接の話し合いが難しいならば、早めに弁護士の代理人を選任したり調停を申し立てるなどしましょう。

1　別居後、話し合いの機会を模索する

別居前後は、住居の確保、場合によっては子の保育園の転園など、新しい

生活リズムをつくるまで、生活の立て直しが大変ですね。しかし、同じ時期、相手や子どもも、生活の激変にとまどい、大きな不安を抱えることになります。これらの不安にも可能な限り、配慮しながら対応していくことが望ましいといえます。最も大切な子どもへのケアについては本章ⅠQ4で触れます。配偶者には、せめて置手紙を残してあなたがこれから何を考え、これからどうしようとしているかを短くても穏やかに伝えて出ましょう（置手紙は手元にコピーを残しておくといいです）。住所を知らせることがためらわれるならば、電子メールなどあなたへの連絡ルートを確保しておく、相手からストーカー的な対応や暴力が予想されるケースの場合には、早めに弁護士の代理人を立て交渉の窓口をつくるか、調停を申し立てるなどしましょう。

　別居して少し落ち着いたら、子育てなどへの非協力的な姿勢によりあなたがどれほどつらかったか、どう感じていたか、可能ならば、あなたの気持ちを、アイ・メッセージ（主語を「私」として自分の気持を伝えることにより、不必要に相手を攻撃しない伝え方の手法）で、相手に率直に伝えてみることはできないでしょうか。コミュニケーションは互いの作業ですから、あなたが冷静にはたらきかければ、相手も冷静な気持ちに戻って対応したり反省したりすることもありえます。話し合いが離婚の方向に向かうか否かにかかわらず、仮に相手の挑発的言動があっても、強い口調での言い返しや喧嘩など無用に紛争を激化させるような行為は避けるほうが後々の円滑な交渉解決につながりやすいものです。口論を続けることは百害あって一利なしです。

2　別居期間中の法的手続は

　しかし、夫婦のみでは感情的になり、話がうまく進まない場合には、家庭裁判所の調停、各地の弁護士会のあっせん仲裁、公益社団法人家庭問題情報センター（FPIC〈http://www1.odn.ne.jp/fpic/〉）の調停手続（ADR）など、中立的な第三者に間に入ってもらって話し合いを進める方法もあります。

　一方、これまでも暴力を振るわれてきたなど、直接相手と話すことがあなたの身の危険を伴う場合には、生命身体の安全確保がまずは最優先ですので、

代理人を選任したり、要件を満たせば DV 防止法による「はいかい禁止」の保護命令を得るなど（第 1 章ⅡＱ 2）、安全確保のための手段を検討してみましょう。

　弁護士の代理人を選任すると、交渉を代理してもらえるほか、ストーカー行為などを抑止したり、面会交流の合意ができあがる前の試行的な面会への立会いや付き添いを依頼することも可能です。面会の立会いを引き受けてくれるかは、代理人にもよりますので、面会の可否や方法が重要な争点になるようなケースでは、依頼の前に十分に相談して確認なさってみてください。

　離婚に至る交渉の過程で、早期に子どもが安心できる方法で、面会を始めることができると、相手も子どもとの関係が断ち切られるわけではないことを知って安心し、離婚の合意形成が円滑に進む可能性が高くなります。また、紛争の激化を避けることにつながりやすいです。なお、子どもの年齢がもっと高い場合の子ども自身の意向等への配慮については、本章ⅡＱ 2 〜 Q 3、ⅣＱ 2 を参照ください。

　当面の生活費（婚姻費用）をまったく分担してもらえない場合は、婚姻費用分担請求（第 1 章ⅠＱ 1）の調停や審判とその保全処分の申立て、あなたが別居中の監護者となることに相手が強く反対し、双方の関係が不安定ならば子の監護者指定およびその保全処分（本章ⅠＱ 2）などを申し立てることも時には有用です。

Ｑ② 配偶者が子どもを連れて家を出たとき

> 妻との口論が増え関係が悪化してしまったと思っていた矢先、妻は、幼稚園からのお迎えのあと、そのまま子ども（4歳）を連れて実家に戻り別居となってしまいました。妻との別居はやむをえないと思いつつも、とにかく子どもは私の元に戻してもらいたいと考えています。どのような手段があるでしょうか。

Ａ　あなたの元に子どもを戻してもらう手続としては、子の監護者指定や子の引渡しの調停または審判を申し立てる方法があります。しかし、同居中の主たる監護者が妻であった場合には、あなたが子どもの監護権を得ることは現実には難しいと思われます。子どもとの交流の機会を確保することを優先し、早めに面会交流を申し入れることも選択肢の1つとして検討すべきでしょう。なお、妻の元から子どもを実力で奪い返すことはやめましょう。態様によっては、親権者であっても未成年者略取誘拐罪として刑事責任を問われるおそれがあります。

1　冷静に方針の検討を

　あくまで子を取り戻す手続をとりたいということであれば、後記の子の監護者指定や子の引渡しの調停または審判およびそれらの保全処分を家庭裁判所に対して申し立てる方法があります。

　こういった法的手段をとらずに、配偶者の監護下にある子どもを実力で奪取してしまうと、たとえ共同親権者であってもその態様によっては未成年者略取誘拐罪に問われるおそれもあります。

　最二小決平17・12・6刑集59巻10号1901頁は、親権ないし監護権の帰属が決せられていなかった時点において、夫が保育園近隣の歩道上で、妻の母に連れられて帰宅しようとしていた別居中の妻が養育している長男（当時2

歳）を抱きかかえて同所付近に駐車中の普通乗用自動車に同乗させたうえ、同車を発進させて連れ去ったという事案ですが、その行為態様が粗暴で強引なものであること、長男が自分の生活環境についての判断・選択の能力が備わっていない2歳の幼児であること、その年齢上、常時監護養育が必要とされるのに、略取後の監護養育について確たる見通しがあったとも認めがたいことなどに照らし、家族間における行為として社会通念上許容されうる枠内にとどまらないとして、未成年者略取罪にあたると認めています。

　また、監護者指定の申立等の法的手続をとる場合、監護者と係争状態になるため、その間、子どもとの面会交流が事実上困難になることもあるというリスクがあります。

　後記の監護者指定の基準に照らし、あなたが監護者として指定される可能性が低いのであれば、監護者になることにこだわるよりも、子どもとの交流の確保を優先し、早期に面会交流実施を申し入れるのも現実的な選択といえましょう。特に、長期にわたり面会できないまま父母間の紛争が継続すると、子どもの心の葛藤が強くなって非監護者との面会を拒否するようになり、子どもとの関係を回復することが大変困難になるケースも珍しくありません。こうした観点からも監護者として指定される可能性が低い事案では、できるだけ早く面会交流を実現できる方法を模索することが望ましいといえるのです。

　なお、あなたも子どもの親であり親権者なのですから、誰の了解も得ず子どもと会えるはずなのですが、監護をめぐる紛争中に、学校や保育園などに直接子どもに会いにいきますと、1度は会えても、それ以降の面会が困難になる場合があります。監護者が連れ去りの不安から子どもをあなたと会わせないようにしたり、子どもが、あなたと会ったことを監護者に隠さざるをえなくなったりしてしまいます。

　子どものためには、安心して継続的にあなたと会うことができる環境を整えてあげることが大切です。そのためには、配偶者との合意の下に会うように努力しましょう。

2　子の引渡しを求める場合（離婚前の別居段階）

⑴　子の監護者指定・子の引渡し請求の調停や審判等

　離婚前で別居中の場合に、子の引渡しを求めるには、子の監護者指定およ
び子の引渡し請求の調停や審判を申し立てます（民法766条１項類推適用、家
事事件手続法39条別表第二の３・154条３項・157条１項３号）。まだ共同親権者
ですので、親権に基づく子の引渡し請求はできません。

　また、急迫した危険を防止する必要があるときには、子の監護者の仮の指
定や子の仮の引渡し請求といった審判前の保全処分を、調停や審判申立てと
同時または申立後に申し立てることができます。

⑵　子の監護者指定・子の引渡し請求の考慮要素

　子の監護に関する事項を決定するために最優先すべき基準は「子の利益」
です（民法766条１項）。その具体的な考慮要素は、離婚後の親権決定の要素
（本章ⅡＱ１）とほぼ同じです。従前の監護状況、現在の監護状況、父母の監
護能力（健康状態、経済状況、監護意欲や子への愛情の程度等）、居住・教育環
境、監護補助者による援助の可能性、子の年齢、心身の発達状況、従来の環
境への適応状況、環境の変化への適応性、父または母との親和性（精神的な
つながり）、子の意思や心情など、父母の事情や子の事情を実質的に総合的
に比較衡量して父母のいずれが監護者として適格であるかが検討されます。

　乳幼児の場合は、監護者との精神的つながりが重視され、主たる監護者が
いずれであったかが重要です。就学後は、住居、学校、友人関係など監護環
境の継続性が次第に重視されるようになり、さらに年齢が高くなり意思能力
がはっきり認められるようになるにつれて、子の意思が重視されるようにな
ります。

　話し合いによる解決が困難な場合、家庭裁判所では、これらの具体的事情
について、家庭裁判所調査官によって行動科学の知見を活用した事実の調査
がなされ、審判または話し合いの資料とされます。

(3)　保全処分の考慮要素

　緊急の処分である保全処分が認められるには、①本案認容の蓋然性と②保全の必要性が必要です。

　保全処分と本案で結論が異なると、複数回の子の引渡しの強制執行がなされることもあるなど子に多大な精神的苦痛を与えてしまい、そのこと自体が子の福祉に反します。そこで、①の本案認容の蓋然性が一応見極められるまで実質審理をして本案と保全処分の結論が異ならないようにされる傾向にあります（石垣智子＝重高啓「第 7 回　子の監護者指定・引渡調停・審判事件の審理」東京家事事件研究会編『家事事件・人事訴訟事件の実務』250頁）。このため、保全とはいいながら本案と同時に判断されることが少なくなく、それなりに審理に時間を要する場合もあります。

　②の保全の必要性については、虐待が認められたり、監護に起因して子が情緒不安を起こしているような場合、あるいは一方の親の元で監護されていた子を他方の親が実力を行使して連れ去った場合などには、保全の必要性が認められやすい傾向にあります（石垣＝重高・前掲251頁～253頁、東京高判平24・10・18判タ1383号327頁など）。

　非監護者は、子の実際の監護状態を知りえない場合も多く、家庭裁判所調査官の調査を経てはじめて、保全の必要性の有無を知ることも少なくありません。そのため、申し立ててみたけれど、保全の必要性はないと裁判所より心証を開示され、取下げを促される例も少なくないように思われます。

　なお、この点に関連して、ハーグ条約を引用し、国内事案においても、早急に子どもを原状に復すべきという趣旨の主張がときどきみられます。しかし、同条約は、あくまで国境をまたぐ係争事案において、子の監護紛争の裁判を常居所地国において行うために子を常居所地国に戻すものです。ハーグ条約の趣旨を受け入れ、子どもを連れて出た親が子どもとともに常居所地国に戻る場合も多く、必ずしも非同居親の元に子が戻っているわけではありません。

　なお、子の引渡し請求が認められ確定した場合の強制執行の方法について

は、本章ⅠQ3を参照ください。

3　離婚の話し合いも検討

　監護者が、離婚に同意してくれれば子どもに会わせるという主張をしてくる場合もあります。本来、親子の関係と夫婦の関係は別であり、子どもとの面会を取引条件にするような監護者の態度は適切ではありません。

　しかし、現実には、監護者が、親権者が定まらないことに不安を覚え面会を拒否している場合も少なからずあります。監護者との婚姻関係が完全に破綻していると見極められるのならば、離婚の話し合いを進めて、できるだけ早く子どもとの面会を実現することも選択肢の1つでしょう。

ⓠ⑬　子の引渡し請求・強制執行

　2年前から夫と別居しています。夫から子ども（5歳）との面会交流
を求める調停の申立てがされ、1年前に月1回の面会交流を認める調停
が成立しました。その後、夫は面会を続けていましたが、先日、面会交
流の後、子どもを私のところに戻してくれなくなってしまいました。そ
こで、すぐに家庭裁判所に子の引渡し請求の審判と審判前の保全処分を
申し立てたところ、引渡しを命じる仮処分決定および本案審判が出て昨
日確定しました。それでも夫は返してくれません。子の引渡しの強制執
行について教えてください。

Ⓐ　すでに裁判所による引渡命令が出て確定している場合には、本案
の審判事件としての命令であれ、審判前の保全処分としての命令で
あれ、子の引渡しの直接強制、間接強制、あるいは人身保護請求手続等を活
用することが可能です。子どもにとって過酷な場面にならないよう可能な限
り配慮しながら行いましょう。

1　子の引渡しを実現する方法

　離婚前であれ（共同親権の場合）、離婚後であれ（単独親権の場合）、裁判所
による子の引渡命令（債務名義）があっても履行されない場合に、さらに実
現を図るための方法としては、家庭裁判所による履行勧告（本章Ⅳ Q 3参照）、
強制執行として間接強制または直接強制、人身保護請求手続、あるいは連れ
去りの態様の違法性が高い場合には未成年者略取または誘拐罪としての刑事
告訴などがあります。ただし、履行勧告には強制力はありませんので、裁判
所の引渡命令が出ていても履行されないような深刻な場合には適しません。

　離婚後の単独親権者が請求する場合には、いきなり人身保護請求によって
引渡しを求める方法も考えられます。

　子の引渡しの強制執行の方法として、以下の間接強制と直接強制があり、

いずれを先行させることも自由です。

2　子の引渡しの間接強制

　強制執行の方法の1つとして、養育費など財産的な債務の場合と同様、審判を行った第一審の家庭裁判所に申し立てる間接強制（本章Ⅲ Q5参照）があります（民事執行法172条）。引渡しの遅延の期間に応じ、または相当と認める一定の期間内に履行しないときは直ちに、一定の額の金銭（間接強制金）を義務者から権利者に対して支払うことを命じ、これによって引渡しの履行を実現しようとするものです。1日遅滞することによる間接強制金は、債務者の資力により5000円（最二小決平25・9・27（平成25年（許）第19号）判時2255号22頁「許可抗告事件の実情」）という低額の例から30万円といった高額の例（杉山初江『民事執行における「子の引渡し」』114頁～115頁の例や東京高決平29・2・8家庭の法14号75頁）までさまざまです。

　間接強制の場合は、後記の直接強制と異なり、決定の前の相手方（義務者）の審尋は不可欠です（民事執行法172条3項）。間接強制では効果がないことが十分予想される場合には、間接強制のための時間のロスを生じさせず、いきなり直接強制に及ぶことを検討します。

　なお、引渡しの不履行があっても必ず間接強制が認められるわけではありません。先に子の引渡しの直接強制執行が実施され、母が小学校校舎内で子（執行時に約7歳の女子）の引渡しを受けようとしたところ、子は強く拒否し、母が執行官らとの待ち合わせ場所に連れて行こうとした際に、子は左膝打撲傷を負い、執行官らの前でも激しく泣くなどしたため、母は直接強制の申立てを取り下げ、その後、間接強制を申し立てたという事案があります。この件につき、東京高決平23・3・23家月63巻12号92頁は、「（筆者注：子の引渡し請求権である）間接強制申立ての執行債権は、……監護権を行使することについて、これを妨害することの排除を抗告人（筆者注：監護者をさします）に対して求めるものであり、これにより抗告人の妨害が排除されるとしても、未成年者に対し相手方の監護下に入ることを強制し得るものではないのであ

るから（最高裁昭和32年㈹第1166号・同35年3月15日第三小法廷判決・民集14巻3号430頁参照）、抗告人に対し相手方の子の引取りを妨害しないことを求める不作為請求権であると解すべきである……不作為を目的とする債務につき間接強制決定（民事執行法172条1項）をするためには、債権者において、債務者が現にその不作為義務に違反していることを立証するまでの必要はないものの、債務者がその不作為義務に違反するおそれがあることを立証することを要するというべきである（最高裁平成17年（許）第18号・同年12月9日第二小法廷決定・民集59巻10号2889頁）」とし、この事案では、直接強制の際に子が母宅へ行くことを拒否し説得に応じる気配もなかったこと、父は裁判所の決定に従って子を母に引き渡さなければならないことは理解しており、子が母のところへ行きたいのであればその気持ちを尊重する旨、一貫して述べており、母が子を説得する環境づくりに協力する旨も述べているなどの事情の下では、父が母による子の引取りを妨害しないという不作為義務に違反するおそれについての母の立証がないといわざるを得ない、として、母の申立てを却下しています。

3　子の引渡しの直接強制

　直接強制は、執行官が相手方から直接子どもを取り上げて申立人に引き渡す強力な強制執行です。従前、動産の引渡しの強制執行（民事執行法169条）に準じて認められてきましたが、監護者がかたくなに抵抗して応じないケースなどがあり、年100件ほどの強制執行のうち、実際に引渡しに成功するのは3割程度にすぎませんでした。この引渡しの実効性を高め、かつ、子の心身に有害な影響を及ぼすことのないよう配慮することをめざして、2019年5月、民事執行法が改正され、子の引渡しの手続が明文化されました。2020年4月から施行されています。

　なお、債務名義が保全処分である仮処分決定である場合は、債務名義が債権者に送達されてから2週間以内に執行に着手しなければならないという制約があります（家事事件手続法109条2項、民事保全法43条2項、東京高決平4・

6・10判時1245号71頁）。このため、子が債務者とともに所在不明になっているような場合には、居場所を探し出す時間が足りず、仮処分決定では間にあわないこともあります。そうしたときは本案事件としての子の引渡しの審判を得て、執行を検討しましょう。

4 人身保護請求手続

人身保護請求手続とは、ある者が法律上正当な手続によらないで、身体の拘束をされているときに、被拘束者または他の誰からでも、裁判所に対して自由を回復させることができる制度です（人身保護法6条・12条4項・人身保護規則36条）。

最高裁判例によれば、離婚前の共同親権の状態において、父母のいずれかのみが子を監護している場合には、原則として、拘束の違法性が顕著とまではいえず、人身保護請求手続ではなく、家事事件として処理すべきとされています（最三小判平5・10・19民集47巻8号5099頁、最三小判平6・4・26民集48巻3号992頁）。しかし、すでに離婚後の親権者が定められたのに非親権者が子を引き渡さないとき（最三小判平6・11・8民集48巻7号1337頁）や、離婚前でも監護者が指定され子の引渡しが家庭裁判所により命じられている場合は、原則として、拘束の違法性が顕著であるとして、人身保護手続をとることができます。

人身保護請求の裁判は、判決の形式でされますが、執行力を有する債務名義ではなく、前記の子の引渡しの強制執行の手続をとることはできません。しかし、拘束者すなわち事実上の監護者に、子を一定の場所に連れてくることを命じたり（人身保護命令）、これに応じなければ監護者を勾引することを予告して間接的に心理的な強制をしたり、実際に勾引するなどして（人身保護法10条・12条）、違法な拘束をしている者と子を分離することで、子の引渡しを実現することができます。

子の引渡しを命ずる債務名義があるときは、その履行を求める手続としては、引渡しの強制執行と人身保護請求のいずれの方法によることも可能です。

子の引渡しの直接強制が先行したけれど執行不能で終わってしまったときに、次の手段として人身保護請求手続を活用することもできます。最近、直接強制の成功率が下がっているため、再び、人身保護請求手続の活用が増えている傾向があります。

5　刑事手続

子が違法に奪取された場合には、未成年者の略取または誘拐罪として刑事告訴することによって、子が事実上の監護者と引き離され、子の引渡しを実現させる方法も考えられます（未成年者略取罪を認定した最二小決平17・12・6刑集59巻10号1901頁、未成年者誘拐罪とした最一小判平18・10・12判時1950号173頁等）。

── ／コラム5／ ──────────────

子の引渡しの強制執行──改正民事執行法（2020年4月施行）

改正民事執行法は、子の引渡しの直接強制について、次のように定めました。

① 間接強制の決定が確定した日から2週間経過している場合、間接強制を実施しても債務者（引渡しを拒んでいる親）が子の監護を解く見込みがない場合、あるいは、子の急迫の危険を防止するために直ちに強制執行が必要な場合のいずれかの場合に、直接強制の申立てができます（174条2項）。

② 裁判所は、直接強制の決定に際し、債務者を審尋しなければなりませんが、子に急迫の危険があるときなどは、審尋は不要とされます（同条3項）。

③ 裁判所は、執行官に対し、子の監護を解くために必要な行為をすべきことを命じなければなりません（同条4項）。

④ 執行官は、債務者を説得するだけでなく、執行場所に立ち入り、

子を捜索すること、鍵の専門家を呼んで開錠することも認められます。

　執行官は、申立人（債権者）またはその代理人と子を面会させ、申立人とその代理人をその場所に立ち入らせ、申立人または代理人と債務者を面会させることもできます（175条1項）。

⑤　執行官は、相当と認めるときは、例外的に住居以外の場所で実施をすることもできます。具体的には、保育園や学校が想定されますが、その際は、その場所の占有者の同意もしくは同意に代わる執行裁判所の許可を得る必要があります（同条2項・3項）。

⑥　執行裁判所および執行官は、子の年齢および発達の程度その他の事情を踏まえ、できる限り、当該強制執行が子の心身に有害な影響を及ぼさないように配慮しなければなりません（176条。配慮義務）。

⑦　子の監護を解くために必要な行為は、直接強制の場所に、原則として債権者（または代理人）が出頭しなければ行えませんが（175条5項・6項）、債務者が不在であってもすることができます。

　今後、配慮義務を根拠に、児童心理や子の福祉の専門家などを執行補助者または立会人にするといった現在の運用をいっそう促す効果が期待されています。

参考文献
・「改正民事執行法における新たな運用と実務」家庭の法号外
・内野宗揮「民事執行法等の改正の概要——子の引渡しを中心に」論究ジュリ32号55頁

⒬4　別居や離婚と子どものケア

> 夫婦喧嘩が絶えず、このままでは娘（8歳）にもよくないと思い、子どもを連れて出て夫と別居し、元の家から徒歩15分くらいのところにアパートを借りて暮らし始めました。娘は、不安そうにしています。今後、離婚まで進めていきたいと思いますが、子どもにはどのように対応し、どんなことに注意したらよいでしょうか。

A　お子さんが環境の急な変化で不安に思うのは当然ですね。まず、親であるあなた自身が落ち着いて、お子さんの前では相手の悪口を言わず、穏やかに接することを心がけましょう。また、お子さんとたくさん会話をし、お子さんの不安や無理している気持ちを把握し受け止めてあげましょう。そして、お子さんのせいで別居したのではないこと、これからの生活の具体的なことを、年齢に応じたわかりやすい言葉で説明してあげましょう。何より、今、一番お子さんが頼りにしているあなたが元気で前向きでいることが、お子さんの幸せにつながります。明るく乗り越えていってくださいね。

1　親自身が自分の心の状況を知る・両親の争いを子どもにみせない

親の不和からくる別居や離婚を経験するとき、子どもの年齢や成育状況によっても、その理解度、反応は異なります。しかし、どんな年齢でも、親の不和、不安、争いになっていることを子どもは敏感に感じとり、さまざまな不安をもち、それは身体の症状に現れることが少なくありません。監護者であるあなた自身が多大なストレスを感じている時期のはずですが、それでも、なるべくお子さんにはそのストレスを感じさせない、両親の喧嘩を子どもの前でみせない、子どもの前で両親間の深刻な話をしない、ましてやイライラしてささいなことで子どもを叱らない（子どもを決してストレスのはけ口にし

ない）ことを心がけましょう。感情が高ぶったときは、ひと呼吸おいて（いわゆる6秒ルール）、お子さんと話しましょう。もちろん、落ち込んだり元気をなくしたりして、完璧な親ではなくても、頑張ろうとしているあなたをお子さんはわかってくれているはずです[1]。

2　子どもの様子をよくみて、子どもの気持ちを受け止める

　仕事や新しい住居のこと、相手方配偶者との交渉のことなどで、今、大変かもしれませんが、お子さんの様子、話す言葉などに注意し、子どもがどんな気持ちで何を心配しているか、聞いて受け止めてあげましょう。そのためには、どんなに忙しくても、こういう時期だからこそ、子どもと一緒にいる時間、子どもと話す時間が大切で必要です。お風呂に一緒に入るときでも、寝る直前でもかまいません。また、お子さんの不安が強いようであれば、できる限り一緒にリラックスして過ごす時間をたくさんとるように心がけましょう。

　同居の段階では、父母のどちらかがどこかへ行ってしまうのではと心配し元気をなくしたり、小学生ならば学校に行きたがらなくなったり、さらに高学年以上ならば同居の親に反発したり、なげやりになったり、さまざまな対応がありえます。子どもは、争いの本当の理由はわからず、自分が悪い子だから親が別れるのか、自分のせいなのかと考えてしまうことがときどきあります。

　別居や離婚は、父母の問題であり、決してお子さんのせいではないことをはっきりと子どもに伝えましょう。子どもが反抗期に入っていて、反発が多く話しづらく感じる場合でも、真摯にお子さんと向き合うように努力してみましょう。

　また、すべてのケースにあてはまるわけではありませんが、別れて暮らし

1　裁判所ホームページ　ビデオ「子どもにとって望ましい話し合いとなるために」〈http://www.courts.go.jp/video/hanashiai_video/index_woc.html〉参照。

ても、ずっと父であり母であり変わらないこと、どちらもお子さんのことを大切に思っていること、ときどき別居親に会えることを伝えてあげましょう。ただし、別居親に異性関係があったり仕事や生活が破綻して出て行って子どもとの面会をまったく求めてこないケース、養育費を送ろうとしないケース、同居時に激しい DV があって逃げて出たケースなど、事情はさまざまです。そんなときには、そういうケースでも、子どもの親に対する気持ちはデリケートなものですので、子どもの気持ちに十分配慮して、他方親への非難は子どもの前では極力抑制し、むしろ一緒にこれからの生活を頑張っていこうと励ましましょう。

　もし、親だけでは十分な対応ができないときは、学校の先生に相談し、スクールカウンセラーやスクールソーシャルワーカーの援助を得たり、子ども自身が無料で相談できる「子どもの人権110番」[2]で電話相談をしたり、同じような体験をした子どもと SNS[3]で交流するなど、子どもが第三者とも交流をもつ方法もあります。

3　よい子としてふるまっているときにも注意

　親が落ち込んだり泣いたりしていると、バランスをとって、お子さんが、「大丈夫？」「泣かないで」と親を励ましてくることもあります。また、きょうだいがいて、上の子が下の子をとても大切にする場合もあります。こうしたお子さんのよい子の面は、子どもの成長として望ましい面もあるかもしれませんが、お子さんに過度の精神的負担がかかっていて、自身の不安を押しこめている場合もあります。子どもに負担をかけるような言動を親自身がしていないか、振り返ってみましょう。

　ときには、親は、辛さのあまり、自分の悩みを子どもに相談してしまうこともあります。仕事がうまくいかない、お父さん（あるいはお母さん）も親権がほしいと言うので困る……など。特に父母間のことを子どもに相談する

2　電話番号03-3503-0110　東京弁護士会主催
3　NPO 法人ウイーズのホームページ「家庭環境に悩む子どもの掲示板」

と、子どもは板挟みになり辛い思いをします。「愚痴の聞き役にされるのが
いや、自分はゴミ箱ではない」と親に反発・嫌悪感をもつ子もいます。親権
者になろうとするのですから、親としての立場で接するよう心がけましょう。

4　子どもが他方の親の悪口を言うときも注意

　子どもは父母間の葛藤の事情が少しわかり、双方に挟まれて複雑な心情を
もちつつ、監護者の考えに寄り添って味方をしようとすることがあります。
お子さんが、「あんなお父さん（お母さん）いらないよね」「絶対にもう会い
たくない」「早く次のお父さん（お母さん）を見つけよう」など、強く監護
者の味方をするような発言をするときも、少し注意を要します。別居親を評
価する発言をすると監護者の機嫌がよくなくなるのを知っていて、別居親を
慕う気持ちを封印しようとして無理している可能性もあります。

　親は互いに、他方の親をほめることまではできなくても、悪口を子どもに
聞かせない配慮が必要です。

5　これからの生活の見通しの説明を

　親自身もですが、子どもは、住居、学校、友人関係など生活環境の激変に、
とまどって不安をもっています。別居や離婚のことのほか、これからどのよ
うに生活していくのか、学校や習い事はどうなるのか、進学はどうか、別れ
た親とどのような関係をもてるのかなど、これからの生活を見通しをわかり
やすい言葉で伝えて説明してあげましょう。

　離婚家庭の子どもたちの声を聴くと、「親は離婚の説明をきちんと子ども
にすべきである」という意見が強いことがわかります（社団法人家庭問題情
報センター『離婚した親と子どもの声を聴く―養育環境の変化と子どもの成長に
関する調査研究』19頁）。

　親権や面会交流など、子ども自身に直接かかわることについて父母間で
争っている場合には、年齢に応じたわかりやすい言葉で、父母間の意見が
違っていること、話し合ったり裁判所で意見を交わし合っていること、まと

まらないときは裁判官がいろんな事情を考慮して決めてくれること、年齢に
よれば子どもが自分の意見を述べる機会もあること、などを知らせましょう。
自分にとって重要なことについて、かやの外におかれること、意見を述べた
いのにその機会があたえられないことについて、親や裁判所に不信をもつ場
合もありますので、丁寧に子どもの気持ちを聴いて寄り添っていきましょう。

　子どもは、離婚に至った理由よりも、今後の生活環境のこと、双方の親と
の関係のもち方について、親から説明を受けたいと思っているようです（社
団法人家庭問題情報センター・前掲27頁）。

参考文献

- ヴィッキー・ランスキー『ココ、きみのせいじゃない―はなれてくらすことに
  なるママとパパと子どものための絵本』（太郎次郎社、2004年）
  　子どもに事情を説明しながら、親自身も親の離婚を体験する子どもの気持ち
  を振り返るための絵本
- 養育支援制度研究会『子どものためのハンドブック　親の別居・親の離婚』
- 岡田衣世子『わたしたちの家は、ちょっとへんです』（偕成社、2016年）
  　小学校3年の女子たちがそれぞれ複雑な家庭の事情を抱え、親に自分の気持
  ちを話そうと決意する過程を、子どもの目線で綴っている。

Ⅱ　親権・監護権

◎1　親権の意義・親権者の決定基準

> 　私は離婚を考えていますが、配偶者との間には、３人の子どもがいます。私は現在専業主婦（主夫）で収入がないのですが、その場合には親権者は配偶者になってしまうのでしょうか。親権者でなくなると、どのような支障が生じるのでしょうか。話し合いで解決できない場合、子どもの親権者を決めるにはどうしたらよいのでしょうか。

Ａ　従前、あなたが子どもたちの生活につき、主として面倒をみてきたとすれば、あなたが子どもたちをおいて単独で家を出てしばらく時間が経ってしまったというような特段の事情がない限り、離婚後、あなたが親権者となれる可能性があります。婚姻中、専業主婦（主夫）であったとしても、離婚後の子どもたちの生活費については、養育費として非監護者側にも負担義務が生じるので、経済的な格差は親権者としての適格を判断するうえで、あまり問題とはなりません。しかし、相手から支払われる養育費だけでは生活できないことが普通ですので、あなたが子どもの親権者になるとすれば、住居や収入も含め、今後の生活をどうしていくか、行政支援なども調査のうえ、きちんと見通しを立てる必要があります。なお、親権者をどちらにするか話し合いで解決がつかない場合には、裁判所の調停・訴訟といった手続を経る必要が出てきます。

1　親権者とは何か

　親権者とは、未成年者である子どもの養育監護、財産管理等を行い、未成年者名義の不動産の売買や未成年者が当事者となる裁判などの法律行為を行うときには法定代理人となる義務を負い、権利を有する立場の人をいいます。

子どもを監護養育、すなわち実際に子どもの身の回りの世話をし教育する権利義務を（身上）監護権といい（民法820条）、居所指定権（同法821条）、懲戒権（同法822条）、職業許可権（同法823条）などを含んでいます。この身上監護権を担う者を特に「監護者」ということもあります。他方、子ども名義の財産を管理したり法律行為の法定代理人となる権利義務は財産管理権（同法824条）といわれます。

　現在の日本の民法では、婚姻中は、原則、父母が共同でその子どもの親権を行使しますが（民法818条1項・3項）、両親の離婚にあたっては父母のいずれかを子どもの親権者と定めなければなりません（同法819条1項・2項）。2018年の司法統計年報では、家庭裁判所で成立した調停離婚などのうち、母が親権者となるケースが、複数の子どもの親権を分属させる場合も含めると約93％となっています。

　民法820条は、「（親権を行う者は）子の利益のために子の監護及び教育をする権利を有し、義務を負う」と定めていますが、「子の利益のために」という文言は2011年の改正で追加されました。親権は、子どもに対する親の支配権ではありません。子どもの権利条約にも明記されているとおり、子どもは1人の人間として、その意思決定の自由や成長発達の権利を有し、親に養育される権利を保障されています。この子どもの権利に対応して、親の養育の責務があり、これが民法では親権として定められていると解釈されるべきです。しかし親権という言葉や概念には、子どもを親の所有物のように考える日本の昔からの親子観がいまだ色濃く反映しており（たとえば居所指定権や職業許可権の規定があることなどにも表れています）、むしろ子どもを権利の主体とする親責任（親義務）として、根本から見直す必要があります。

　親権の一部とされる懲戒権（民法822条）については法務省法制審議会で審議中ですが、依然としてしつけを口実とした児童虐待が後を絶たないことから、まもなく条項を廃止する改正がなされる可能性が高いです（2020年3月現在）。また、さらに続けて離婚後の親権等の帰属についても検討され始めています。

2　親権者決定の要素

　親権者の決定にあたっては、子どもの利益をまず第一に考え、そして次に、現実に毎日子どもの養育にあたることがより適切なのは、どちらの親であるかという観点から判断しなければなりません。

　一般的に親権者決定の判断基準や基礎となる事実は、別居中の監護者指定と原則同様といわれており（安倍嘉人＝西岡清一郎監修『子どものための法律と実務』66頁参照）、下記のような点が考慮すべき事情とされています。

①　子どもの側の事情

　　年齢、性別、心身の発育状況、従来の生活環境などへの適応状況、生活環境が変化することへの適応性、監護環境の継続性、子どもの意思や気持ち、子どもと父母や親族との情緒的な結びつき、兄弟姉妹との関係など

②　父母側の事情

　　監護する能力、意欲や愛情、監護の態勢、監護の実績や継続性、出生時以来の主たる監護者、子どもとの情緒的な結びつき、父母の年齢、父母の就労状況、資産や収入など経済的な状況、父母の心身の健康、性格、生活態度、暴力や虐待の有無、居住環境、教育の環境、親族などによる監護の支援の有無、監護補助者がいる場合にその監護は適切かどうか、監護補助者に任せきりにしていないか、「監護開始の違法性」の有無、面会交流の寛容性（フレンドリーペアレント）など（榊原富士子＝池田清貴『親権と子ども』100頁以下）。

　これらのうち、最も重要な基準は、前述のとおり「子の利益」ですが、何が「子の利益」かという点は判断が難しい場合があります。

　なお、相談者のように、経済力がないことで親権者になれないのではないかと心配する当事者も少なくないのですが、非親権者である親にも養育費支払義務があることから、親権者の判断にあたって経済力は大きなウェイトを占めません。

　以下、考慮される主な要素を概説します。

(1)　「主たる監護者」による監護と監護の継続性

　幼少期の子どもの場合、それまで主として監護養育を担ってきた「主たる監護者」を親権者とし、監護の継続性を重視することによって、子の精神的安定を図り、養育者たる親との親和性を維持するとの観点に立った基準です。

　審判例をみても、乳幼児など子どもの年齢が就学前の場合には、同居中、主たる監護を誰が担っていたかが重視されることが多い傾向があります。

　このような考え方を示した例として、長女の主たる監護者は控訴人（母）であったと認められ、別居後も一貫して長女を監護養育しているところ、控訴人の下で安定した生活をしており、健康で順調に成長しているなどとして、控訴人である母を親権者とする離婚を認めたものがあります（東京高判平29・1・26判時2325号78頁）。また、子の引渡し、監護者指定事件ではありますが、父の下で監護されている子（決定当時7歳）につき、別居後の父の監護養育状況が、子の福祉の観点から、不適切であるとまでいうことはできないとしながらも、子が出生から現在までほとんどの時間を母によって監護養育されてきており、その間に形成された母子間の精神的・情緒的結びつきは深いものであるところ、子の成長にとってはこうした安定的かつ強固な関係がなによりも重要であり、こうした関係が断ち切られることは、子の成長に看過しがたい影響を及ぼすことになるというべきである等として、母を監護者と指定し母への子の引渡しを命じた例などがあります（京都家決平29・2・17（平成28年（家）第1861号））。

　子どもの就学後は学校・地域などで親以外との人間関係も強くなってくるため、それらを含めた監護環境の継続性が、次第に重視されるようになる傾向にあります。

(2)　子どもの意思

　「子どもの利益」を考慮する場合、一定の年齢に達した子どもについては、子どもがいずれの親と暮らしたいかという本人の意思を尊重することが必要です。子どもの権利条約においても、子どもの意見表明権を保障していると

ころです（10条）。意思を尊重すべき基準となる年齢は、子どもによっても個人差がありますが、おおむね10歳前後からとされています。

　この趣旨を受け、家事事件手続法では、両親離婚時の親権者指定に関する調停手続においては、同法65条の「子の意思の把握」の規定を準用し（同法258条）、また、意思能力のある子どもについては、両親間の手続に子ども自身が参加することを可能とする手続行為能力を認めるなど（同法252条）、親権者指定という子どもの生活に影響を及ぼす事項について、子どもの意向を考慮する姿勢が表れています（本章ⅡＱ２参照）。

　もっとも、実務において、子どもの表明した意向がそのまま判断結果に直結するかというと必ずしもそうではありません。子どもの年齢が高い場合には、現実問題として子どもの意向に反して親権者を決定しても実効性が低いため、子ども自身の意向が判断へ及ぼす影響は少なくないですが、子どもの年齢やその発達の程度が高くはない場合には、子どもの表面上の言動のみならず、子の真意や心情について、前後の事実関係等を丹念に整理しつつ合理的に推論・分析、検討する作業が必要とされており（石垣智子＝重高啓「第７回　子の監護者指定・引渡調停・審判事件の審理」東京家事事件研究会編『家事事件・人事訴訟事件の実務』236頁）、家庭裁判所調査官の調査が重視されます。

(3)　面会交流の寛容性（フレンドリーペアレント）

　他方の親と子どもの面会交流に寛容になれるか、子どもに忠誠葛藤を生じさせず精神的安定を図ることができるかを親権者指定の考慮要素とするのが、フレンドリーペアレントルールといわれるものです（この点を要素としてあげた裁判例として、仙台高決平15・２・27家月55巻10号78頁など）。

　この基準は、面会交流が子どもの成長に与える影響にかんがみれば、大事な基準ですが、ＤＶのあった事案などでは、被害者が加害者に対して寛容になることは容易ではなく、最重要の要素とされるわけではありません。

(4)　監護開始の態様

　別居後、一方が一定期間単独監護を続けていたのに他方が実力によって子

207

どもを奪取した場合や、特段の事情の変更がないのに面会交流の約束に反して子どもを返さないなど、監護開始の態様に違法性、悪質性があるときは、親権者としての適格性に疑義を生じる一事情となります。

3　親権者について合意ができない場合

親権者についてどうしても合意できない場合は、協議離婚はできませんから、家庭裁判所に調停を申し立てる必要があります。調停でも親権者について合意できない場合、調停全体が不成立となるので、調停に代わる審判（家事事件手続法284条）がなされる場合は格別、なお、離婚を求める場合は、家庭裁判所へ離婚の訴訟を提起する必要があります。離婚判決では、親権者決定にあたり、前掲2で述べた諸要素を考慮して判断されます。

4　親権と子への養育責任

親権の中心は子どもの身上監護ですから、監護者が別途指定されるときは別として、子どもを手元で直接養育できないというのが、親権者ではなくなることの一番のデメリットです。

しかし、親権者であろうと非親権者であろうと、子どもの親であることには変わりはなく、子どもは、その成長のために、子どもの利益を害さない限り、双方の親と接触する権利を有します（子どもの権利条約9条3項）。

また、親権者ではない親の未成熟子に対する養育費負担義務は、民法877条の扶養義務に基づくものであり、親権者でなくなったからといって、子どもに対する扶養の責任を免れるものではありません（子どもの権利条約27条参照）。

そのため、離婚後も双方が子どもに対して責任をもつという意味で、進学や医療、養子縁組といった子どもに関する重大な決定の場合には、どちらが親権者であるかにかかわらず父母双方が子の意思を尊重しつつ協議するという合意をして調停条項に盛り込むことも少なくありません。

しかし、対外的には、親権者が子どもを代理する権利・義務を有すること

になります。すなわち、学校契約、転校手続（学校教育法）、不動産賃貸借等契約の同意、15歳未満の子の代諾養子縁組や子の氏変更許可申立手続、子の財産管理、子どもに関する個人情報開示請求手続（個人情報保護法）等は親権者でなければできません。また、子どもが第三者に対して行った不法行為に関する監督責任は、非親権者が子どもを監護していたなどといった特段の事情がない限り、親権者が負うことになります。

ⓠ② 親権者の決定と子どもの意思

> 　配偶者が子ども（8歳）を連れて出て行き、現在、離婚訴訟中です。子どもとは定期的に面会交流をしていますが、私と会うたびに子どもは私と暮らしたいと言っています。
>
> 　こういった子どもの意思は親権者指定に反映されないのでしょうか。

Ａ　　子どもたちの意向や意思は、調停・審判・裁判上の親権者指定あるいは変更の手続において、年齢およびその発達の程度に応じ考慮されることになります。もっともあなたのお子さんのように8歳という年齢の子どもは、大人への忠誠心が最も高まる時期といわれています。この年齢の子どもは、親の欲望・要望を先取りして答えたりすることがありますので、そのような年齢特性や子どもがおかれた背景事情などを踏まえて、子どもの表現の意味するところを理解する必要があります。そのうえで、親として、子どもの最善の利益がなにかを配慮し、決定する必要があるでしょう。

1　子どもの意向の位置づけ

　子どもの権利条約12条は、その1項で、「締約国は、自己の意見を形成する能力のある子どもが自身に影響を及ぼすすべての事項について自由に自己の意見を表明する権利を確保する。この場合において、子どもの意見は、その子どもの年齢及び成熟度に従って相応に考慮されるものとする」と定め、同条2項で、「このため、子どもは、特に、自身に影響を及ぼすあらゆる司法上及び行政上の手続において、国内法の手続規則に合致する方法により直接に又は代理人若しくは適当な団体を通じて聴取される機会を与えられる」と定めています。

　この「子どもの聴取される権利」「意見表明権」は、家庭においても尊重されるべきものですから（子どもの権利委員会一般的意見12号（2009年）パラグラフ90～96）、両親の離婚という場面でも、双方の親が、子どもの意向を受

け止め、真摯に考慮する努力は必要です。

　しかし、他方において、子どもが他方親を切り捨てたという心理的負担を負うことがないよう、子どものために一番よいように、最終的には両親あるいは裁判官が決める、ということをあわせて伝える必要があるでしょう。

　子どもが表明する意向は、その年齢や発達段階によっては、あなたの心情に配慮して、あなたの下にいるときには、あなたと暮らしたいと述べ、監護者と一緒にいるときには監護者と一緒に暮らしたいと述べていることもありえます。子どもは本当は双方の親と一緒に暮らしたくて、自分が両親の間を仲介すれば、元の生活に戻れると思って、いじらしい努力をしていることもあるものです。

　子どもに離婚の責任はありませんので、夫婦関係を元に戻すことはできないとしても、その子どもに対する影響を最小限にすべく、親として、どのような離婚後の生活を子どもに整えてあげることができるか、親権者になることに固執することなく、双方の親がよく考える必要があるでしょう。

2　調停・審判手続における子どもの意思への配慮

　親権者決定の判断基準は本章ⅡQ1記載のとおりです。子どもの意向や意思は、親権者決定の一要素として尊重されます。特に、もし子どもが意思能力があるといえる年齢や発達段階に達しており、そのうえで明確に一方の親との生活を望んでいるとすれば、子どもの意思が尊重され、その親が親権者となることはありうるでしょう。

　調停・審判手続における子どもの意思配慮の具体的な方法は次のとおりです。

⑴　子の意思の把握（家事事件手続法65条）

　家事事件手続法65条は、「家庭裁判所は、親子、親権又は未成年後見に関する家事審判その他未成年者である子（未成年被後見人を含む。以下この条において同じ。）がその結果により影響を受ける家事審判の手続においては、子の陳述の聴取、家庭裁判所調査官による調査その他の適切な方法により、子

の意思を把握するように努め、審判をするに当たり、子の年齢及び発達の程度に応じて、その意思を考慮しなければならない」と定めています。

　子の意思を把握する方法については、家庭裁判所の判断にゆだねられていますが、家庭裁判所調査官による調査という方法で行われることが多いです。調査によって把握された事情は、調査報告書という形で双方当事者に提示されることになります。

(2)　子の必要的陳述聴取

　子どもの監護者等を決める子の監護に関する処分の審判事件や親権者指定・変更審判事件については、15歳以上の子どもには必ずその陳述を聴取しなければならないとされています（家事事件手続法152条2項・169条2項）。

　しかし、同条項は、調停手続では準用されていませんので、家事調停の手続における子どもの陳述の聴取は、家事事件手続法258条が準用する同法65条の規定によることになります（金子修編著『逐条解説家事事件手続法』784頁）。

(3)　子どもの手続参加・子ども手続代理人選任

　子どもが両親間の離婚調停手続において、親権者指定に自身の意思をより反映させたいと考えた場合、その親権者指定により影響を受ける者として、その離婚調停手続に、家庭裁判所の許可を得て、利害関係参加する方法があります（家事事件手続法258条1項・42条2項）。この参加申立ては、子どもに意思能力があることが前提となります。参加申立てを受けると、裁判所は、「その者の年齢及び発達の程度その他一切の事情を考慮して」「その者が当該家事審判の手続に参加することがその者の利益を害する」か否かを判断します。参加が子どもの利益を害すると裁判所が判断するときは、裁判所は参加許可の申立てを却下することになります。

　また、参加許可の申立てがなかったとしても、裁判所は、相当と認めるときは職権で、子どもを両親間の離婚調停手続に参加させることができます（家事事件手続法258条1項・42条3項）。

　もっとも、子どもが参加したとしても、単独で手続を追行することに困難

が予想されますので、裁判所は、参加した子どもに、申立てにより、または職権で、弁護士を子どもの手続代理人に選任することができます（家事事件手続法260条・23条1項・2項）。

　裁判所が選任した子ども手続代理人の報酬額は、裁判所が定めます（家事事件手続法23条3項）。その費用を誰がどのように負担するかについては、離婚調停の場合には、当事者双方で協議のうえ決めることになるでしょうが、話し合いがつかなかった場合には、裁判所は当事者つまり両親に負担させることができます（同法28条）。

3　離婚訴訟における子どもの意思への配慮

　離婚訴訟においても、親権者の指定等を行う場合、15歳以上の子どもについては、裁判所による意見聴取が義務づけられ（人事訴訟法32条4項）、離婚訴訟にも事実調査制度が導入されたことにより、家庭裁判所調査官による子どもの意向調査（同法33条）も可能となりました。

　また、子どもに意思能力があれば、離婚訴訟において子どもはその訴訟の結果に利害関係を有すものとして補助参加することができると考えられます（民事訴訟法42条、人事訴訟法13条1項、金子編著・前掲758頁参照）。

Ⓠ③　子どもの手続代理人

　先日、妻が12歳の長男を連れて家を出て、離婚調停を申し立てました。妻は長男の親権を主張していますが、私は離婚するとしても親権は譲りたくありません。また、私は長男に会えていないため面会交流調停を申し立てましたが、家庭裁判所調査官による子どもの意向の調査では、長男が会いたくないと拒否しているという結果が出ています。しかし、妻の影響を受けて、そう言っているように思えてなりません。子どもの代理人という制度があると聞きましたが、どのような制度でしょうか。長男の気持ちをもっと深く知りたいと思います。

　Ⓐ　意思能力のある子どもは面会交流や離婚に伴う親権者指定などの調停に、利害関係があるとして手続参加の申立てをすることができ、あるいは裁判所が職権で参加させることもできます。このように子どもが手続に参加する場合、子どもの手続代理人を選任することができ、手続代理人が子どもの意思を反映した主張などを行うことになります。

1　子どもの手続行為

　家事事件手続法は、子どもに係る紛争では、実質的な当事者というべき子ども自身の手続保障を図るため、一定の事件において、意思能力のある子どもには手続行為能力を認め、子どもが自ら手続を行うことができると定めています。

　具体的には、次のような場合があります。

① 　親権喪失、親権停止、管理権の喪失など、実体法（民法）で子どもが申立権を有するとされている事件において子どもが申立人として手続を行ったり（家事事件手続法168条3号・118条）、親族が親権喪失を申し立てた事件に子が親権喪失を求めて当事者参加する（同法41条）場合

② 　離婚に伴う親権者指定、親権者変更、監護者指定、面会交流などの事

件において自己の法律関係が形成される子どもが利害関係参加する場合
（家事事件手続法42条１項および裁判所の許可を必要とする２項の場合）

　ご質問の離婚調停で親権の帰属が争われる場合は、②の裁判所の許可を必要とする利害関係参加にあたります。

2　子どもの手続代理人

　意思能力のある子どもが家事事件の手続に主体的に関与することができるとしても、１人で手続を行うのは実際には困難です。そのため、子どもが手続上の行為を行う場合、２とおりの方法で、子どもの手続代理人を選任することが認められています。

　①　自ら手続代理人を選任する方法（私選代理人）

　②　裁判所が手続代理人を選任する方法（国選代理人）（家事事件手続法23条）

　この制度は、子どもの権利条約12条の子の意見表明権の保障、家事事件手続法による手続保障、子の利益や意思の尊重の理念を、具体的に実現しようとするものです。

　この制度の施行以来、2020年１月で約７年になり、徐々にではありますが制度の利用が広がっています。比較的選任数が多いとされる金沢家庭裁判所の前裁判官によるケース研究が発表され、監護者指定・子の引渡し・面会交流事件、離婚調停事件、親権者変更事件の例等が大変参考になります（加藤靖「金沢家庭裁判所における子の手続代理人の選任の実情及び課題」家庭の法22号40頁。いずれも、選任時に子が小学生以下であり、裁判所が職権で子を利害関係参加させている事案です）。

3　子どもの手続代理人の役割
──家庭裁判所調査官調査との関係

　離婚に伴う親権者指定、親権者変更、面会交流などでは、家庭裁判所調査官による調査が行われることがあり、子の意向や意思が調査され、手続において考慮されています。それでは、家庭裁判所調査官調査だけにとどまらず、

子が利害関係人として主体的に手続に関与することが適当な事案はどういったものか、家庭裁判所調査官と子どもの手続代理人の役割の違いはどこにあるか、こういった点について、日本弁護士連合会（日弁連）と最高裁判所は協議を重ね、日弁連は「子どもの手続代理人の役割と同制度の利用が有用な事案の類型」（2015年、日弁連会員専用サイト掲載）を取りまとめました。その概要は次のとおりです。

① 子どものための主張および立証活動

　　手続代理人の本来的役割であり、子どもからみれば、代理人を通して、手続主体として継続的に意思表明を行う手段が確保される意義があります（調査官調査では、子どもはあくまで調査の対象で、しかも継続的に意思表明することは保障されません）。

② 情報提供や相談に乗ることを通じて、子どもの手続に関する意思形成を援助すること

　　今後の生活状況や通学・進学に関する情報など子どもが手続行為を行う際の判断の基礎となる情報をわかりやすく提供し、また必要に応じて相談に乗るなどして、子どもの意思形成を援助します。

③ 子どもの利益にかなう合意による解決の促進

　　子どもの利益にかなう養育や面会交流のあり方などについて、父母に対して積極的な提案を行い、子どもの利益に即した合意による解決を促進する役割もあります。

④ 不適切な養育等に関する対応

　　子どもが虐待を受けているなど不適切な養育を受けているような事案では、必要に応じて、児童相談所等の児童福祉機関との連携等の活動が期待されます。

手続代理人がこうした役割を十分に果たすためには、子どもを1人の尊厳ある主体と理解して接することがまず必要です。子どもの手続代理人は、父母の紛争の狭間におかれている子どもの心情に配慮し、共感的・受容的に耳を傾ける姿勢をもち、子どもから信頼を得ることが求められます。

4　子どもの手続代理人制度の利用が有用な事案の類型

　前掲3のような役割を担う子どもの手続代理人の利用が有用とされる事案
としては、次の①〜⑥があげられています（日弁連会員専用サイト）。もちろ
ん、これらの類型に該当しない場合であっても、子どもが紛争解決に主体的
に関与することが望ましいと思われる事案においては、積極的に制度を活用
していくことが期待されます。

① 　事件を申し立て、または手続に参加した子どもが、自ら手続行為をす
　　ることが実質的に困難であり、その手続追行上の利益を実効的なものと
　　する必要がある事案

② 　子どもの言動が対応者や場面によって異なると思われる事案

　ⓐ 　面会交流の事件で、子どもは、同居親にしては別居親と絶対に会い
　　　たくないという意思を示し、家庭裁判所調査官にも同様の意思を示す
　　　ものの、別居親との試行的面会交流の場面ではとても楽しそうにして
　　　いるような事案

　ⓑ 　長期化している事案で、子どもの意思の変遷が予想される事案

③ 　家庭裁判所調査官による調査の実施ができない事案
　　　子ども自身あるいは同居親が、家庭裁判所調査官による調査を拒否し
　　たり、消極的であったりする事案

④ 　子どもの意思に反した結論が見込まれるなど、子どもに対する踏み込
　　んだ情報提供や相談に乗ることが必要と思われる事案

　ⓐ 　子どもが何らかの理由で同居親との生活の継続を望んでいるものの、
　　　同居親からは不適切な養育を受けており、審判になれば子どもの意思
　　　に反した結論が見込まれるような事案

　ⓑ 　子どもの同居親への忠誠心などから、別居親との面会交流を拒絶し
　　　ているが、面会交流を実施することが子どもの利益にかなうと思われ
　　　るような事案

⑤ 　子どもの利益にかなう合意による解決を促進するために、子どもの立

場からの提案が有益であると思われる事案

ⓐ　手続係属中に、子どもの監護等をめぐる突発的な事態が生じ、暫定的な対応が緊急に求められる事案（たとえば、子の引渡審判事件で、期日間に、子どもが同居親宅から突然家出して別居親宅に行ってしまい、絶対に帰りたくないと言っているような事案）

ⓑ　子どもの監護等をめぐるトラブルの頻発が事前に予想される事案（父母に対する親ガイダンスの必要性が高い事案）

ⓒ　子どもの監護等をめぐる調停または審判がかつて係属し、一度は解決したが、その結論について子どもの納得が得られなかったため実効性が担保されず、再度、調停または審判が申し立てられたという事案

⑥　その他子どもの手続代理人を選任しなければ手続に関連した子どもの利益が十分確保されないおそれがある事案

ⓐ　同居親による虐待がある事案

ⓑ　手続に関する意向が同居親と子どもとで異なる事案

ⓒ　その他同居親と子どもとの間に実質的な利益相反が認められる事案

5　手続代理人の報酬

　家事事件手続法では職権で選任された国選代理人について、裁判所が相当と認める額を決定する（23条3項）とあるだけです。しかし、現在、日弁連の委託援助事業（法テラスに委託）の対象とされ、援助（2020年3月現在21万6000円）を受けることが可能となっています。また、金沢家庭裁判所では、子の手続代理人の概算の報酬額およびその負担割合について選任前に当事者と協議し、最終的に各当事者が負担することになる概算の報酬額に相当する金員を当事者の手続代理人が預り金として確保したことを確認してから、子の手続代理人選任の手続に入るようにしているとのことです（加藤・前掲）。報酬規定の整備が望まれます。子どもの手続代理人については、「子ども手続代理人マニュアル」「子どもの手続代理人って？」「私はあなたの弁護士です」（いずれも、日弁連会員専用サイト掲載）が参考になります。

⒬4　親権者と監護者の分属

妻が子どもを連れて出て行き、現在、離婚訴訟中です。

私も妻も子どもの親権者となることを主張していますが、正直、私は仕事の関係上、子どもを終始世話することは困難です。

しかし、親権者として子どもに関する重要な決定についてはきちんと関与していきたいと考えています。親権者と監護者を分属する場合があると聞きましたが、私が親権者となり、妻を監護者とするような方法は考えられないでしょうか。

Ａ　親権者と監護者の分属とは、財産管理権まで含む親権を親の一方に帰属させつつ、子どもの身の回りの世話（身上監護）や教育権を他方の親に帰属させる態様をいいます。非親権者である監護者が離婚後も子どもの事実上の養育を行うことになります。離婚後の共同親権が認められていないわが国において、両親が協力しつつ子どもに対する養育責任の分担を期待しうる事案では、事実上の共同親権を認める手段として有効であるとはいえます。しかし、両親の協力関係が期待できないような事案では、かえって子どもの養育に支障が出る可能性が高いため、裁判実務上は敬遠される傾向にあります。

1　親権者と監護者の分属とは

現在の民法では、父母のどちらか一方が親権者となるかが決まらない限り、離婚が成立しないという制度となっています。離婚については双方異論がなく、家庭裁判所でせっかく調停を続けてきたのに、親権者についての合意が得られないために調停が不成立となり、訴訟にもち込まざるを得ないというケースがよくあります。こうした状況を何とか回避できないかということで、編み出されたのが、親権者と監護者の分属という方法です。父または母の一方を親権者とし、他方を監護者とします。父を親権者とし、母を現実に子ど

もと生活する監護者とするという例が多かったようです。

　しかし、最近は、このような分属がもたらす混乱や問題が多いということ
が認識されるようになり、実務上は例が少なくなってきているようです。

2　共同監護とは

　一方、離婚後も協力して、共同で子どもを監護しようという積極的な意味
で、親権者と監護者を分属するという方法を選ぶ人もいます。諸外国では離
婚後に共同親権または共同監護を選べる国がほとんどです。現在の日本の民
法の下でも、父母の一方を親権者かつ監護者であるとし、他の一方を監護者
とするという合意をし、共同監護を実現している例も少ないですがあります。

3　監護をしない親権者の立場

　親権者と監護者を分属するといっても、監護者の権利義務の内容や、養育
監護をしない親権者の権利義務は何かということが、明確に定まっているわ
けではありません。多くの場合、日々の子どもの養育は監護者が行い、法定
代理人として親権者が法律行為を行うという程度の概念でしょう。

　実際に、財産管理や法律行為が問題になる場面としては、パスポートの取
得、交通事故の示談、裁判などがありますが、日常的にはあまり考えられま
せん。

　15歳未満の子どもの養子縁組について、親権者が子どもに代わって縁組を
する際、子どもの父母で監護する者がほかにあるときはその同意を得なけれ
ばならないとされているため（民法797条2項）、監護者ではない親権者は勝
手に再婚相手と子どもとの養子縁組を行うことはできません。

　また、親権者は養育監護についてすべてを監護者に任せ、口出しはできな
いということでもないので、子どもの養育方針について両親の意見が異なっ
たときなどに、子どもの利益を阻害しないよう、どのような調整方法があり
えるのかということも検討する必要が出てくるでしょう。

4　親権は子どもの養育責任が中心

　親権が子どもへの支配権を匂わせる概念であるために、子どもを自分のものにしておきたいとして親権を争うケースがでてきてしまうことも少なくないように感じます。

　しかし、子どもの権利を軸にして考えるなら、たとえ夫婦関係が終了したとしても、子どもの両親は、ともに親として子どもの養育に責任をもつという理念の下に、離婚後も協力関係を維持できることが理想的です。子どもの意思や生活の安定を最優先に、双方の親の生活状況にあわせて、子どもとの現実の生活や行き来を考えていきましょう。

Q5　親権者の変更

> 　協議離婚で元妻を親権者として離婚したところ、子どもたちが私と一緒に暮らしたいと私の下に逃げてきてしまいました。
>
> 　私も離婚後生活が安定し、子どもたちとともに生活できる基盤は整っています。できれば元妻を刺激するようなことは避けたいので、このまま、子どもたちをこちらで生活させたいのですが、なにか問題はあるでしょうか。

　A　元妻が、子どもたちの意向を酌んで、あなたの下で子どもたちが生活することを了解すればよいのですが、連れ戻しに来た場合は、あなたには子どもたちを監護する法的な権限がないのですから、態様によっては未成年者略取誘拐（刑法224条）の疑いをかけられたり、子どもたちの年齢が低い場合には人身保護請求などで法的に連れ戻されるおそれがあります。また、子どもたちの年齢が高い場合には通学等生活に支障が出てくるおそれがあります。

　子どもたちが、あなたの下で生活したいという意向や事情をよく確認したうえで、その意向が強いということであれば親権者変更、または最低限、監護者指定の調停・審判といった手続をきちんととり、子どもたちを養育する権限を法的に確定しておく必要があるでしょう。

───────────●───────────────────●

1　親権者変更・監護者指定の必要性

　上記のとおり、子どもたちが、非親権者の下に逃げてきたという状況を親権者のほうが容認するのであれば、親権者が非親権者に子どもたちの監護を事実上委託したことになります。したがって、その後の学校における手続等について、両親が相互に子どもたちのために協力し合うことができるのであれば、当面、法的な手続は必要ないのかもしれません。

　しかし、親権者がそれを容認しない場合は、子どもたちを取り戻すため、

子の引渡し請求や人身保護請求などの法的な手続をとるおそれがあります。

　特に、子どもの年齢が低い場合には、親権または監護権を有する親の監護下におくことが子の幸福の観点から著しく不当なものでない限り、親権または監護権を有しない親による拘束の違法性は顕著であるとして、原則的に人身保護法に基づく請求が認容されることになります（最三小判平6・11・8民集48巻7号1337頁、最三小判平11・5・25家月51巻10号118頁）。

　また、年長の子どもの場合、私立高校との在学契約や携帯電話の契約のように、親権者の同意を要する契約を締結する場面も多くなるため、子どもの監護にあたり、親権者の協力が得られないとなると、子どもの生活に支障を来すおそれもあります。

　よって、子どもの利益を考えると、もし、子どもの意思が固いなど、子どもを非親権者において今後養育することが適当という事情がある場合には、親権者変更を、それが困難であればせめて監護者指定の手続をとり、子どもを監護する法的権限を明確にしておくことが望まれます。

2　親権者変更調停・審判手続

　民法819条6項は、子の利益のため必要があると認めるときは、家庭裁判所は、子の親族の請求によって、親権者を他の一方に変更することができると定めています。このように親権者の変更は、親権者・非親権者の合意のみにより変更することはできず、家庭裁判所の調停または審判を申し立てる必要があります。

　しかし、連れ戻しのおそれなどから子どもの通学が困難になっているなど、緊急性を要する場合には、次項の保全処分とともに（調停申立てをした場合も保全処分は可能ではあるものの）、直ちに審判を申し立てることも検討すべきでしょう。

3　保全処分

　上記のような急迫の危険を防止する必要性がある場合には、親権者変更の

審判、調停申立てと同時、または申立後に、現親権者の親権者としての職務
執行を停止し、暫定的に親権を行使する職務代行者として、非親権者を指定
する保全処分を申し立てることが考えられます。

　保全処分の内容には、子どもの生活用品等の引渡しや、子どもの生活の妨
害禁止なども含まれると考えられているため（金子修編著『逐条解説家事事件
手続法』572頁）、同保全処分は、非親権者方における当面の子どもの生活を
維持する一方策として、活用が検討されるべきでしょう。

　もっとも、現実には、同保全処分を申し立てることにより、裁判所におい
て当事者間で、当面の子どもの生活を阻害しないような協議が促され、審判
までには至らずに解決されていることが多いように思います。

4　監護者指定調停・審判

　親権者がどうしても親権変更に応じない場合、親権者変更の審判を得るの
も1つの方法ではありますが、子どもたちと親権者の関係悪化が一時的と思
われる場合や、非親権者の側でも長期的に子どもたちを受け入れることが困
難な事情がある場合など、親権を変更することが、必ずしも適当でない場合
には、非親権者を監護者として指定する調停・審判を得ることが考えられま
す。

　もっとも、この場合には親権と監護権が分属することになりますので、そ
のデメリットを考慮したうえで、かかる方法をとるか否かを検討する必要が
あるでしょう。

　親権・監護権の分属の適否については、本章ⅡQ4をご参照ください。

5　親権者変更手続中の親権者からの情報開示

　子どもが非親権者方に逃げてきたような場合、親権者変更手続中に、親権
者が情報開示請求により子どもたちの所在を探索してくることも考えられま
す。

　親権者変更手続中の親権者から教育委員会に対する3人の子に係る学齢簿

登載通知書の開示請求に対し、その存否を明らかにしないで、同請求を拒否するとした教育委員会の決定につき、裁判で争われたケースがあります。このようなケースで裁判所は、親同士で子どもの取り合いとなったり、子どもに対する暴力が主張されているケースでは、子どもとともに生活していない親が、探索的な情報開示請求をすることにより、子の居住地を探索したり、それを把握したうえで、子を連れ去ったり、関係者に自己の主張を通すために一定のはたらきかけをしたり等の行動を起こすことも稀ではないとして、違法ということはできないと判断しています（さいたま地判平19・4・25（平成18年（行ウ）第27号））。よって、このような事態を念頭において、事前に関係機関と協議しておくことも検討すべきでしょう。

Ⅲ　養育費

Ｑ1　養育費の決定方法・基準

> 私と夫は、私が 5 歳と 2 歳の子どもの親権者になって協議離婚することに合意しました。夫は、自分の生活でせいいっぱいなので養育費は払えないと言っています。私も働いていますが、収入は夫より低い状況です。養育費はどのくらい請求できるでしょうか。いったん決めた養育費を将来増額請求することはできるでしょうか。

Ａ　　請求できる養育費の額は、双方の収入の額等に応じて決まります。実際の金額は、家庭裁判所がホームページで公開している算定表を用いて決めているケースが多いです。

いったん決めた養育費も、相当な事情変更がある場合には、双方から増額あるいは減額を請求することができます。

1　養育費の金額の算定方法

親は、未成熟子（本章Ⅳ Q 4 参照）に対して、扶養する義務を負っています。養育費は、この扶養義務に基づいて親が負担するものです。

養育費の具体的な算定方法については、2019年に発表された「改定標準算定方式・算定表（令和元年）」（以下、「算定表」といいます）（第 1 章 I Q 1 参照）が広く実務で使われています。この算定表は、「自分の生活を保持するのと同程度の生活を被扶養者（子）にも保持させる義務」いわゆる生活保持義務として適正妥当な金額を求めることを目的としてつくられています。算定表は、家庭裁判所のホームページ等で確認することができます。

算定表では、父母双方の収入金額を基礎として、子が高収入の親（多くは養育費支払義務者）と同居していると仮定した場合、子のために費消されて

いたはずの生活費がいくらであるかを計算し、これを父母の基礎収入の割合で按分して、養育費支払義務者が支払うべき養育費の額を算定しています。すなわち、①父母双方の基礎収入を算定し、②生活保持義務を前提として、義務者と子の同居状態を仮定して、生活費指数を考慮して子に配分されるべき養育費を計算し、③権利者と義務者の基礎収入に応じて②の養育費を配分して義務者が払うべき養育費を算出するという方法をとっています。婚姻費用の計算と似ていますが、配偶者の扶養分がない点が異なります。

　この算定表は、子の人数（1〜3人）と年齢（0〜14歳と15歳以上の2区分）に応じて分かれています。たとえば、会社員の父の収入が年600万円、子を監護養育している母の収入が200万円、子は1人で17歳の場合、この算定表の表2に従うと、養育費の額は月6〜8万円になります。

　算定表を使用するためには、双方の総収入を認定したり、潜在的稼働能力を推計したりする必要がありますが、婚姻費用の場合と同じですので、第1章ⅠQ1を参照ください。なお、福岡家審平18・1・18家月58巻8号80頁は、義務者が養育費の支払いを回避するために失職し無収入になったとして養育費免除を求めた事案について、潜在的稼働能力を前提とした収入に基づいて養育費を算定しています。

2　養育費の決定方法

　養育費は父母の協議によって定めることができます（民法879条）。合意した内容について、口頭のみで済ませる場合や念書、合意書、または離婚協議書等の書面を作成する場合がありますが、これらの方法では、義務者が支払いを怠った場合に強制的に取り立てることはできません。不払いになる可能性があり強制執行もできる文書にしておきたい場合は公正証書や調停調書を作成しておく必要があります。

　養育費について父母では合意できない場合は、子を監護している親が他方の親に対して、家庭裁判所に監護に関する処分として、養育費の支払いを求める調停または審判を申し立てることができます。調停では、双方の収入や

子の養育に関する費用等について、両当事者が事情を述べたり資料等を提出したりしながら合意をめざして話し合いが進められます。合意ができれば調停成立となり調停調書が作成されます。または、実質合意ができているが一方当事者が欠席する場合、わずかな金額の差で合意ができない場合などのケースでは、「調停に代わる審判」（家事事件手続法284条）（第 3 章 Q 3 参照）が積極的に活用されています。

　調停において合意ができず不成立となる場合、あるいは調停に代わる審判で一方または双方の当事者から異議が出された場合は、自動的に審判手続に移行し、裁判官が一切の事情を考慮して審判をすることになります。

　また、緊急を要する場合で養育費の支払いを求める調停または審判を申し立てた場合、審判前の保全処分の申立てをすることができます（家事事件手続法105条 1 項）。この場合、仮払い仮処分（仮の地位を定める仮処分）として申し立てるのが一般的です。審理では、原則として相手方の陳述を聴取する必要があり（同法107条）、申立人の資産、収入状況、稼働能力および保全の必要性等を勘案して判断されます。

　なお、子から監護しない親に対して請求する場合には、養育費請求ではなく、「扶養料」（民法877条 1 項）の請求をします。子が成人していれば本人のみで、子が未成年であれば親権者である親が子を代理して申し立てます。仙台高決昭56・ 8 ・24家月35巻 2 号145頁は、養育費の調停・審判は子自身に対しては拘束力を有さず、子による扶養料請求の審判においては、しん酌されるべき 1 つの事由となるにすぎないとしています。

　従前の養育費の決定後に事情変更が生じており、その事情変更が従前の協議や調停・審判の際に予見しまたは予見しうることができず、従前の額が実情に適合せず不合理である場合には、定めた養育費の額を増額あるいは減額することができます。詳しくは本章Ⅲ Q 2 を参照ください。

3　養育費の始期、消滅時効

　養育費支払いの始期は、一般的には請求時（調停または審判申立時ですが、

それ以前に請求していたことが立証されればその時点）とされています。学説
は不払時からと考えるものが多く、最一小判平9・4・10家月49巻9号92頁
も離婚前の監護費用について、別居を開始した後単独で監護を開始した時点
から認めています。

　なお、合意したり、確定判決や審判で決められた養育費の請求権も、権利
者が一定期間、権利を行使しないでいると時効により消滅してしまいます。
毎月ごとに支払うべき養育費は定期金債権にあたりますので、消滅時効の期
間は10年間で（民法168条1項1号）、各月分ごとに時効が進行します。ただ
し、進学時に〇円とか、医療費として〇円等として臨時・特別費用として定
めた養育費は、定期金にあたりませんので、一般の債権同様、消滅時効期間
は5年になります（同法166条1項1号）。

ⓠ2　再婚と養育費

> 　私と元妻は離婚する際、元妻が子どもの親権を取得し私が養育費を払うと合意し、以来、私は取り決めた養育費をきちんと払ってきました。最近、元妻は再婚しましたが、私は養育費を支払い続ける必要があるでしょうか。また、私が再婚し、子どもが生まれた場合、私は養育費の減額を求めることができるでしょうか。

A　元妻の再婚相手とあなたの子どもが養子縁組をした場合には、第一次的には養親が扶養義務を負うことになり、親権者ではない実親は、養育費の支払義務を免れたり、あるいは減額が認められたりする場合もあります。しかし、養子縁組をしていない場合は、実親の支払うべき養育費は変わりません。一方、あなたが再婚し子どもが生まれた場合は、養育費の減額を求めることができます。

1　養育費の増額請求、減額請求

　民法では、親族間の扶養料について、「協議又は審判があった後事情に変更を生じたときは、家庭裁判所は、その協議又は審判の変更又は取消しをすることができる」（民法880条）と定めていますが、養育費と扶養料は未成熟子の扶養という点で共通することから、養育費の増減についても民法880条を準用ないし類推適用するとされています。

　そのため、いったん取り決められた養育費も、その後事情変更があれば額の変更が認められています。もっとも、協議または審判後に生じた事情であれば何でも増減の理由になるわけではありません。従前の協議または審判を維持することが当事者のいずれかについて相当でないと認められる程度の重要な事情の変更であることを要します。また、事情の変更は、協議または審判の時点で当事者が予見しまたは予見しうることができなかったことが必要とされます（東京高決平19・11・9家月60巻6号43頁）。予見できるのであれば、

そのことを考慮して決定することが可能だったからです。

　このように、養育費の増減請求が認められるには、①協議または審判後に事情変更が生じたこと、②従前の養育費を維持することが当事者のいずれかに対して相当でないと認められること、③従前の協議または審判において当事者が事情変更を予見しまたは予見しうることができなかったことが必要となります。

　減額の例としては、不況等による義務者の収入の減少や失業（山口家審平4・12・16家月46巻4号60頁）、病気等による長期入院、公正証書による合意内容が義務者の収入に照らし高額すぎて支払い続けることが困難であったこと（東京家審平18・6・29家月59巻1号103頁）のほか、義務者が再婚するなどして扶養義務者が増えたこと（札幌高決平30・1・30判時2373号49頁）、子が監護者の再婚相手と養子縁組したこと（福岡高決平29・9・20判時2366号25頁）などがあります。

　他方、増額の例としては、義務者の被扶養者が減ったこと、子どもの教育費が従前より多額となったことなどがあります。

　なお、信義則上、事情変更は当事者の責めに帰することができない事由によって生じたものであることが必要とされ、たとえば、福岡高宮崎支決昭56・3・10家月34巻7号25頁は、自宅を新築するための借金の返済を理由に養育費の支払いの免除を申し立てた事案において、借金の返済のためにまた借金をするという家計の悪循環は自ら招いたものというほかなく、養育費の免除や減額以外の抜本的解決策を考えるべきとして免除・減額を認めませんでした。

　なお、2019年に改定標準算定表が公表されましたが、この公表は養育費額を変更すべき事情変更にはあたりません（養育費研究63頁）。

2　権利者が再婚した場合

　子を養育している権利者が再婚したとしても、それだけでは子に対する義務者の扶養義務には変化はなく、養育費の減額請求が認められる事情変更には該当しません。

　これに対し、権利者の再婚相手と子が養子縁組をした場合には状況が異なります。養子縁組により、再婚相手が養親・親権者として権利者とともに子に対する扶養義務を負うことになります。この場合の親権者ではない実親の扶養義務については、明確な規定や確立した判例はありません。もっとも、養親の資力が乏しい場合には、親権者ではない実親も第二次的に養育費を負担するとの例があります（長崎家審昭51・9・30家月29巻4号141頁）。なお、子の父母の双方が再婚し、子が親権者である母の再婚相手と養子縁組した事案で、実父が養育費の支払免除または減額を求めたのに対し、実親の子に対する養育費の支払いはいわゆる生活保持義務に基づくものであることから全額免除することは当を得ないとして、当事者双方の収支、生活状況を考慮して減額を認めた裁判例もあります（東京家審平2・3・6家月42巻9号51頁）。

3　義務者が再婚した場合

　義務者が再婚しても、再婚相手に相応の収入があったり、潜在的稼働能力があったりすれば、義務者が扶養すべき者が増えたとは認められず、養育費を減額しないのが一般的です。

　しかし、義務者と同居している再婚相手が稼働しておらず潜在的稼働能力もない場合は、その生活費指数は子（0〜14歳）の指数とほぼ同じになるため、算定表を使うときは、再婚相手を14歳以下の子と同じ生活費指数として扱い算定してきました。算定表改定後も同様に、0〜14歳の子の生活費指数62として算定していくものと思われます（村松多香子「平成30年度司法研究『養育費、婚姻費用の算定に関する実証的研究』の概要」家庭の法24号1頁）。

　また、義務者が再婚相手の連れ子と養子縁組をした、あるいは再婚相手方との間に子が誕生した場合には、義務者はこれらの子に対しても新たに扶養義務を負うことになります。たとえば、義務者が扶養すべき者として、再婚相手、再婚相手との間に生まれた子1人（14歳以下）、および権利者が監護する子1人（14歳以下）がいる場合、算定表の表6で求めた額の3分の1が、義務者が権利者に対して支払うべき養育費の額になります。

4　増額、減額が認められる時期

　養育費の増減が認められる事情変更があったとしても、その増減はいつか
ら認められるでしょうか。調停では、合意次第ですが、調停成立時からとす
る例が比較的多いようです。これに対し、審判では、請求時、調停申立時、
第1回調停期日等、請求時またはこれを基本とした範囲で、諸般の事情から
判断されています（生島恭子「養育費、婚姻費用の増額、減額請求事件」ケース
研究261号122頁）。

ⓠ❸　私立学校の学費の負担

> 私は妻と離婚し、妻が14歳の子どもの親権者になりました。子どもは私立中学校に通っていますが、妻は私に学費を全額負担するよう主張しています。私は、一定の養育費は支払う必要があると思っているのですが、私立学校の学費についてはどう考えればよいのでしょうか。

> Ａ　婚姻中から子が私立学校に通っていた場合、あなたが私立学校への進学を承諾していた場合のほか、父母の学歴、職業、資産、収入、子の学習意欲や能力、居住地域の進学状況等に照らして私立学校への進学が相当と認められる場合は、学費のうち適切な金額を負担するようにしましょう。子どものためですので、元妻の収入が低いなら、あなたが学費全額を負担することも、可能ならば検討してあげましょう。

1　私立学校の学費の考慮

　算定表では、子の生活費指数を定めるにあたり学校教育費を考慮していますが、これは公立中学校や公立高等学校の学費や学用品、通学費用等の標準的な教育費を前提としています。そのため、私立学校の学費を養育費の算定にあたって別途加算すべきかおよびその計算方法が問題となってきました。

　権利者である監護者は、本来、自らの収入と義務者から支払われる養育費を踏まえて学費等も支出するべきですから、子が私立学校に通っているというだけで当然に学費等を義務者に分担させることにはなりません。裁判例でも、義務者が、子を私立学校に入学させることを承諾していなかった場合に、算定表から算出される金額に学費相当額を加算することを否定したものがあります（神戸家審平元・11・14家月42巻3号94頁）。

　しかし、婚姻中から子が私立学校に通っていた場合や義務者が私立学校への進学を承諾していた場合のほか、当事者の学歴、職業、資産、収入、子の学習意欲や能力、居住地域の進学状況等に照らして私立学校への進学が相当

と認められる場合は、学費のうち適切な金額の負担を考慮する必要があると
されています。大阪高決平2・8・7家月43巻1号119頁は、未成熟子の扶
養の本質は、いわゆる生活保持義務として扶養義務者である親と同一の生活
程度を保持すべき義務であるとし、医師である父や薬剤師である母の職業や
学歴をはじめ、子らが生育してきた家庭の経済的、教育的水準を考慮して、
大学卒業までの扶養料の負担をすべきと述べ、義務者の同意がなくても負担
すべき場合があることを示しています（なお、養育費の終期については本章Ⅲ
Q4参照）。

2　考慮の方法

　私立学校の学費等を考慮する場合、学費等から算定表において考慮されて
いる公立学校の教育費を控除した額を義務者と権利者の基礎収入に応じて按
分して分担する方法があります。

　なお、授業料や施設利用費など学校に直接納付する学校納付金は公立学校
と私立学校で大きな差があるのに対し、それ以外の学用品や通学費用は、そ
れほど差が出るわけではなく、しかも算定表ですでに考慮されています。そ
のため、大きな差となっている学校納付金について義務者と権利者の基礎収
入に応じて按分して計算し、算定表で算出された額に加算する方法も考えら
れます。

　もっとも、いずれの場合も、私立学校の学費が双方の収入からみて不相当
に高額である場合は、按分額の全額を義務者に負わせるのではなく、適宜修
正をする必要があります。

　円滑に合意できるよう、権利者は、ふだんから、子の状況についての情報
を早めに義務者へ提供するよう心がけておきましょう。

　なお、公立高校および私立高校のいずれについても、所得に応じた就学支
援金の制度が整いました。子がその支援金を受領している場合であっても算
定表による額は減額修正すべきではないですが、私学加算の修正を加えるか
を検討する場合には、個別具体的な検討が必要です（養育費研究45頁）。

3　塾や習い事

　習い事や塾費用も、しばしばその負担が問題になります。婚姻中から習い事等に通っていた場合や義務者が同意していた場合のほか、発達障害等により学習補助的に通う必要がある場合など、事案に応じて適切な範囲で義務者が負担すべき場合があります。

　権利者は家計とのバランスを考えて習い事を選び、義務者は塾通いや習い事が一般的となっていることやそれらが子の人生の可能性を広げるものであることも考慮してなるべく協力するようにしましょう。

ⓠ4　養育費の終期

　私は離婚して、14歳の子どもの親権者として養育することになりました。子どもが大学を卒業するまでは子どもの父親に養育費を支払ってもらいたいと考えているのですが、養育費はいつまで払われるものでしょうか。

A　子が未成熟子である間、養育費の支払義務は続きます。ただし、大学生については父母の収入、学歴、職業、義務者の進学についての事前の同意の有無等の事情により異なってきます。

1　未成熟子

　養育費の対象となる子は、「未成熟子」です。「未成熟子」とは、経済的に自ら独立して自己の生活費を獲得すべき時期の前段階にあって、いまだ社会的に独立人として期待されていない年齢にある子をいい（中山直子『判例先例親族法―扶養―』22頁）、一律に何歳までとはっきり法律で規定されているわけではありません。したがって、養育費の終期は個々のケースによることになります。

　なお、未成熟子は未成年子とは別概念で、成人したから直ちに未成熟子ではなくなるというものではありません。また、逆に、未成年であっても、就職して収入がある場合には未成熟子ではないことになります。

　最近は、4年制大学や短期大学、専門学校などに進学することを希望する子が少なくない中、これらの学校卒業時まで養育費の支払いを求めるケースが増えていますが、実際に請求が認められるかについては、親の資力、学歴、職業、社会的地位などの家庭環境等を考慮して判断されています。在学中は未成熟子に該当するとするものが多いとされ（東京高決平18・10・30判時1965号70頁など）、調停や判決でも、終期を「22歳の3月まで」とするものがあります。一方、親の収入が低い場合には、子自身のアルバイトの努力なども

237

必要とし、低めの養育費額とする例もあります。

2　障害等の事情がある場合

大学等へ進学する場合のほかにも、障害等の理由により自立が見込めない場合には、成年に達した後であっても未成熟子に該当するとされる場合があります。

東京高決昭46・3・15家月23巻10号44頁は、長女（抗告審決定時22歳）が生来病弱で再三にわたって入院加療を続け、現在もなお自宅で専ら母親の世話になって療養生活を送っている事案において、とうてい独立して生活を営むに足る能力を具備しないとして未成熟子に該当すると判断しています。

3　成人年齢と養育費の終期

成人年齢は、2020年現在20歳ですが、2018年に民法が改正され、2022年4月1日から18歳に変わります（改正民法4条）。以前は、養育費の合意をする際や判決には、支払いの終期として「子が成人に達する日（又はその日の属する月）まで」と記載することも多かったのですが、最近では後に紛争が生じないよう、「20歳の3月まで」「22歳の3月まで」等や、「○年○月まで」と明確な期日を入れて取り決めるようになっています。

かつて、「成人に達する日まで」と取り決めた合意、審判、判決等については、その終期も当然に変更されるかですが、20歳を成人とする時期に取り決めた合意であれば、2022年4月以降も20歳まで支払義務を負うと解され（養育費研究56頁）、法務省のホームページでも、この点について疑義が生じないよう、Q&Aで説明しています。

また、民法改正の際には、参議院法務委員会で、子どもの養育の重要性を考慮し、「成年年齢と養育費負担終期は連動せず未成熟である限り養育費分担義務があることを確認する」との附帯決議が可決されています（2018年5月9日）。

なお、今後取り決める養育費の終期については、子の大学進学の可能性が

高く、両親の学歴、経済状況などから非監護者に大学卒業までの生活費を負担すべき事情があるとされるときは、「満22歳となった以降の最初の３月まで」、子が幼く将来予測がまだ容易でないケースでは「満20歳に達する日（又はその日の属する月）まで」等とするのが適切です（養育費研究61頁）。成人年齢の引下げは、未成熟子の保護を後退させる趣旨では決してなく、大学等への進学率の高さを考慮すると、「満18歳に達する日まで」とすることは、決して望ましいことではありません。

Ｑ5　養育費の支払確保

> 　離婚する際、夫が子どもの養育費として毎月 5 万円を支払うとの合意をしました。ところが、最近、夫は給料が下がったと言って養育費を支払わなくなりました。養育費を確保するためにはどうしたらよいでしょうか。

　養育費が、離婚判決、調停、審判等によって決められた場合、家庭裁判所の履行勧告や履行命令の制度を利用することができます。また、離婚判決、調停、審判、公正証書等により養育費が決められた場合、これらの債務名義に基づいて、強制執行の手続により、不動産、預貯金や給料等を差し押さえることができます。こうした履行確保の方法は、別居中の婚姻費用についても同じです。

1　履行勧告・履行命令

　離婚判決、調停、審判、調停に代わる審判、調停前の処分（以下、「審判等」といいます）によって養育費が定められた場合で義務者が支払わないとき、審判等をした家庭裁判所は、権利者の申出により、義務の履行状況を調査し、義務者に対して義務の履行を勧告することができます（家事事件手続法289条 1 項、人事訴訟法38条）。この履行勧告は、あくまでも義務者に任意の履行を促すものであり、強制力はありませんが、これにより支払いがなされたり、不払いの事情がわかり話し合いを再開できたりすることも少なくありません。費用は無料で、書面または口頭で申し出ることができます。

　また、審判等によって定められた養育費の支払いを義務者が行わない場合、審判等をした家庭裁判所は、権利者の申立てに基づいて、義務者に対し、相当の期間を定めてその履行を命じることができます（家事事件手続法290条 1 項、人事訴訟法39条）。この履行命令を受けた者が正当な理由なく履行命令に従わない場合、家庭裁判所は過料に処することができます（家事事件手続法

290条5項、人事訴訟法39条4項）。ただし、過料は権利者に対して支払われるものではないため、あまり利用されていません。

2　間接強制

　養育費について、審判等のほか、強制執行受諾約款付公正証書のいわゆる債務名義がある場合、権利者は強制執行の申立てをすることができます。

　強制執行の方法としては、間接強制と直接強制があります。どちらの方法を選択するか、あるいはどちらの方法を先に行うかは権利者が決めることができます。

　間接強制は、義務者に一定の金銭（間接強制金）を権利者に支払うことを命じる方法で、これにより義務者に心理的強制を課し養育費を支払わせるようにするものです（民事執行法167条の15）。義務者が自由業であるため、直接強制により差し押さえるべき財産が把握できないときや、いきなり直接強制を行うと辞職を余儀なくされ収入を失う可能性があり、権利者にとっても不利益が及ぶことが予想されるときなどには、間接強制が適切です。

　もっとも、間接強制は、義務者である債務者に支払能力がないために養育費を支払うことができない場合や、養育費を支払うことにより債務者の生活を著しく逼迫するときは行うことができません（民事執行法167条の15第1項但書）。これらの判断は、債務者の収入、資産の状況、生活の現状等の諸事情に基づいて判断されます（大阪家決平17・10・17家月58巻2号175頁）。また、債務者が債務の全部を弁済する資力を有していないものの、その一部を弁済する資力を有している場合は、間接強制の申立てをすべて却下するのではなく、弁済の資力を有している限度でこれを認めるとされています（婚姻費用についての裁判例ですが、東京高決平26・2・13金法1997号118頁）。

　なお、養育費の特殊性を考慮し、6か月以内に期限が到来する請求権についても間接強制執行を開始することができます（民事執行法167条の16）。

　確定審判で養育費につき月5万円と決められ、10か月不履行を続けているケースで、決定の送達日から10日以内に50万円、決定の月から半年間は毎月

5万円、これらの支払いがないときは1日につき1000円を支払えとする例があります（広島家審平19・11・22家月60巻4号92頁）。

3　直接強制

　直接強制は、債務者の財産を差し押さえてこれを換価し、換価した金銭をもって債権回収を図る方法です。差し押さえる対象財産が不動産や動産の場合は当該財産の所在地を管轄する地方裁判所に、債権の場合は原則として債務者の住所地を管轄する地方裁判所に執行の申立てを行います（民事執行法144条1項）。

　養育費や婚姻費用（以下、「養育費等」といいます）の不払いを理由として直接強制を申し立てる場合、実効性や簡便性を考慮し、義務者の預貯金や勤務先から支払われる給与などの債権を差し押さえる債権執行を行う場合が多いです。

　債権執行においては、請求債権が養育費等の扶養義務に係る金銭債権の場合、権利者である債権者の生計の維持に必要不可欠であることを考慮し、特別な規定がおかれています。まず、差押え可能な財産の範囲が、通常は4分の1とされているのに対し、養育費等の場合は2分の1に拡張されています（民事執行法152条3項）。

　また、通常は支払期限が到来した債権に限り執行することができますが、毎月支払日がくるごとに債権執行の申立てをすることは、権利者にとって負担が大きいため、不履行が1回でもある場合、給与や賃料など継続的に支払われる債権に対しては、まだ支払期限が到来していない将来の養育費についても強制執行をすることができるとされています（民事執行法151条の2）。

　養育費の不払いが多いことから、差押えの代行を検討したり（明石市等）、不払いのときに肩代わりしてくれる保証会社の利用料を補助したりする自治体が増えつつあります。

Ⅳ　面会交流

ⓠ1　面会交流とは

　離婚を見据え、子どもを連れて別居しました。別居後、夫から子ども
との面会交流を求める調停が申し立てられました。面会交流は実施しな
ければならないものでしょうか。また、面会するにしても、方法や頻度
はどのように決めるとよいでしょうか。

Ａ　　父母が別居しても、子にとっては非監護者も親であることに変わ
りはなく、子と非監護者が、円満で継続的な交流をもつことは、一
般的には子の成長にプラスになります。他方、諸般の事情からみて面会交流
をすることがかえって子の福祉に反する場合もあります。子どもの立場に
立って実施の有無や方法・頻度を考えてみましょう。面会について、父母間
では決められない場合には、家庭裁判所の調停で協議することができ、調停
でもまとまらない場合には、家庭裁判所の審判で裁判官に判断してもらうこ
とができます。

1　子どものための面会交流

　面会交流は権利として認められるものか、認められるとしても親の権利か
子の権利か、また、その法的性質がどのようなものかについては、学説では
議論が分かれているところです。一方、裁判実務上は面会交流は子の監護の
ために適正な措置を求める権利であり（杉原則彦「判解（最一小決平12・5・
1）」最判解平成12年度(下)515頁参照）、合意がなされたり確定した審判等で定
まった場合に具体的な権利となると解されています。いずれにせよ、面会交
流は何より子どもの福祉のために行われるものであることについては異論が
ありません。

　親の別居や離婚によって、子どもは多大な影響を受けます。その生活が一

変するのみならず、別居親との日々の交流の機会も失うことになります。

　したがって、別居したり離婚した場合であっても、円満に面会交流を継続することは、子が非監護者からの愛情を感じ続け、自尊感情を保ち、その健全な成長に資するものとして意義があります。

　また、同居時には子どもとの交流が少なかった別居親であっても、別居親と交流することは、子どもにとっては自分が誰の子であるか、ひいては自分が誰であるかを知り、特に思春期にセルフアイデンティティ（自我）を確立していくために重要な意味をもってきます（FPIC かるがも相談室「子どもからのお願い」14頁〈http://www.mhlw.go.jp/file/06-Seisakujouhou-11920000-Kodomokateikyoku/0000183780.pdf〉)。これを裏付けるように、子どもの権利条約9条3項は、「締約国は、親の一方または双方から分離されている子どもが、子どもの最善の利益に反しない限り、定期的に親双方との個人的関係及び直接の接触を保つ権利を尊重する」と定めています。また、このような条約の理念を反映して、民法766条も、父母が協議上の離婚をするときに協議して定めるべき事項として、面会交流を明記し、これを定めるにあたっては、父母は「子の利益を最も優先して考慮しなければならない」としています。

　父母には、子ども自身が適切な判断することができるまで、親とは異なる人格を子どもがもっていること、面会は何より子どもの利益のためのものであることを十分に理解して配慮し、協力関係を構築することができるよう努力することが求められています。

2　面会交流の方法・頻度の取り決め方法

　面会交流の頻度や方法等については、可能な限り父母間で話し合って取り決めましょう。父母双方とも面会交流に肯定的な場合には、取り決めた内容をわざわざ書面化しないケースも少なくありません。しかし、そのような場合でも、離婚後には再婚ほか双方に大きな事情の変化が起きうることを考慮して、簡単なものでもいいので合意を書面化しておくとよいでしょう。

　一方、離婚後に父母間でやりとりすることが容易でないケースでは、都度

協議しなくていいようにある程度具体的に取り決めて書面化しておきましょう。特に、子どもが幼い場合には、日時、頻度、場所、子の受け渡し方法、変更がある場合の連絡方法などを明確な形にして定めておきましょう。夏休みや年末年始などに、泊まりがけの面会を行う例もあり、宿泊によって親密な交流を維持することができ有意義です。そして、何より子どもの希望や都合が優先であること、無理に行われることがあってはならないこと、両親が離婚後もしこりを残していがみ合いを続けたり、子どもの前で口論したりすると、子どもは安心して面会交流に臨めなくなることなどに留意する必要があります。

　合意書のひな型がホームページなどで公開されていますので、参考になさってください（法務省「子どもの養育に関する合意書作成の手引きとQ＆A」〈http://www.moj.go.jp/MINJI/minji07_00194.html〉参照）。

　また、面会をすることに迷いや不安があるようでしたら、面会交流支援機関などが実施している親ガイダンス等に参加してみてはいかがでしょうか。

3　家庭裁判所の調停における面会方法および頻度の取り決め

　話し合いでは合意できない場合、家庭裁判所の調停・審判手続を利用することができます。

　近時の調停実務においては、「面会交流は基本的に子の健全な育成に有益なものであるとの認識の下、その実施によりかえって子の福祉が害されるおそれがあるといえる特段の事情がある場合を除き、面会交流を認めるべきであるとの考え方が定着している」ともいわれてきました（進藤千絵ほか「離婚後の子どもをめぐる紛争の解決」安倍嘉人＝西岡清一郎監修『子どものための法律と実務』98頁）。面会交流によってかえって子の福祉が害されるおそれがあるとされる事情については、本章Ⅳ Q 5を参照してください。

　もっとも、上記の特段の事情がなければ、原則、面会交流を認めるべきという面会交流原則論を硬直に適用すると、父母が別居に至った経緯、子と親

の関係等の諸事情から、かえって子どもの福祉に反する場合も生じえます。実際、夫婦間の問題を積み残して父母の関係が相当に険悪なまま、あるいは子どもが拒絶的なまま、無理に決めた調停合意や命令により、子どもにとって苦痛で酷な面会となっているケースがあるといった指摘もなされています（榊原富士子＝池田清隆『親権と子ども』129頁ほか）。

　そのため、最近の裁判例には、こうした批判も意識しつつ、「諸般の事情に応じて面会交流を否定したり、その実施要領の策定に必要な配慮をしたりするのが相当である」（東京高決平29・11・24判時2365号76頁）として慎重に無理のない実施要領を定めるものが出てきました。

　最近の家庭裁判所の実務では、まずは、子の福祉の観点から、面会交流の実施がかえって子の福祉を害するといえる特段の事情（面会交流を禁止・制限すべき事由。本章Ⅳ Q 5 参照）があるか否かを検討したうえで、次に面会交流の阻害事由（当事者間の感情的対立などを含む実施を妨げる事情）があるか否かを具体的な事案に即して個別に検討し、同居親の不安を払しょくしつつ同居親と別居親の信頼回復や協力関係の構築に向けて働きかけることで、面会交流を制限すべき事由と阻害する事由を解消させ、子どもがなるべく両親間の紛争の影響を受けることなく安心して面会交流に臨めるように調整すべきという方向性が示されています（片岡武ほか『実践調停　面会交流』 4 頁〜 5 頁）。

　面会交流の実施に際して、同居親や子どもの不安等が強い場合には、調停の段階であっても、家庭裁判所調査官による同居親・別居親の意向調査や双方への働きかけ、同居親の不安を解消するような具体的条件のきめ細かい調整、期日間の試行的面会交流などが利用されることもあります（進藤千絵ほか「親と子の面会交流」安倍＝西岡監修・前掲103頁〜106頁）。

　他方、別居親から子どもの生活状況に配慮を欠いた面会交流の方法が主張されたり言動がなされたりしている場合には、家庭裁判所調査官の調査により子の客観的な生活状況や心情等の把握などがなされ、これを踏まえて双方当事者に方法等の検討を求めることもあります。

　このような調整を経て当事者間で合意した内容を記載した調停調書には確定審判と同じ効力があります（家事事件手続法268条1項）。その履行確保の可否・方法については、本章ⅣQ3を参照ください。

　調停条項は、ケースによって、ざっくりとした条項にして都度の協議の余地を残すもの（【調停条項例3】）や、ある程度こまかく取り決めその後の協議をなるべく不要とするもの（【調停条項例4】）があります。なお、取り決めた日時での面会が急に困難となった場合の連絡方法（ファクシミリ、電子メール、SNSの利用など）も、書面化しておくことが望ましいです。さらに、当面、直接の面会が困難であったり、面会が子どもの福祉に支障を及ぼすような場合には、手紙のやりとりや写真の送付を通じて、別居親と子どもの間接的な交流を促す方法も考えられます。

【調停条項例3】　面会交流①

　申立人は、相手方が、当事者間の長女○○（令和○年○月○日生）と、月1回程度の面会交流をすることを認める。その具体的日時、場所、方法については、子の福祉を考慮して、当事者間で協議して定める。

【調停条項例4】　面会交流②

1　申立人は、相手方が、当事者間の長男○○（令和○年○月○日生）と、毎月第1及び第3日曜の午後1時から午後5時まで面会することを認める。
2　当事者双方は、1項の面会日につき、やむをえない事情により実施が困難となった場合には、可能な限り速やかに、電子メールまたは電話によって他方に連絡し、代替の日時を協議して定める。代替の日時は、原則、当初の予定日の翌日曜の午後1時から午後5時まで、とする。
3　当事者双方は、子の受け渡し場所を、○○駅の駅上の喫茶店「○○」とする。
4　当事者双方は、子の福祉に最大限配慮しつつ面会交流を実施するものとする。

4　審　判

　調停で話し合いがつかず調停不成立となった場合には、調停は自動的に審判手続に移行し、裁判官が審判により面会交流の可否や方法等について定めることになります（家事事件手続法154条3項）。審判に移行する事案は当事者間の葛藤の高いケースがほとんどですので、審判で面会が命じられる場合には、面会の日時、受け渡し方法、やむをえない理由による日程変更の場合の連絡方法等について、明確かつ詳細に決められることが少なくありません。

【審判における別紙実施要領の例】（東京高決平29・2・8家庭の法14号79頁）

1　月1回　第1日曜日　午前11時から午後4時まで
2　抗告人は、1の面会交流開始時間に、△△駅の改札口において、抗告人又は抗告人の指示を受けた第三者をして相手方に未成年者を引き渡す。
3　相手方は、1の面会交流終了時間に、△△駅の改札口において、抗告人又は抗告人から事前に通知を受けた抗告人の指示する第三者に対し、未成年者を引き渡す。
4　当事者や未成年者の病気や未成年者の学校行事等やむをえない事情により、上記日程を変更する必要が生じたときは、上記事情が生じた当事者が他方当事者に対し、速やかにその理由と共にその旨を電子メールによって通知し、相手方及び抗告人は、未成年者の福祉を考慮して代替日を決める。

5　祖父母との面会交流

　祖父母との面会交流については、父母との面会交流とは異なり、双方の親の合意がある場合は別として、離婚に際して必ず取り決めなければならない事項とはされていません。

　特に、祖父母の過干渉が夫婦関係破綻の一因となった事案の場合には、祖父母と子ども（孫）との面会交流の提案が、別居親との面会交流を一層困難にする要因にもなりかねないので、そのような場合には、まずは、親子の面

会実現を優先的に検討すべきでしょう。

　一方、共働きも多くなっている近時は、婚姻中から祖父母が子どもの養育に深く関与していた事案も少なくなく、子どもと祖父母との間に精神的な結びつきがしっかりつくられている場合も稀ではありません。祖父母との交流が子どもの成長や心の安定に有益な場合も多いので、そのような場合には、父母も子どもの心情に配慮し、祖父母との面会の実施を前向きに検討しましょう。父母間では面会の際の子どもの受け渡しがうまくできない場合に、祖父母が間に入ってやりとりを円滑にしてくれたり、幼い子どもが宿泊付きで別居親と過ごす場合には、祖父母のサポートがあることによって面会が安定する場合もあります。

Ⓠ② 面会交流と子どもの意思

> 妻は子ども（9歳）を連れて出て別居し、近くにある妻の実家で祖父母と暮らすようになったのですが、その後、子どもは自分自身で私の家に戻ってきて、妻方に行くのを強くいやがるようになりました。しかし、妻は子どもとの面会を求めてきます。私自身は面会交流に特段反対ではないのですが、どうすればよいでしょうか。

Ⓐ　子どもが面会を拒んでいる場合、直ちに面会交流が不要あるいは望ましくないと結論づけるのではなく、その背景事情や子どもの真意をよく確認してみましょう。そのうえで、子どもの気持ちの障害になっているものを、まず、双方の親の工夫や努力によって根気強く取り除くようにしましょう。親どうしの関係が少しよくなると面会を子どもが望むようになる場合もあります。隠れた虐待があったなど深刻な事情がある場合には、しばらく直接の面会を控えたほうがいい場合もあります。

1　子どもの意思

　面会交流の法的性質については諸説あるものの、それが、基本的に子どもの利益のためのものであることは誰も否定しません。

　別居親との面会が、子どもの最善の利益に反しないものか否かは（子どもの権利条約9条3項参照）、両親を中心とする関係する大人が、当該子どもの最善の利益（同3条）に照らして、考えていく必要があります。

　この子どもの最善の利益につき、国連子どもの権利委員会一般的意見14号「自己の最善の利益を第一次的に考慮される子どもの権利（第3条第1項)」では、評価する際に考慮されるべき要素として、①子どもの意見、②子どものアイデンティティ、③家庭環境の保全および関係の維持をあげています。

　さらに、子どもの権利条約12条1項は「締約国は、自己の意見を形成する能力のある児童がその児童に影響を及ぼすすべての事項について自由に自己

の意見を表明する権利を確保する。この場合において、児童の意見は、その児童の年齢及び成熟度に従って相応に考慮されるものとする」としています。

　つまり、別居親との交流という子ども自身に影響を及ぼす事項について、子どもは、意見を表明し、その意見は、子どもの年齢および成熟度に従って相応に考慮される権利を保障される必要があります。

　こうした観点からは、自分の意見を述べる力がついた子どもが面会を拒否していれば、それを尊重すべきようにも思えます。

　もっとも、両親の離婚に直面した子どもの心情は複雑です。父母の確執の板挟みになると葛藤にさらされる場面にはいたくないと思う気持ちが起きるのは当然のことです。また、別居親から捨てられたと感じる経験をした子どもは、唯一すがる先となった同居親からは捨てられまいとして、過度に同居親の気持ちに同化することもあります[1]。同居親の気持ちに必要以上に配慮して自分の気持ちを抑え込んだことが、成長してから、別居親の過度の理想化、同居親への反発・反動という形で問題が表面化することもあります（NPO 法人 Wink 編『離婚家庭の子どもの気持ち』45頁〜50頁）。子ども自身がのちに別居親を切り捨てたことで苦しむこともあるかもしれません。

　こうした状況もありうることを踏まえると、子どもが表面的には別居親と面会をしたくないとの意向を述べている場合でも、それを直ちに言葉どおりに捉えるのではなく、まずは、子ども自身が、自分の気持ちや悩みを率直に大人に話すことができる環境を整えてあげることが、親としての義務ともいえます。

　父母双方が、子どもに対して、ありのままの子ども（他方親への思慕をもっているという点も含め）を無条件に愛していること、そして、子どもの率直な心情を受け止める用意があることを、子どもに理解してもらえるような

1　父母の離別や紛争を経験する子どもの心理については、公益社団法人家庭問題情報センター　厚生労働省委託調査研究事業「親子の面会交流の円滑な実施に関する調査研究報告書」71頁以下参照。〈http://www.mhlw.go.jp/file/06-Seisakujouhou-11920000-Kodomokateikyoku/0000183777.pdf〉

子どもにもわかる言葉で説明することがとても大切です。もし、子どもが親には話しにくいのだろうと推察される場合には、子どもが話しやすい大人、たとえば、子どもが通う学校のスクールカウンセラーやスクールソーシャルワーカーなどに相談することや、子どものための相談窓口などを利用できるように教えてあげることも考えられます。

　そのように配慮したうえで、子どもが、どうしても面会したくないと述べ、その意向を父母双方が尊重し、当面面会をしないことにしたとしても、同居親としては、子どもの気持ちが変われば、いつでも別居親と会うことができるよというシグナルを伝え続けてあげましょう（NPO法人Wink編『Q＆A親の離婚と子どもの気持ち』91頁～95頁）。

　他方、子どもが面会を拒否し続け、それを別居親が受け入れない場合には、次項で述べるように、調停・審判手続において、面会交流を行うか否か、行うとすればどのような方法で行うかを決めていくことになります。

　いずれにせよ、父母双方は、夫婦の問題である離婚とは切り離して、子どもに対する父母の責任として、子どもが、どのようにすれば両親の離婚のダメージを乗り越えられるのかを、ありとあらゆる手段を尽くして検討・支援すべき責任を有しているということを、念頭においておきましょう。

2　調停・審判手続における子どもの意思の配慮

　両親の協議によっても面会交流について合意ができない場合には、家庭裁判所において調停あるいは審判という方法により、決めていくことができます。

　2011年、家庭裁判所における手続について家事事件手続法が定められました。その中では、面会交流など子ども自身が影響を受ける事件については、上記の子どもの意見表明権（子どもの権利条約12条）に配慮する制度がもうけられています。

(1)　子どもの意思の把握と考慮

　子どもが15歳未満であっても、家庭裁判所は、面会交流が問題となる事件

については、子どもの陳述の聴取、家庭裁判所調査官による調査その他の適切な方法により、子どもの意思を把握するように努め、審判をするにあたり、子どもの年齢および発達の程度に応じて、その意思を考慮しなければならないとされています（家事事件手続法65条・258条1項）。

　家庭裁判所調査官は、子どもの年齢が高い場合には、調停の目的等をきちんと説明したうえで、子どもが監護者または非監護者に期待していること、求めている関係などをなるべく具体的に探ります。子どもの年齢が低い場合には、直接意向を確認することが困難ですので、生活状況を全体に調査し、子どもの状態を観察することで、面会交流が可能かどうか、実現のために必要な配慮を考慮する材料を収集します（秋武憲一『離婚調停〔第3版〕』204頁〜205頁）。

⑵　子どもの陳述聴取

　子どもが家庭裁判所の手続への参加までは望まない場合でも（「参加」については本章ⅡQ2〜Q3参照）、面会交流に関する調停・審判事件においては、15歳以上の子どもの陳述を聴取しなければならないとされています（家事事件手続法152条2項）。

　この聴取は通常、家庭裁判所調査官による調査、高校生など年齢の高い子については、書面による陳述、書面照会などですませることも少なくありません。

3　調停・審判における子どもの意思の扱い

　調停や審判において、子の意思がどのように考慮されるかは、年齢によって異なります。事案によって異なるもののおおむねの傾向としては、次のとおりです。中学生以上になっていれば十分判断能力があると思われます。現実問題として、中学生の段階では、子ども自身が自分で生活を律していくようになっており、面会の実施あるいはその予定を大人の意に無理に従わせることは困難ですので、子の意向は尊重される傾向にあります（和田仁孝＝大塚正之編著『家事紛争解決プログラムの概要』142頁）。他方、小学生以下の学

童期は、ある程度の判断能力が認められる一方で、父母間の忠誠葛藤にとらわれがちという特徴もありますので（前掲注1・79頁～81頁）、家庭裁判所調査官が調査する場合もその真意の調査は表面的に言葉に表れるものだけによるのではなく慎重に行われています。さらに就学前の乳幼児期の子どもの場合は、判断能力は不十分ですので子の気持ちどおりになるわけではありませんが、どんなに幼くてもその心情を大切にしながら解決を図ることが必要です（片山登志子＝村岡泰行編『代理人のための面会交流実務』105頁～106頁参照）。

　もっとも、子どもの判断能力やその発達の程度は、子どもによっても個人差がありますし、背景事情もさまざまですので、画一的な年齢で区別することは適当ではありません。

　また、この点、子の引渡し請求事件に関してではありますが、「意思能力ある子に、人身保護請求における被拘束者として、請求者と拘束者のいずれを監護者として選ぶかについて選択をさせることが正当化されるためには、当人がその能力を発揮すれば現在の自己の境遇を認識し、かつ将来を予測した上、社会的、客観的にみて適切な判断に到達できる蓋然性が肯定される状況にあることが必要であると考えられるから、その前提として、右選択に必要な情報が提供されていることが必要であ」るとされていることが参考になります（田中壮太「判解（最二小判昭61・7・18）」最判解昭和61年364頁参照）。

　つまり、当該子どもによる意思決定がその自由意思に基づくものといえるか否かを判断するにあたっては、基本的に、当該子が、その判断に必要とされる多面的、客観的な情報を十分に提供されているか、監護者が当該子に対して不当な心理的影響を及ぼされていないか、などといった点が十分に検討されるべきということになります。

　かかる観点に照らせば、面会交流の実施の可否につき、判断能力があるとされる子どもの意向を尊重するとしても、その前提として、子どもに対し、偏りのない情報をきちんと提供する方策が講じられているということが重要となりますので、この点、双方の親およびその代理人は、十分に配慮する必要があるといえるでしょう。

Ⓠ❸　面会交流が実施できないときの手続

> 　1年前、妻が子ども（5歳）を連れて出て別居しました。私から面会交流の調停を申し立て、3か月前に、月2回の面会を認めるとの調停が成立しました。ところが妻は、子どもが熱を出した、子どもがいやだと言っているといっては直前でキャンセルしてくるため、いまだに面会が実現しません。
>
> 　取り決めた面会を実現させるためには、どのような手段があるでしょうか。

Ⓐ　まずは、履行勧告の申出をすることが考えられます。それでも、面会に応じてもらえない場合、強制執行の手段が利用できるか否かについては、あなたが合意した調停条項の内容によります。ただし、強制的な手段をとることによって、父母の関係が強くこじれ、ますます面会実現が遠のくおそれもありますので、再度、面会交流の調停を申し立て、何が面会の障害になっているのかを第三者を交えて探り、解決に向けて話し合うことが現実的と思われます。

1　履行勧告

　履行勧告とは、家庭裁判所審判や調停で定められた義務の履行状況を調査し、義務者に対して義務の履行を勧告するものです（家事事件手続法289条1項・3項）。履行勧告の申出は、口頭（直接）または電話のどちらでも可能です。

　家庭裁判所で扱う義務の履行の場合、自発的に履行するよう導くケースワーク的な性質があることから、家庭裁判所調査官に義務の履行状況の調査および履行勧告をさせることができるものとしています。

　しかし、強制力がないため、相手方が勧告に応じなければ、面会の実現は

難しく、そのほかの手続によらざるをえないことになります。

2　再調停

　父母双方では面会交流につき協議が整わない場合には、家庭裁判所における調停や審判といった手続を利用できることは第3章で述べたとおりです。

　もっとも、後記最高裁決定（最一小決平25・3・28）も示しているように、「面会交流について定める場合、子の利益が最も優先して考慮されるべきであり（民法766条1項参照）、面会交流は、柔軟に対応することができる条項に基づき、監護親と非監護親の協力の下で実施されることが望ましい」というのが、裁判所の面会交流に対する基本的な考え方です。

　そのため、調停においては、面会交流の大まかな頻度のみが決められ、「面会交流の日時方法は当事者が子どもの福祉に配慮して、当事者双方が協議のうえ決定する」など、子どもの予定や体調等に配慮して柔軟に対処できるような条項を加えることが少なくありません。

　この最高裁決定により、後掲3のような間接強制を実施するためには面会交流の義務の内容が明確となっている債務名義が必要とされたため、前記のような柔軟な調停条項の場合は、直ちに間接強制ができるわけではありません。

　そのため、前掲1の履行勧告によっても面会が実現できない場合には、通常は、再度調停を申し立てることが必要になります。

　現実的にも、強制執行が可能となるような調停条項が取り決められていたり、あるいは審判で命じられたとしても、後記のとおり、強制執行が認められない場合もあり、また、仮に強制執行が認められてもそれが必ず面会実現に結びつくとは限りません。

　それよりも、再調停の中で、何が面会実現の障害となっているのか、原因を特定し、その原因を取り除く方法を監護者・非監護者双方で協議し、模索するというのが、面会実現への最も着実な道すじといえます。

3　間接強制

⑴　間接強制の要件

　調停、審判、判決や和解によって決められた面会の履行がなされない場合、履行を促すために、調停・審判に従わない場合には1日いくら支払えという間接強制金の支払いを履行義務者に命じる間接強制（民事執行法172条）という方法があります。間接強制は民事執行法の認める強制執行方法の1つです。金銭支払いの義務とは異なり、面会はその性質上、直接強制する法的な方法はありません。

　間接強制については、3つの最一小決平25・3・28（平成24年(許)第48号民集67巻3号864頁、平成24年(許)第41号裁判集民243号261頁、平成24年(許)第47号裁判集民243号271頁）により、

① 面会交流の日時または頻度

② 各回の面会交流時間の長さ

③ 子の引渡しの方法等

が具体的に定められているなど、同居親がすべき給付の特定に欠けることがないといえるときは、面会交流について定めた審判や調停調書に基づいて間接強制の決定をすることができることが示されました。さらに、第三者機関を利用することにより、子の受け渡しが想定されていた事案においては、引渡し場所などが具体的に明記されていなくても、給付義務の特定に欠けることはないとして間接強制が認められた例もあります（東京高決平26・3・13判時2232号26頁）。

　しかし、一般的には、調停条項の内容は、当事者が、子どもの福祉の観点から、子どもの予定や体調等に配慮して柔軟に対処できるような条項となっており、直ちに間接強制ができるようなものとなっていないことが多いです。そこで、このような場合には、いきなり間接強制の申立てをするのではなく、前記のとおり、再調停が必要になります。

　なお、例外的に、間接強制が可能な条項の調停・審判の必要性が検討され

る場合としては、次のような場合があげられています（中野晴行「面会交流
の間接強制の可否に関する最高裁決定をめぐる考察」ケース研究320号56頁など）。

　①　すでに調停・審判等において面会交流が認められたものの、それらの
　　　条件では面会交流が実現できず、あらためて調停・審判が申し立てられ
　　　た場合（「再調停・審判型」）
　②　面会交流を禁止・制限すべき事由が認められないのに、監護者が面会
　　　の実施を強く拒否している場合（「面会拒絶型」）
　③　監護者が調停に出頭しない場合や家庭裁判所調査官による事実の調査
　　　に応じない場合（「手続非協力型」）

　①にあるように、従前の調停・審判で面会交流の実施ができず、再調停に
なった場合には、求められる義務の内容が明確に合意された調停調書や審判
書となる可能性は高くなるものと思われます。

　もっとも、同類型に該当する場合であっても、非監護者の面会交流の内容
についての希望や子の年齢、これまでの面会交流の実績、非監護者と子の関
係、非監護者の言動等によっては、間接強制可能な審判をしないことが相当
な場合もあるという見解もあります（田端理恵子＝齊藤敦「間接強制可能な面
会交流審判の実情と留意点」判タ1432号 8 頁）。

　また、面会義務の内容が明確に特定され、間接強制が可能な調停条項や審
判があったとしても、必ずしも間接強制が認められるわけではありません。

　大阪高決平29・ 4 ・28判時2355号52頁は、家庭裁判所の調査官調査時に満
15歳であった未成年者が面会交流を拒否する意思を明確に表明していた事案
につき、面会交流に子の協力が不可欠であるところ、高校にも進学している
未成年者に面会交流を強いることは、未成年者の判断能力ひいては人格を否
定することになり、かえって未成年者の福祉に反するとして、履行不能と判
断しています。

　現実には、間接強制がもし認められれば、同居親の元にいる子どもの生活
状況や別居親に対する心情をも悪化させるおそれがあることなどをも踏まえ
て、間接強制を実施するか否かを慎重に検討しましょう。

⑵　間接強制の実施方法および金額

　間接強制の申立ては、審判、判決、和解に基づく場合は第一審の家庭裁判所、調停に基づく場合は調停が係属した家庭裁判所に対して行います（民事執行法172条6項・171条2項・33条2項2号・6号）。

　間接強制金の額は、債務者（同居親）・債権者（別居親）双方の面会実現に向けた姿勢、債務者の収入、債権者が支払っている養育費の額などが考慮されて定められており、1回の不履行にあたり、3万～5万円程度の例が多いようです。

　比較的最近の例で多額のものとしては、面会交流不履行の間接強制金として、原決定が、不履行1回につき100万円の間接強制金を定めたのに対し、抗告審が、従前の経緯や同居親の主張から同居親に対し少額の間接強制金の支払いを命ずるだけでは面会交流の実現が困難であると解されること、同居親の年収等、その他本件に表われた一切の事情を考慮すると100万円は過大であることなどから、間接強制金を不履行1回につき30万円に変更した事例（東京高決平29・2・8家庭の法14号75頁）、同居親が別居から約3年間、面会交流を原決定による強制金の支払いを命じられるまで拒否し続けたことから、同居親に面会交流を継続的かつ確実に履行させるため、強制金の額を、同居親の年収や別居親が同居親に対して支払うべき婚姻費用分担金の金額（月額21万円）などの事情に照らし、不履行1回につき20万円と判断された事例（大阪高決平30・3・22判時2395号71頁）などがあります。

4　損害賠償請求

　同居親が調停条項や審判で定められた面会交流を実施しない場合に、面会交流権を侵害する違法行為として、別居親が損害賠償請求をする例もあります（横浜地判平21・7・8家月63巻3号95頁、同控訴審東京高判平22・3・3家月63巻3号116頁でも維持、熊本地判平27・3・27判時2260号85頁、ただし同控訴審福岡高判平28・1・20判時2291号68頁では損害賠償請求否定・確定）。

　しかし、両親間での訴訟は、双方の感情的対立をさらに高め、面会実現と

いう目的の達成からはますますかけ離れていくことが想定されるため、提訴
は慎重に検討する必要があります。

5　親権者の変更

　調停条項に基づく非親権者（父）と子どもの面会交流が履行されないこと
を理由に、子どもの親権者を非親権者（父）とし、監護者を元親権者（母）
と指定した審判例もあります（福岡家審平26・12・4判時2260号92頁）。
　しかし、この件は、もともと別居中も父が母と交代で子の監護にかかわっ
ていた事案であり、この審判に至る前に、面会交流の履行に向けて、調停、
履行勧告、面会交流支援機関の利用など、面会実施に向けてとりうる手段を
尽くしてきており、ほかに面会交流が実現しない現状を改善する手段が見当
たらないことが、その理由としてあげられています。
　この審判に対しては、親権者と非親権者の関係性が、高葛藤状態にあり協
力関係が築きえない中で、親権監護権の分属という解決方法が、子の最善の
利益という観点から、実際の問題解決の方法となりうるかについては、批判
的な指摘もなされています（梶村太市「判批」リマークス53号113頁など）。

6　結　論

　上記のとおり、面会交流の履行確保の手段はいくつかあるものの、現実に
は、それらによって面会交流を実現することは困難であるばかりか、間接強
制や損害賠償請求などは、結果的に子どもの生活の質を低下させることにつ
ながり、子どもの福祉の観点からも疑問が残ります。このような実情がある
ため、なるべく早期に、任意の面会交流の実施が期待できる調停段階におい
て、根気強く柔軟な調整をすることが、きわめて重要です。

ⓠ4　面会交流と支援機関のサポート

夫のたび重なる暴力が原因で離婚し、私が子ども（5歳）の親権者になりました。子どもは父親をこわいと思う反面、慕ってもいるため、子どもとの面会は続けてほしいと考えています。しかし、私自身は元夫と会ったり声を聞いたりすると思うだけでどきどきしてきてつらく、子どもの受け渡しをすることはおよそ困難です。私が元夫と会わずに、子どもと元夫との面会交流を実現する方法はないでしょうか。

　面会交流を支援する機関を利用することが考えられます。

1　面会交流支援機関とは

　面会交流の支援機関（以下、「支援機関」といいます）とは、当事者間の葛藤が高いなどの事情から当事者のみでは別居親と子どもの面会交流を実施することが困難な場合に、当該当事者の間に入って、面会交流の実施を支援する機関です。民間機関として、公益社団法人家庭問題情報センター（通称「FPIC」）が有名ですが、2011年の民法改正後、全国で支援機関の立ち上げが相次いでいます（二宮周平編『面会交流支援の方法と課題』77頁～78頁）。

　団体の構成員として、元家庭裁判所調査官や弁護士など家庭裁判所関係者を中心とするもの、心理・保育・福祉関係者を中心とするもの、元・現当事者を中心とするものなどがあります（二宮編・前掲78頁）。

　全国の面会交流支援機関を紹介したホームページとして、〈http://menkaikouryu.fvsnet.org/map.html〉などが参考になります。

　また、利用者についての収入制限はありますが、厚生労働省の母子家庭等就業・自立支援事業の一環として、無償の面会交流支援事業を実施している自治体もあります。2018年現在、千葉県、東京都、熊本県、静岡市、浜松市、北九州市、高松市、明石市の8つの自治体がこの事業を実施しています。

　たとえば、東京都では、①中学生までの子がいる、②同居親が都内に住所を有している、③双方の親の間で面会交流実施についての合意がある、④同居親または別居親のいずれか一方が児童扶養手当受給相当の所得水準であり、かつ他方の親が児童育成手当（東京都独自のひとり親家庭への手当）受給相当の所得水準である、⑤子の連れ去り、配偶者間暴力などのおそれがないこと等の条件を満たせば、無料で原則月 1 回、支援開始月より 1 年間の面会交流支援を受けられます。また、明石市のように、厚生労働省の定める支援の条件（月 1 回、期間は 1 年間）を超えて支援が必要なケースについても、市の予算により援助の範囲を広げている自治体もあります。

2　支援の形態

　支援機関による面会交流の支援の形態には、次のようなものがあります。
① 　連絡調整型：両親が相互に連絡をとり合うことが困難な場合に、代わりに双方に連絡をとって、面会の日時、場所等の調整をするもの。
② 　受け渡し型：面会交流の日時、場所の調整とともに、援助者が子どもの受け渡しをするもの。
③ 　付き添い型：別居親と子どもとの面会の場に援助者が付き添うもの。
④ 　短期援助：当事者が面会を試行するため、1 回～数回の援助を行うもの。
⑤ 　その他：
　ⓐ 　遠足、キャンプ等の実施
　ⓑ 　プレゼント・写真等の受け渡しなど間接交流支援
　ⓒ 　相談
　ⓓ 　養育支援など（二宮編・前掲79頁）
　②の受け渡し型や③の付き添い型の場合、一般に、支援機関では、父母が顔を合わせることのないように、子どもを連れてきた同居親の退出時間と別居親の入室時間に時間差を設けるなどの配慮をしています。
　子どもに対する加害のおそれがなく、子どもが単独で別居親と一定時間過

ごせる年齢に達しているような場合には受け渡し型で足りるでしょう。

　さらに子どもが単独で別居親のところに行ける年齢に達すれば、①の連絡調整型で日時場所だけを調整してもらえばよいかもしれません。

3　利用方法

　父母が支援機関を利用することについておおむね合意ができたら、自分たちのニーズに合致する支援機関を探します。

　支援する子どもの対象年齢を決めている団体、利用に先立ち双方の事前面会を要する団体など、それぞれ方針や特徴もありますので、ホームページなどで事前によく情報収集し確認しましょう。

　機関によっては、利用期間を1年間に限るなど制限をしている場合もありますので、自分たちが自立して面会交流ができるようになるまでにどの程度の期間が必要かといった観点も、支援機関選定にあたり考慮しましょう。

　近隣に支援機関がなく、遠方の機関を利用せざるをえない場合には、子どもの負担、往復の交通費や宿泊費などの費用負担が、面会交流の回数に影響することもあると思われますので、どの支援機関を利用できるか、きちんと情報を得て確認してから、面会の方法・頻度などを決める必要があります。

　支援機関利用にあたり、子どもに他方の親の悪口を言わない、同意なく金品をあげない、面会時間を守るなど、当事者が守るべきルールを定めていることが一般的ですので、その内容も確認しておきましょう。

　なお、支援機関を利用する費用負担をめぐってのトラブルは起こりがちです。支援機関利用のための費用や交通費等の負担割合についても、あらかじめ取り決めておくべきです。

4　合意およびその後の手続

(1)　合意の確定

　支援機関から支援の内諾を得たうえで、支援機関の支援を利用すること、利用する支援の方法、面会の頻度、費用負担などにつき、当事者間で合意を

します。

　面会の日時などは、支援機関の都合もあるので、面会の頻度のみを決めておき、具体的な日時場所は、支援機関の調整にゆだねることが少なくありません。

　合意書や調停調書にはたとえば【調停条項例5】のように、第三者機関の支援を受ける条項を入れます。

【調停条項例5】　面会交流③

　甲は乙が子と○か月に○回程度面会することを認め、その日時・場所・方法については、第三者機関の付添型援助を利用して、第三者機関の指示、助言に従って、子の福祉に配慮し、当事者双方で協議して定める。第三者機関の利用にかかる費用は甲及び乙が折半して負担する。

（注：費用の負担割合、負担金額を記載する場合もあります）

　調停不成立の場合には審判に移行しますが、この場合も面会の頻度、時間を定めたうえで、「第三者機関の立会いの下、面会交流を行うことを認めなければならない。」と、支援機関利用を前提とする審判が出されることもあります。

　支援機関を利用する方法による面会交流の審判で、面会交流の日時、頻度および面会交流の長さは明示されているものの、子どもの引渡し方法についての具体的な日時、場所は明示されていなかった事案につき、履行しなかった場合に間接強制が認容された決定もありますので（東京高決平26・3・13判時2232号26頁）、調停等で合意をする場合も、きちんと履行する覚悟が必要です。

(2)　合意後の手続

　支援機関を利用する合意ができたのであれば、合意後速やかに合意内容を支援機関に送ります。

　一般的には、支援機関が両当事者に連絡をとり、具体的にいつ、どこで面

会交流を行うのかについて調整してくれます。あなたが直接相手とやりとり
する必要はありません。

　支援機関から支援の了承を得るにあたり、DV 被害等の懸念があれば事前
にきちんと伝えておくべきですが、支援開始にあたっても、あらためて、自
身の心配事については、支援機関に伝えておくとよいでしょう。

(3)　自立・再調整等

　支援機関の支援を得るうちに、やがて当事者が自信をつけ、自主的に自分
たちだけで面会交流の調整ができるようになっていく、すなわち自立してい
くことを、多くの支援機関は目標にしています（二宮編・前掲80頁〜81頁）。

　父母が面会交流についてきちんとやりとりできることは、子どもに対して、
たとえ離婚をしても、子どものことについては一緒に協力して考えられると
いう姿勢を具体的に示すことにもなるでしょう。

　他方、子どもの成長に伴い、従前の面会交流の頻度などが子どもの生活に
合わなくなってくる場合もあります。そのようなときには、調停等で再度面
会の方法を調整する必要があります。

⑤　面会交流の禁止・制限事由

夫からの暴力が続いたため、子どもとともに別居し、DV 防止法によるはいかい禁止の保護命令を受けました。禁止されたのは私へのはいかいであり、子どもに対してではありません。夫は子どもとの面会を強く求めてきますが、子どもはまだ 5 歳なので、面会には私が連れていかざるをえません。このような場合でも面会交流を断ることはできないのでしょうか。

A　現在の家庭裁判所の調停・審判実務では、監護者が強く面会を拒否している場合に、面会がかえって子の福祉が害されるおそれがある特段の事情があるか、つまり面会交流の禁止・制限事由があるかを見極めつつ、そのような事由がない事案については、監護者の不安や懸念を払しょくできるよう粘り強く調整を行うという方針をとっています。あなたの場合には、夫からの暴力が続いていたとのことですので、特段の事情が認められる可能性があります。ただし、保護命令が出ているケースでも面会交流を認める審判例もありますので、詳しい事情を弁護士等の専門家に話して相談なさってください。

1　面会交流の禁止・制限事由

今日の家庭裁判所の実務では、非監護者と子との面会交流が基本的に子どもの健全な育成に有益なものであるとの認識の下、その実施によりかえって子の福祉が害されるおそれがあるといえる特段の事由が認められない限り、面会交流の実施に向けて調整を進めることという方針がとられています（水野有子＝中野晴行「第 6 回　面会交流の調停・審判事件の審理」東京家事事件研究会編『家事事件・人事訴訟事件の実務』192頁等）。

その面会交流を禁止・制限すべき具体的事由として監護者から主張される事由について、現在の家庭裁判所における方向性の概要は、次のようなもの

です（水野＝中野・前掲193頁～196頁）。なお、これらは禁止・制限が主張される典型的な事情であり、これ以外にもさまざまな特別事情がありえます。

⑴　非監護者による子の連れ去りのおそれ

面会交流時の連れ去りは、現在の生活環境から子どもを引き離すこと等による精神的ダメージを子に与える可能性が高く、子の福祉を害するため、連れ去りのおそれがあることは面会交流を禁止・制限すべき事由の１つと解されています。ただし、過去に連れ去りがあったとしても、今後、連れ去りを防止し、円滑な面会交流を実施できる可能性があるのであれば、そのような手段を探り、約束どおり子どもを返還するとの信頼関係が当事者間で育まれるまで、当面の間、第三者機関による付き添い型援助を利用する、面会場所を限定するなどの工夫をして実施することがあります。

引渡しによる面会を認めた第一審（千葉家松戸支審平30・8・22（平成30年（家）第233号））につき、当事者による連れ去りの懸念に配慮して変更し、母親の立会いを認めた例（東京高決平30・11・20（平成30年㋻第1661号））もあります。

⑵　非監護者による子どもに対する虐待のおそれ等

非監護者が過去に子どもに対して虐待をしていた事実があり、子どもが恐怖心を抱いている場合や面会交流の際に非監護者が子どもを虐待するおそれがある場合等には、面会交流を禁止・制限すべき事由があるとされています。

しかし、児童虐待は、通常、家庭内で秘密裏に行われるもので客観的な資料に乏しいことが多く、その事実の有無につき激しく争われることも稀ではありません。

そのため、こうした事情がある場合には、親としては、当該事情が生じた段階で、児童相談所や子ども家庭支援センター等にきちんと相談しておく必要があるでしょう。

⑶　非監護者の監護者に対する暴力等

一方の親から他方の親に対する暴力（身体的、精神的を問わず）の子どもに対する影響は無視できるものではありません。児童虐待防止法２条４号は、

「児童が同居する家庭における配偶者に対する暴力（配偶者（婚姻の届出をしていないが、事実上婚姻関係と同様の事情にある者を含む。）の身体に対する不法な攻撃であって生命又は身体に危害を及ぼすもの及びこれに準ずる心身に有害な影響を及ぼす言動をいう。）」を与えることを当該児童に対する心理的虐待と定義しています。

　近時の研究では、DV にさらされた子どもの脳はダメージを受け、視覚野といわれる部分が萎縮するといった影響が出ていることが報告されています（友田明美『いやされない傷〔新版〕』86頁〜91頁）。

　DV により子が精神的ダメージを受け、現在もダメージから回復できていない場合には、非監護者との面会交流は子の福祉を害するものとして、面会交流を禁止・制限すべき事情があると解されています。

　また、監護者が、非監護者からの DV によって PTSD を発症しているため、面会交流を行うことにより監護者の症状が悪化し、子に対して悪影響を及ぼすと主張する場合があります。

　DV の態様、PTSD の症状等によっては面会交流を禁止・制限すべき事由にあたる場合もあるとされています（仙台家審平27・8・7判時2273号111頁など）。しかし、当事者および子どもの意向、子どもの年齢、発達段階、心身の状況、親族の協力の有無、第三者機関利用の可能性等により、監護者が非監護者と直接会うことなく面会ができる可能性もあることから、その可能性を踏まえて面会交流の可否が検討されています。

(4)　子どもの拒絶

　面会を子ども自身が拒絶している場合には、子どもの年齢や発達の程度、拒絶の実質的な理由ないし背景その他の事情によって、面会交流を禁止・制限すべき事由にあたりうると考えられています（本章Ⅳ Q 2 参照）。子の意向について父母双方の認識が一致しない場合、家庭裁判所調査官による子どもとの面会調査がなされることが一般的です。そして、子どもの表面的な言動をそのまま受け入れるのではなく、両親の離婚紛争の経緯、両親と子どもとの関係、子どもの年齢、発達段階、心身の状況など、子どもが拒絶する背景

事情を総合的に考慮したうえで面会の可否が判断されています。調査の過程で、父母間の調整が行われ、父母間の信頼が回復することなどによって、子どもが拒絶しなくなるケースもあります。

　現実問題として、年齢の高い子が面会を強く拒絶している場合に、裁判所や親が子どもに直接の面会を強制することはなかなか困難です。そこで、非監護者との関係性を少しずつ改善していくために、手紙・電子メールや写真のやりとりといった間接交流の実施が取り決められることもあります。

⑸　監護者または非監護者の再婚等

　監護者または非監護者の再婚により、面会が子どもの心情に混乱を生じさせるので面会をさせることが適当ではないという主張については、直ちに、面会交流を禁止・制限すべき事由があるとは解されていません（大阪高決平28・8・31判タ1435号169頁など）。子どもの年齢、発達の程度、非監護者についての認識の程度、非監護者との従前の交流状況、子どもとそれぞれの再婚相手との関係など諸般の事情を考慮して、面会交流の実施が現実的にどのような影響を与えるかが検討され、実施に向けた働きかけがなされています。

2　子どものための面会調整の必要性

　上記のような現在の家庭裁判所の考え方については賛否両論あるところですが（反対意見：梶村太市ほか編著『Q＆A弁護士のための面会交流ハンドブック』258頁以下）、基本的には、親には、夫婦の離婚という大人の事情が子どもに対して及ぼすマイナスの影響を、最小限に抑える義務があるということはいえるでしょう。

　ただ、親の心情を子どもが敏感に察して反応し、面会を激しく拒絶する事案や、親自身が精神的に追い詰められて悲惨な事件につながっている事案もあります。

　子どもの面会交流を考えるにあたり、面会交流支援機関などの面会交流そのものの支援のみならず、離婚によってダメージを受ける親と子を、離婚のダメージから回復する支援につなぐしくみの構築が急務となっています。

3　面会交流と養育費支払いの関係

　面会交流と養育費の支払いは、子どもの生活を精神面・経済面で支えるものであり、いずれも子どもの成長にとって大切なものです。

　養育費を支払わないからといって監護者が面会を禁止するのは、子どもの側からみれば、経済面の支援のみならず、心理面でのサポートもともに奪う結果になることがあります。一方、面会交流を認めてもらえないから養育費を支払わないという態度をとれば子どもの生活はますます苦しくなります。面会交流と養育費は対価関係にはなく、父母はいずれも、子どものためには切り離して考えなければなりませんが、関連させて考えてしまうのも人の心情として一概に否定できません。互いに相手の立場も考慮しつつ根気強く、子どものために、養育費支払いと面会交流を続けていきましょう。

第8章

渉外離婚

Q1 日本での離婚手続と外国での承認、外国送達

　私は日本人、夫はアメリカ国籍です。私たちはアメリカで結婚し、し
ばらく居住した後、日本に帰国しました。しかし、次第に夫婦仲が険悪
となっていたところ、ある日夫は何も言わずに突然家を出てしまいまし
た。その後夫はアメリカにある自宅に戻ったことがわかりました。夫と
離婚したいのですが、協議離婚することはできるでしょうか。また、調
停離婚や裁判離婚の場合どのような点に留意する必要がありますか。

A　　夫が協議離婚に応じる場合は協議離婚することは可能です。ただ
し、アメリカでは協議離婚の制度がありませんので、アメリカで離
婚が承認されない可能性があります。

　また、国際裁判管轄が日本にある場合は日本で調停離婚や裁判離婚をする
ことはできます。もっとも、夫が調停に出頭する見込みがないような場合は
調停手続を経ることなく訴訟提起することができます。調停の期日呼出しや
訴状等に関しては外国送達の方法や期間等に留意していく必要があります。

1　協議離婚

　協議離婚をするためには離婚の準拠法が日本法であることが必要です。準
拠法の詳しい解説は本章Q2を参照ください。本件では、あなたが日本に常
居所を有する日本人で、夫との同一の本国法も常居所もないため、通則法27

条により準拠法は日本法となります。したがって、夫が協議離婚に応じる場合、日本法に則り協議離婚をすることができます。

　もっとも、日本でなされた離婚の効果が外国においても承認されるかどうかは別の問題となります。国によって外国での離婚を自国において認めるための手続や要件は異なっています。特に、裁判所等の関与がなく、当事者の協議のみで離婚するという協議離婚を認める法制度をもつ国は多くなく、また協議離婚を認める国においてもその要件や方式が日本と異なっている場合があります。そのため、外国において協議離婚の効果が認められるかは明確ではありません。このことはアメリカにおいても同様で、アメリカで離婚の効果が認められない可能性もあります。ただ、外国に清算すべき夫婦の財産がある、当該外国において再婚するなどその国においても離婚の効果を生じさせる必要がある事情が特にない場合は、早期の解決を優先して協議離婚を選択することも考えられます。

　逆に外国においても離婚の効果を確実に生じさせるのであれば、協議離婚をしたうえであらためて当該外国においても離婚に必要な手続を行うか、あるいは日本において協議離婚ではなく調停離婚（ただし、後述するとおり、調停離婚も外国で確実に効果が認められるとは限りません）あるいは審判離婚や判決離婚をすることが必要となります。

2　調停離婚

　調停手続を利用するためには、日本に国際裁判管轄が認められることが必要となります。国際裁判管轄の詳しい解説は本章Q2を参照ください。本件では、夫が何も言わずに一方的に家を出てアメリカに行ってしまったことから、被告が原告を遺棄した場合に該当し、日本に国際裁判管轄が認められます。

　ところで、家事事件手続法では調停前置主義がとられています（家事事件手続法257条）。そのため夫が調停手続による解決を希望する場合は、まずは調停による解決を図っていくことでよいと考えられます。もっとも、当事者

の一方が外国にいる場合は出頭が見込まれない場合が多く、調停による解決が現実的ではない場合も少なくありません。そのため、外国にいる当事者が調停による解決の意向や出頭の意思を示していないような場合は、調停手続を経ずに訴訟を提起することも可能です。調停手続を経ずに訴訟提起をした場合、家事事件手続法では、裁判所は職権で事件を調停に付さなければならないとしつつ、「裁判所が事件を調停に付することが相当でないと認めるとき」は例外として調停に付さないこととしています（同条2項）。そのため、訴訟提起をする場合は、外国にいる当事者の出頭の見込みがないことなど「事件を調停に付することが相当でない」といえる事情を述べておく必要があります。

　また、調停手続を行うことが可能である場合でも、調停離婚の効果が外国においても認められるか明確でないことに留意する必要があります。調停成立の際、調停調書に「確定判決と同様の効力を有する」との一文を付して対応する場合が大半ですが、それでも各国の運用によってあるいは裁判所や裁判官の判断、さらには承認手続を代理する弁護士の能力等によっては外国において離婚の効果が認められない可能性もあります。

3　外国への送達

(1)　送達の根拠

　調停が不成立となった場合あるいは外国にいる当事者が調停手続に出頭する見込みがないような場合は、裁判離婚をするために訴訟を提起することになります。

　それでは、外国にいる当事者に対する訴状等の送達はどのように行われるのでしょうか。

　外国への送達に関しては、民事訴訟法において「外国においてすべき送達は、裁判長がその国の管轄官庁又はその国に駐在する日本の大使、公使若しくは領事に嘱託してする」と定めています（民事訴訟法108条）。もっとも、裁判文書の送達は、裁判権の行使という国家主権にかかわるものであること

から、上記条文に基づいて当然にできるものではなく、当該外国に送達を要請してその国が要請に応じた場合に、その国が定める方法によって送達がなされることになります。

　この点、日本は送達に関して「民事訴訟手続に関する条約」（以下、「民訴条約」といいます）と「民事又は商事に関する裁判上及び裁判外の文書の外国における送達及び告知に関する条約」（以下、「送達条約」といいます）という多国間条約を締結しています。送達条約は民訴条約で定めた送達を簡素化した中央当局送達について定めたもので、両方の条約を締結している国との間では送達条約が優先適用されます。また、このほか、アメリカやイギリスとの間では日米領事条約、日英領事条約に基づく領事送達が可能となっています。

(2)　送達の種類

　送達には、①領事送達、②指定当局送達、③中央当局送達、④管轄裁判所送達などがあります。どの場合であっても、日本国内の受訴裁判所と最高裁判所を通じて行われますが、送達経路や要件、費用、受領拒絶した場合の送達の効果の有無等は送達方法によって異なります。

　たとえば、本件のアメリカの場合、領事条約に基づく領事送達、送達条約に基づく中央当局送達を選択することができます。

　領事送達は、在外領事館から直接当事者に送達されるため、ほかの方法と比べると比較的迅速に行うことが可能となります。もっとも、相手方が受領を拒絶すると送達はできず、あらためて中央当局送達を行う必要が出てきます。

　他方、中央当局送達は、送達条約に基づき各国が指定する中央当局を通じて当事者に送達されます。当該外国の機関を通じて送達手続がなされるため、相手方が受領拒絶しても送達の効果は生じますが、一般に領事送達よりも時間はかかります。送達の場合は、こうした特徴を踏まえて、どのような方法を選択するか検討する必要があります。

　なお、外国送達においては、日本語がわかることが明らかな相手方に対す

る領事送達を除いて、送達する文書に対する翻訳文を裁判所に提出する必要があります。そのため、翻訳の負担を減らすために、訴状等の内容をなるべく簡潔にし、証拠も最小限に抑えるなどの工夫をしておくとよいです。

(3)　調停手続、審判手続における送付

　調停手続や審判手続における期日の呼出し、審判の告知は、「相当と認める方法」によることとされています（家事事件手続法74条1項）。そのため、送達の方法によることは必要ではなく、直接郵便による送付ができる場合もあるほか（もっとも民訴条約または送達条約の締約国で直接郵便による送達方法について拒否の宣言をしていない国であることが必要です）、家庭裁判所は日本にいる申立人が外国にいる相手方に連絡をとるなど当事者によるやりとりでも「相当」な方法であると柔軟に認めているようです。もっとも、審判事件の場合は、相手方に対する手続保障の観点から外国送達の方法とする場合が多いようです。

Q2 管轄裁判所と準拠法

　ドイツ人の夫と日本人の私は、日本で生活しています。このたび、離婚することにしたのですが、条件等が折り合いません。日本の裁判所で調停や裁判の手続をすることができますか。また、離婚やその条件について日本とドイツどちらの法律に基づくことになりますか。ドイツと日本の両方の国籍をもつ子どもの親権などはどうなりますか。

A　日本の裁判所で日本法により解決することができます。

　渉外離婚については、まず、どこの国の裁判所に裁判管轄があるのかという国際裁判管轄を明らかにする必要があります。日本に国際裁判管轄があれば、次に、どこの国の法律に従うのかという準拠法を明確にし、準拠法に則って離婚やその条件を定めていくことになります。

1　国際裁判管轄

　渉外離婚にあたっては、まず国際裁判管轄を検討する必要があります。国際裁判管轄とは、渉外事件に関連のある国あるいは法域のうち、どこの国の裁判所が当該事件を扱うことができるかという問題です。国際裁判管轄については世界共通の規定はなく、各国が独自に定めています。そのため、当事者の一方または双方が外国籍の場合や外国に居住している場合などに、当該外国の裁判所に国際裁判管轄があるか否かは、当該外国における国際裁判管轄の規律を確認する必要があります。また、各国が独自に定めているため、国際裁判管轄が競合する場合もあります。

　かつて、日本では、離婚の国際裁判管轄について明文の規定がなく、条理により判例で解釈、判断されてきました（最大判昭39・3・25民集18巻3号486頁）。

　また、調停手続においては、当事者の合意に基づく解決を行う手続であることなどから、日本の裁判所に国際裁判管轄があるとは厳密にはいいがたい

場合であっても、実務では、相手方が任意に調停手続に応じている場合は調停による解決を図っていることが多い状況でした。

　しかし、2018年4月、人事訴訟法等の一部を改正する法律が成立し、国際裁判管轄についての明文規定が設けられ、2019年4月より施行されました。

　この法律は、①人事訴訟法の一部を改正して、離婚など人事に関する訴えについて日本の裁判所が管轄権を有する場合等を定めるとともに、②家事事件手続法の一部を改正して、家事事件について事件の類型ごとに日本の裁判所が管轄権を有する場合を定め、さらに、③民事執行法の一部を改正して、外国裁判所の家事事件における裁判についての執行判決を求める訴えについて原則として家庭裁判所が管轄することを定めました。

　①の人事訴訟において日本の裁判所が管轄権を有する場合としては、たとえば、ⓐ離婚訴訟において被告とされる当事者の住所が日本国内にあるとき、ⓑ当事者の双方が日本国籍を有するとき、ⓒ原告の住所が日本にあり当事者の最後の共通の住所が日本国内にあったとき、ⓓ原告の住所が日本にあり、被告が行方不明であるときなどの特別の事情があるときなどがあります（人事訴訟法3条の2）。また、離婚訴訟について日本の裁判所が管轄権をもつ場合は関連請求についても管轄権があるほか（同法3条の3）、監護者指定その他子の監護に関する処分、親権者の指定についても管轄権を有することになります（同法3条の4）。もっとも、これらの規定により日本の裁判所が管轄権を有することになる場合であっても、裁判所は、事案の性質、応訴による被告の負担の程度、証拠の所在地、未成年である子の利益その他の事情を考慮して、日本の裁判所が審理および裁判することが当事者間の衡平を害し、または適正かつ迅速な審理の実現を妨げることとなる特別の事情があると認めるときは、訴えの全部または一部を却下することができます（同法3条の5）。

　②については、家事調停事件に関して、調停を求める事項についての訴訟事件または家事審判事件について日本の裁判所が管轄権を有するとき、相手方の住所地が日本国内にあるとき、当事者が合意したときは管轄権があると

されました（家事事件手続法3条の13）。また、人事訴訟と同様、特別の事情による申立ての却下も定められています（同法3条の14）。なお、管轄権の標準時は申立時または職権による手続開始時と規定されました（同法3条の15）。他方、外国裁判所の家事事件についての確定した裁判については、その性質に反しない限り、民事訴訟法118条の規定を準用することも定められました（家事事件手続法79条の2）。

　本件では、夫も日本に居住していますので、訴訟の場合でも調停の場合でも日本の裁判所に国際裁判管轄が認められます。

　もっとも、ドイツの裁判所にも国際裁判管轄があるかどうかや、国際裁判管轄がある場合にどちらの国で手続を行うのがよいのかについては、財産の所在や執行等の関係も留意しながら検討したほうがいいと思われます。

2　準拠法

　日本の裁判所に国際裁判管轄があるとされる場合、次にどこの国の法律が適用されることになるのかを明らかにする必要があります。この当該事件に適用される法を準拠法といいます。準拠法も、世界共通のルールはなく、各国が独自に定めています。日本では、「法の適用に関する通則法」（以下、「通則法」といいます）において準拠法が定められています。準拠法は、問題となっている法律関係ごとに、その法的性質に応じて決まります。

　離婚の成立および効力については、通則法27条において、①当事者の本国法が共通の場合は共通本国法、②共通本国法がない場合で共通常居所地法がある場合は共通常居所地法、③共通常居所地もない場合は夫婦に最も密接な関係がある地の法としつつ、④当事者の一方が日本に常居所地を有する日本人の場合は日本法とすると定めています（婚姻に関する同法25条を準用）。

　財産分与については、夫婦財産制の解消に関するものとして通則法26条によるとする見解もありますが、判例実務は、離婚の効果として同法27条によるとしています。

　離婚に伴う慰謝料については、離婚に付随する問題として通則法27条によ

るとされる場合もありますが、傷害を負わせるなど独立した不法行為性が強い場合は、同法17条以下の不法行為に関する準拠法によるとされています。

　子どもに関する事項の準拠法には注意が必要です。

　子の親権、監護権については、判例実務では、夫婦間の利害調整ではなく子の利益保護を中心に決定する親子間の法律関係の問題として、通則法32条によるとされています。同条では、①子の本国法が父または母の本国法と同一である場合は子の本国法、②同一の本国法がない場合は子の常居所地法と定めています。なお、父と母の国籍が異なるなどにより複数の国籍を有する子どももいますし、親自身が複数の国籍を有する場合もあります。このような重国籍の場合の本国法の決定については、通則法38条により、①重国籍のうち日本法がある場合は日本法が本国法となり、②日本法がない場合、重国籍のうち常居所地法が含まれている場合は常居所地法、③常居所地法が含まれていない場合は、重国籍のうち当事者に最も密接な関係がある国の法が本国法となります。

　また、養育費については、親子関係から生じる扶養義務の問題として、「扶養義務の準拠法に関する法律」に従い定めることになり、①原則として扶養権利者（養育費の場合は子ども）の常居所地法によるとされ、②常居所地法により扶養請求が認められない場合は当事者の共通本国法、③当事者の共通本国法によっても扶養を受けることができない場合は、日本法によるとされています（扶養義務の準拠法に関する法律2条）。なお、扶養請求が認められない場合とは、法律上扶養を受けられない場合をいいます。

　本件の場合、夫がドイツ人、妻が日本人ですので、離婚や財産分与、慰謝料については、通則法27条により、共通本国法がないことから、共通常居所地法である日本法が準拠法となります。また、子の親権、監護権については、子の本国法が通則法38条により日本法となり、同法32条により母と同一の本国法である日本法が準拠法となります。そして、養育費については、扶養義務の準拠法に関する法律2条により、子の常居所地法である日本法が準拠法となります。

ⓠ③　海外からの子どもの連れ去り（ハーグ条約）

日本人の私は、カナダ人の夫と結婚しカナダで暮らしていました。しかし、夫からの暴力が酷かったことから耐えられず、8歳の子どもを連れて日本へ帰ってきました。そうしたところ、夫がハーグ条約に基づき子どもの返還を求める申立てをしました。どうしたらよいでしょうか。

Ⓐ　返還申立事件では、請求原因事実があり返還拒否事由がないと認められれば、子を常居所地国に返還する旨の決定がなされます。また、返還命令申立事件では、当事者の合意があれば、返還手続と並行して調停手続が進み、話し合いによる解決が図られることもあります。

返還命令申立事件は原則として6週間以内に決定がなされ専門性も高いことから、ハーグ条約に精通している弁護士に早急に相談することが望まれます。

1　ハーグ条約

国境を越えた不法な子の連れ去りまたは留置（以下、「連れ去り等」といいます）があった場合について、子の返還や面会交流について定めた条約が「国際的な子の奪取の民事上の側面に関する条約」（以下、「ハーグ条約」といいます）です。ハーグ条約は、2019年10月現在、101か国が批准しており、日本においても2013年5月にハーグ条約の締結が承認され、同年6月に「国際的な子の奪取の民事上の側面に関する条約の実施に関する法律」（以下、「国内実施法」といいます）が成立しました。そして、2014年4月1日にハーグ条約が日本において発効されるとともに、国内実施法も同日から施行されています。

ハーグ条約は、1条で締約国に不法に連れ去り等されている子の迅速な返還を確保することを目的として掲げ、子の連れ去り等があった場合には、従

前子がいた国（常居所地国）に返還することや連れ去られた親（Left Behind Parent「LBP」といいます。これに対し、連れ去った親を Taking Parent「TP」といいます）との面会（接触）の実現などを加盟国に求め、そのための中央当局と呼ばれる機関を設置することを締約国に求めています。日本では、外務大臣が中央当局に指定されています（国内実施法3条）。

　ハーグ条約における子の返還のポイントは、子を LBP ではなく常居所地国に返還することを求めている点です。子をどのように監護するのが適切かは、常居所地国の裁判所が判断することが適切であるとの考えの下、まずは子を迅速に常居所地国に戻し有害な状況を解消させるというのがハーグ条約の考えです。いわば、本案は常居所地国の裁判所で審理・判断するものとし、返還命令申立事件はそのための保全手続というイメージです。そのため、ハーグ条約では、子の返還に関する決定は、監護の権利についての本案の判断をしてはならないと定めています（ハーグ条約19条）。

　ハーグ条約では、子を一方の親の同意なしに国境を越えて連れ去り等をするのは子にとって有害であるとの考えから、子の迅速な返還のため、手続開始から6週間以内に決定を行うことを原則としています（ハーグ条約11条）。

　また、ハーグ条約では、16歳未満の子を対象としており（ハーグ条約4条）、常居所地国から不法な連れ去りがあった場合に返還を求めています。不法とは、常居所地国の法令に基づいて個人、施設またはほかの機関が共同または単独で有する監護の権利を侵害しており、かつ、連れ去り等の時に上記監護の権利が共同もしくは単独で現実に行使されていたことまたは当該連れ去り等がなければ当該権利が共同もしくは単独で現実に行使されていたであろうこととされています（同3条）。なお、「監護の権利」には、子の監護に関する権利、特に子の居所を決定する権利を含むとされています（同5条）。

　他方、ハーグ条約では返還拒否事由がある場合には返還を要しないことを規定しています。返還拒否事由としては、①連れ去り等から1年が経過し、子が新たな環境に適応していることが証明された場合（ハーグ条約12条）、②LBP が連れ去り等の時に現実に監護の権利を行使していなかったこと、連

281

れ去り等に同意または黙認したこと（同13条1項a）、③返還によって子が心身に害悪を受け、または他の耐えがたい状態におかれることとなる重大な危険があること（同項b）、④人権および基本的自由の保護に関する基本原則により子の返還が認められないものである場合（同20条）があります。

2　国内実施法

国内実施法は、ハーグ条約の実施に必要な国内手続等を定めたものです。その概要としては、日本の中央当局を外務大臣と指定し、その権限等を定めるとともに、子の返還のために必要な裁判手続等について定めています。

中央当局に関する規定としては、返還や面会（外国から日本に連れ去り等があった場合、日本から外国に連れ去り等があった場合）の援助申請、子の所在特定、ほかの締約国の中央当局との連携、任意の返還等の促進などがあげられます。

また、子の返還に関する裁判手続等に関する規定として、子の返還事由および返還拒否事由、返還申立事件の手続、強制執行、面会交流に関する家事事件に関連する法律の特則などがあげられます。

返還事由は、①子が16歳に達していないこと、②子が日本国内に所在していること、③連れ去り等が申立人の監護権を侵害すること、④連れ去り等の時に常居所地国が締約国であったことです（国内実施法27条）。

返還拒否事由には、①申立てが連れ去り等から1年経過後にされ、かつ、子が新たな環境に適応していること、②申立人が連れ去り等の時に現実に監護権を行使していなかったこと、③申立人が連れ去り等に同意したこと、④常居所地国に子を返還することによって、子の心身に害悪を及ぼすことその他子を耐えがたい状況におくことになる重大な危険があること、⑤子が返還を拒んでいること（子の年齢・発達の程度に照らし、子の意見を考慮することが適当な場合に限ります）、⑥子の返還が人権および基本的自由の保護に関する基本原則により認められないことです（国内実施法28条1項）。そして、④の判断にあたっては、子が申立人から暴力等を受けるおそれ、相手方が申立人

から子に心理的外傷を与えることとなる暴力等を受けるおそれ、申立人または相手方が常居所地国で子を監護することが困難な事情を含めた一切の事情を考慮するものと規定されています（同条２項）。もっとも、裁判所は、上記①から③までまたは⑤に掲げる事由がある場合であっても、一切の事情を考慮して常居所地国に子を返還することが子の利益に資すると認めるときは、子の返還を命ずることができます。

3　返還申立事件と執行

　返還申立事件の管轄裁判所は、子の所在地に応じて東京家庭裁判所と大阪家庭裁判所のいずれかとされています（申立時において子の所在が不明な場合は東京家庭裁判所になります）。

　返還申立てがある場合に、あわせて出国禁止命令申立て（国内実施法122条１項）や旅券提出命令申立て（同条２項）がなされることがあります。これは、子の再連れ去りを防ぐためです。旅券提出命令が出た場合は、命令に従い、子の旅券を外務省に提出する必要があります。

　返還申立事件は、ハーグ条約に則り、申立てから決定までの期間が約６週間と大変短くなっています。そのため、申立書であらかじめ争点となると予想される論点についての主張・立証もすることや、答弁書でも反論や返還拒否事由について具体的な主張・立証をすることが求められています。

　また、当事者の合意があれば、家庭裁判所は調停手続に付することができ、話し合いによる解決をめざし調整が図られます（国内実施法144条）。家庭裁判所は、調停に付したときは調停事件が終了するまで返還申立事件の手続を中止することができるとされていますが（同法146条）、実務では中止されず並行して返還手続の審理が進められています。

　返還命令が確定しても任意の返還がなされない場合、債権者であるLBPは子の返還の強制執行の手続を行うことができます。この場合、債権者はまずは間接強制による方法を先行させる必要があり、間接強制の決定が確定して２週間経過した後でなければ直接強制（代替執行）の申立てをすることが

できません（国内実施法136条）。直接強制は代替執行によるとされ、代替執行の決定では、債務者による子の監護を解くために必要な行為をする執行官と債務者に代わって常居所地国に子を返還する返還実施者とが指定されます（同法138条）。なお、強制執行手続の規律については、2019年5月に国内実施法が改正され、間接強制前置を見直して、①間接強制の決定確定から2週間を経過したとき、②間接強制を実施しても債務者が子を返還する見込みがあると認められないとき、③子の急迫の危険を防止するため直ちに子の返還の代替執行をする必要があるときは、直ちに直接強制（代替執行）ができることとし、また改正民事執行法を準用して、子どもと債務者が同時存在することを不要としつつ、子の利益に配慮して、債権者の出頭を原則化しました（国内実施法136条・140条）（2020年4月施行）。

4　面会交流事件

　面会交流事件は返還申立事件のように独自の手続を設けられているわけではなく、国内の面会交流事件の調停、審判の手続を利用することになります。もっとも、ハーグ条約対象事件については、管轄と記録の閲覧謄写について特則が設けられています。管轄については、子の所在地の管轄裁判所のほか、東京家庭裁判所あるいは大阪家庭裁判所にも管轄が認められています（国内実施法148条）。

5　判例の動向

　2014年より日本においてもハーグ条約が発効し、国内実施法が施行されるようになって、判例が積み重ねられてきています。

　裁判所が子の常居所地国への返還を命じた例としては、「不法な留置の開始時期」や「重大な危険」に関する裁判例として大阪高決平27・8・17判タ1450号102頁、「重大な危険」に関する裁判例として大阪高決平29・9・15判タ1451号132頁、「子の異議」や「重大な危険」に関する裁判例として東京高決平27・3・31判タ1450号113頁などがあります。

　逆に裁判所が返還申立てを却下した例としては、「子の異議」に関する裁判例として大阪高決平28・8・29（平成28年㈹第622号）などがあります（なお、施行後3年間の裁判所の判断を分析したものとして、依田吉人「ハーグ条約実施法に基づく子の返還申立事件の終局決定例の傾向について」家庭の法12号27頁）。

　また、ハーグ条約、国内実施法に基づく返還命令の終局決定が確定したにもかかわらず、連れ去った親側が子の返還に応じず、執行も功を奏しなかった場合に、子の釈放を求める人身保護請求がなされ、これを認めなかった第一審判決につき、最高裁判所は、拘束に顕著な違法性があるとして、破棄差戻しの判断をしています（最一小判平30・3・15判タ1450号35頁）。

6　ハーグ条約事件を進めるにあたって

　ハーグ条約の返還申立事件は短期間に審理がなされるため、当事者からの事情聴取や主張・立証の準備を迅速に行う必要があります。また、外国の病院や警察、福祉関係機関などの関係機関に照会をかける場合や外国の弁護士等から意見を聴取する場合などもあり、これらにより収集した関係資料が外国語の場合には、その内容の把握のほか裁判所に提出するため翻訳を行う必要もあります。また、外国の法令や返還事由や返還拒否事由に関する各国の裁判例も調査する必要もあります（ハーグ国際司法会議は「国際的な子の奪取に関するデータベース（INCADAT）」で重要判例を掲載しているほか、外務省もホームページで主要条約締約国の法令や関連裁判例等の参考情報を掲載しています）。

　さらに、こうした返還申立事件の対応と並行して、調停を進めるなどにより合意による解決も検討していくことになります。そのため、専門の知識、経験のある弁護士が複数で受任し対応することが一般的です。

第9章
婚約・事実婚（内縁）の解消

Q1 婚約を破棄された場合、慰謝料を請求できるか

> 私は婚約をして、式場も予約していましたが、婚約者から、ほかの人を好きになったと言って婚約を破棄されました。結納はまだ済ませていませんでしたが、友人らには婚約者として紹介していました。慰謝料やこれまでかかった費用を請求できるでしょうか。できるとしたら、その額はいくらくらいでしょうか。

 慰謝料などの請求ができます。一般的に100万円～200万円程度です。

1　婚約の成立

婚約とは、当事者間で将来夫婦になろうという合意が成立していることです。

2人の間で結婚についての意思の合致があればよいので、口約束でもよく、結納を交わしているとか、契約書などの書類をつくっていることは必要ありません。

ただし、婚約が成立していたかどうかが争われるケースでは、第三者からみても合意があると認められるような客観的な証拠が必要です。

結納の授受、婚約指輪の受け取り、手紙・電子メールに結婚の約束が書か

れている、友人・親きょうだいなどに婚約者として紹介しているなどの事実があれば、婚約の成立は認められます。

結納の取り交わしや周囲への紹介など、特に公然と婚約の意思がわかるような明確な事実はなかったものの、交際期間の長さや2度にわたって妊娠中絶を行っていること等の諸般の事情を考慮して、婚約の成立を認め、慰謝料の支払いを命じた判例もあります（最一小判昭38・9・5判時354号27頁）。

2　婚約破棄の責任

正当な理由なく婚約を破棄した当事者に対しては、債務不履行または不法行為に該当するとして、損害賠償を求めることができます。一般的には債務不履行として扱われています。不法行為の成立を認める裁判例も少なからずあります。

婚約の不当破棄について、親との共同不法行為責任が主張されることもあります（母親の共同不法行為責任を認めた徳島地判昭57・6・21判時1065号170頁、父親との共同不法行為責任が認められなかった東京地判平5・3・31判タ857号248頁など）。

裁判例で婚約破棄に正当な理由がない場合と判断されたのは、①性格の不一致、②容姿に対する不満、③年回り、④親の反対、⑤方位が悪い、⑥家風に合わない、⑦破棄された婚約者側の親に前科があるなどです。

学説では、結婚に至るまでに性格や価値観が合わないことがわかるなどの場合も多いので、婚約破棄の正当事由を広く解すべきとの考え方が一般的で、裁判例でも婚約破棄理由につき、費用の清算以外の損害賠償責任が発生するのは、「婚約解消の動機や方法等が公序良俗に反し、著しく不当性を帯びている場合に限られるものというべき」としたものもあります（前掲東京地判平5・3・31）。

ほかの人を好きになったというのは、もちろん正当な理由とはいえないので、慰謝料などの請求が可能です。

3　損害の範囲と慰謝料の額

　賠償請求できる損害としては、精神的な苦痛に対する慰謝料が中心となりますが、式場や新婚旅行のキャンセル料、新居を借りる費用など結婚に向けての通常の準備行為の費用も含まれます。

　たとえば、婚約のうえ、結婚式・披露宴も開催したのに婚約を破棄した例で、被告が主張した性格の不一致や双方家族における社会常識のずれなどの理由は婚約破棄の正当理由にはならないとしたうえで、婚姻準備行為の必須の出費として、両親挨拶のための食事代、結納に関する支出（結納返しは返還すべき）、結婚式や披露宴のための費用（招待状作成・送付費用、結婚式場に書類を送付する費用、交通費等）、同居に向けた準備費用などを損害として認めています（東京地判平28・3・25（平成26年(ワ)第14598号））。また、結婚のための家具の購入費用や結婚準備のために勤務先を退職したことによる逸失利益を認めた例もあります（前掲徳島地判昭57・6・21）。

　なお、結納は「結婚を目的とする一種の贈与」と解されていますので、結納金を払った当事者に破棄の責任がないときは返還すべきですが、結納金を払った当事者に破棄の責任がある場合には、返還を求めることは「信義則上許されない」と解されています（東京高判昭57・4・27判時1047号84頁）。

　婚約破棄による慰謝料額は、破棄の理由の悪質さなどによって違いますが、さほど大きな額にはなりません。せいぜい100万円〜200万円までと考えたほうがよいでしょう。

　前述の東京地判平28・3・25の例では、200万円の慰謝料を認めています。原告にも責任のあることを勘案して、慰謝料、婚約指輪代、弁護士費用など計55万円の支払いを認めた例（東京地判平26・11・11（平成25年(ワ)第10849号））もあります。

　婚約破棄により妊娠中絶をしたような場合には、精神的苦痛がより大きいと考えられるので、通常より多めの慰謝料を請求してよいと思われます。

⓺2 妻子ある人との結婚の約束を破棄された場合

> 私は妻子のある人と交際していましたが、「妻とはうまくいっていないから必ず別れる。別れたら結婚しよう」と言われ、私もそのつもりでいました。しかし、相手の妻は離婚には応じず、結局夫婦はやり直すことになって、私は別れを告げられました。相手に慰謝料を請求したいのですが認められるでしょうか。

 相手に配偶者がいるとわかっていて交際していたような場合には、原則的には慰謝料は認められていません。

1　婚約不履行の責任が問えるか

　本章Q1の解説のとおり、結婚の約束をしていた当事者の一方が正当な理由なく婚約を破棄した場合、破棄された側の当事者は慰謝料などの損害賠償を請求できるとされています。

　しかし、配偶者のいる者と婚約しても、その婚約は法的に無効とされ、原則として婚約不履行の責任を問うことはできません。

　すなわち、判例はこのような婚約は相手の離婚を前提とするもので、公序良俗違反として無効としていますが（大判大9・5・28民録26輯773頁）、最近は法律婚が事実上の離婚状態にあれば、婚約自体は有効とする考えが有力です（二宮周平『家族法〔第4版〕』140頁）。

　あなたが配偶者のいることを知って交際を続けていた場合は、交際相手の妻から慰謝料を請求される可能性もあり、婚姻が破綻していない状態で交際を始めたのならば慰謝料を払わなければなりません。

2　破棄の責任が認められる場合

しかし、妻と別れる気もないのにいずれ妻と離婚して結婚する旨欺して男

女関係になり、子どもを妊娠・出産した後交際を断ってしまった例で、男女関係を誘起した責任が主として男性にあり、「女性の側におけるその動機に内在する不法の程度に比し、男性の側における違法性が著しく大きいものと評価できるとき」に不法行為責任を認め、慰謝料請求を認容しています（最二小判昭44・9・26民集23巻9号1727頁）。

　また、既婚男性であるにもかかわらず独身のように装って交際し、女性に退職の申入れをさせるなどしたものの、婚約を破棄した事例（東京地判平27・1・7判時2256号41頁）、妻との婚姻関係はすでに破綻していると告げられて交際を開始し、婚約したのにこれを破棄した事例（東京地判平27・12・25（平成26年(ワ)第31080号)）においても、それぞれ破棄の債務不履行または不法行為責任を認め、前者の例では慰謝料100万円（弁護士費用10万円別途）、後者の例では慰謝料150万円（弁護士費用20万円別途）を認めています。

　妻子との別居後に結婚を前提に同居し、7年近くにわたり同居別居を繰り返して、その間妊娠中絶を2回したものの、結局妻とよりを戻して婚約を破棄した事例においても、80万円の慰謝料を認めています（大阪地判昭52・6・24判時880号60頁）。

　したがって、あなたの場合、妻子がいることを知って交際したのであれば、原則的には相手に婚約破棄の責任を問うことは困難ですが、相手が独身を装っていたとか、夫婦関係が破綻していないのに破綻していたかのように伝えてあなたを欺したというように、あなたの言動に比べて相手の言動が著しく悪質と認められる場合には、慰謝料が認められることもあります。

　しかし、認められる場合も額は多くはなく、一般的には100万円から200万円程度でしょう。

ⓠ③　事実婚（内縁）の要件と法的効果

　結婚後も旧姓を使い続けたかったので、結婚届は出していませんが、
10年にわたり夫と夫婦同様に同居生活を続けてきました。
　①　最近、夫はほかの女性とつきあい始め、私と別れたいと言ってい
　　ます。財産分与、慰謝料、年金の分割などを請求することはできる
　　でしょうか。
　②　このような関係で夫が死亡した場合、私に相続権はありますか。

　①　関係解消にあたり、財産分与その他を請求することは可能です。
　②　夫の死亡に伴う法定相続権はありません。

1　事実婚（内縁）の保護

　結婚届を出していないが、社会生活上夫婦として共同生活を営んでいる場
合を、従来は「内縁」と呼んでいました。そして、判例は早くから、内縁も
婚姻に準ずる関係（準婚関係）であるとして解消にあたって財産分与や慰謝
料を認めるなど一定の法的な保護を与えてきました（最二小判昭33・4・11
民集12巻5号789頁）。最近は、内縁よりは「事実婚」と呼ぶことが増えてい
ます。これに対し婚姻の届出をしている婚姻を法律婚とか届出婚と呼んでい
ます。

2　慰謝料・財産分与は認められる

　事実婚についても、関係解消にあたり、当事者の一方に破綻について責任
がある場合には、他方からの慰謝料請求が認められています。法的には、不
法行為として構成する場合と婚約不履行として構成する場合の両方がありま
す（前記最二小判昭33・4・11の事例では不法行為責任を認めていますが、婚約
不履行の構成も否定していません）。どのような場合に、一方に責任があると
みるのかは、届出婚の場合とまったく同様です。したがって、ほかの異性と

の交際が破綻の原因であれば、慰謝料請求は認められます。

　ただ、同居はしないものの、16年間にわたるパートナーシップ関係をもち、生まれた子ら2人については合意のうえで女性は一切養育をしなかったという関係で、男性が関係を一方的に解消してほかの女性と婚姻し、女性から慰謝料を請求したケースでは、最高裁判所は、2人の関係は婚姻に準ずる関係とはいえないとして、女性の請求を棄却しました（最一小判平16・11・18判時1881号83頁）。

　これについては賛否両論がありますが、基本的にパートナー関係の解消の自由を認めつつも、請求者に「要保護性」がある場合には、解消した側に一定の責任を認める意見もあります（二宮周平「判批」判タ1180号126頁）。

　なお、同性パートナーの不貞行為につき、パートナーへの慰謝料を認めた裁判例もあります（宇都宮地真岡支判令元・9・18（平成30年(ワ)第30号）、同控訴審東京高判令2・3・4公刊物未登載）。

　財産分与についても、法律婚の場合の民法の財産分与の規定（民法768条）が類推適用されます。同居中に2人で形成した財産があれば、いずれの名義であるかを問わず、財産分与の対象となります（広島高決昭38・6・19判時340号38頁）。

　離婚時の年金分割については、事実婚の場合で、一方の配偶者が三号被保険者であった場合のみ、その期間について分割を請求することができます。2008年以降の事実婚期間については、同じく三号被保険者であった場合にその期間につき、当然に平等に分割されます。

3　法定相続権はない

　民法上の配偶者相続権は婚姻届をした夫婦を前提にしているため、事実婚の配偶者には法定相続権はありません。同性婚のパートナーにも法定相続権が認められていません。2018年7月に成立した民法の相続規定の改正の議論においては、被相続人の療養看護や遺産の維持・増加に貢献した者に一定の金銭の取得を認めるか否かが1つの論点になり、事実婚の配偶者をこれに含

めるとの意見もありましたが、改正案には盛り込まれませんでした。いずれにせよ、生存中に関係を解消する場合には財産分与が認められるのに、最後まで添い遂げ、死亡によって婚姻が終了した場合には何も認められないというのは、公平性を欠きます。

そこで、死亡による解消においても財産分与が認められないかが問題とされてきました。

4　死亡した場合に財産分与は認められるか

事実婚の配偶者が死亡した場合にも、離婚の財産分与の規定が準用されるかについては、判例・学説が分かれていましたが、最高裁判所はこれを否定しました（最一小決平12・3・10民集54巻3号1040頁）。

上記の事案で最高裁判所は、「死亡による内縁解消のときに、相続の開始した遺産につき財産分与の法理による遺産清算の道を開くことは、相続による財産承継の構造の中に異質の契機を持ち込むもので、法の予定しないところである。……生存内縁配偶者が死亡内縁配偶者の相続人に対して清算的要素及び扶養的要素を含む財産分与請求権を有するものと解することはできないといわざるを得ない」と判示しました。

しかし、あなたが財産の形成に実質貢献していたような場合には、民法250条の共有持分の主張をすることができます。夫の単独の名義になっているといっても、あなたも実際は費用の一部を出していて、それを証明できる証拠があったり、夫の仕事を支えて夫の財産の形成に貢献してきたのであれば、2分の1の共有持分が認められる場合があります（大阪高判昭57・11・30家月36巻1号139頁、名古屋高判昭58・6・15判タ508号112頁）。ただし、後者については、単に主婦として内助の功を尽くしたというだけでは持分を認めてもらうのは難しく、家族経営の会社を一緒に営んでいたなど、夫の仕事に実際にかかわっていたことが必要です。

夫に相続人がまったくいない場合には、あなたは特別縁故者（民法958条の3）として財産の分与を受けることも可能です。

5　居住権の保護

　もし共有持分や特別縁故者としての分与が認められない場合でも、判例は、事実婚の配偶者の居住権を認め、生存中は貸主やほかの法定相続人からの明渡請求を拒むことを認めています。

　すなわち、賃借人の事実婚の妻に貸主が明渡しを求めたのに対し、最高裁判所は、妻がほかの相続人と並んで共同賃借人になることはないが、相続人の賃借権を援用して居住する権利を主張できると判断しました（援用説、最三小判昭42・2・21民集21巻1号155頁）。

　また、事実婚の夫婦が共有不動産を居住または共同事業のために共同で使用してきたときは、特段の事情のない限り、その一方が死亡したときは、他方は不動産を単独で使用する旨の合意が成立していたと推認されるとし（最一小判平10・2・26判タ969号118頁）、事実婚配偶者の居住権を保護しています。

　借地借家法でも、居住用建物の賃借人が相続人なしに死亡した場合に、事実上の夫婦や養親子の関係にある同居者がいたときは、賃借人の権利義務を承継できることが定められています（借地借家法36条）。

　2018年7月に民法の相続規定が改正され、配偶者の居住権の保護が図られましたが、法律婚の配偶者に限られている点で、事実婚配偶者との間で不公平が生じています。

6　遺族年金

　届出をした配偶者だけでなく、事実婚の配偶者にも遺族年金は受給権が認められています（国民年金法5条8項、厚生年金保険法3条2項など）。ただし、法律上の配偶者がおり事実上の重婚状態にあるときに、いずれを「配偶者」と認めるかは具体的事案に即して判断しています。行政解釈では、法律上の配偶者とおおむね10年程度別居し、法律上の配偶者との間で経済的依存関係および音信または訪問などの事実が反復して存在していない状況にあれば、

事実上の配偶者の受給権を認めています（昭55・5・16庁保発15号、庁保発13号）。判例も、法律婚が事実上の離婚状態にあり、実体を失って形骸化している場合には、法律上の配偶者の「配偶者」該当性を否定し、重婚的内縁の配偶者に権利を認めていますが（最一小判昭58・4・14民集37巻3号270頁）、法律婚の実体喪失の認定に慎重な例もあります（東京高判平19・7・11判時1991号67頁）。

　具体的には、別居の経緯、別居期間、婚姻関係を維持ないし修復するための努力の有無、別居後における経済的依存の状況、別居後における婚姻当事者間の音信・訪問の状況、重婚的内縁関係の固定性等を総合的に考慮して判断すべきとされています。

　また、重婚ではありませんが、叔父と事実婚の関係にあった姪を遺族厚生年金の支給を受けることができる「配偶者」にあたると認めた判例もあります（最一小判平19・3・8判タ1238号177頁）。

7　退職金

　退職金については、支給規定で受給権者を単に「遺族」と定めていた場合につき、死者の収入により生計を維持していた事実婚の配偶者が第1位の受給権者であるとした最高裁判所の判例があります（最一小判昭60・1・31家月37巻8号39頁）。また、支給規定で受給権者を「配偶者（届出はしていないが、事実上婚姻関係と同様な事情にあった者を含む）」と定めていた場合について、事実婚の配偶者に受給権を認めた例や、遺族共済年金について重婚関係にあった事実婚の配偶者に受給権を認めた例があります（最一小判平17・4・21判タ1180号171頁）。

8　遺言書の作成

　いずれにしても、結婚届を出さないけれども法律婚の場合に比べて経済的な不利益を受けたくないという場合には、生前に遺言を作成してもらう必要があります。遺言書は自筆で書くこともできますが、公正証書にすればより

確実です（民法969条）。自筆遺言については、全文、日付および氏名を自署し、印を押すことが必要ですが（同法968条１項）、自筆証書と一体のものとして添付する相続財産目録については、パソコンによる作成をしたもの、代書、預貯金通帳のコピーなどでも有効です（同条２項）。

第 10 章

離婚と社会保障

ⓠ　離婚後の公的支援

　離婚をして、母である私が子どもの親権者となりました。

　しかし、もともと専業主婦で、フルタイムで勤務してもせいぜい年収200万円程度であり、生活は非常に苦しい状態です。公的な支援は得られないものでしょうか。どのような支援があるのでしょうか。

　　1人で悩まずに、まず住所地の福祉事務所の相談員に相談してください。

1　生活費支援を受けたいとき

(1)　児童扶養手当

　児童扶養手当は、児童扶養手当法に基づき、18歳に達する日以後の最初の3月31日までの間にある子どもまたは20歳未満で一定程度の障害の状態にある子どもを監護しているひとり親家庭等に対して支給される手当です。

　2017年4月からは、物価の上下にあわせて支給額が変わる物価スライド制が導入されています。

　支給要件として、ひとり親および同居している扶養義務者の所得に応じて所得制限があり、所得に応じて受給できるか、受給できるとしていくら受給できるかが決定されます。また、受領している養育費の8割が所得額に算入されます。

　2014年12月以降は、国民年金法や厚生年金保険法などによる老齢年金、遺

族年金、障害年金などといった公的年金を受給している場合でも、その額が児童扶養手当の額より低い場合には、差額分の手当が受給できるようになりました。また、この改正の対象となっていなかった障害基礎年金を受給しているひとり親についても適用を広げる改正案が提出されています（2020年3月現在）。

(2)　児童育成手当（東京都）

東京都では、ひとり親家庭を対象とした「児童育成手当」を支給しています。

その支給要件の所得制限額は、児童扶養手当よりも高めに設定されており、東京都の児童育成手当の場合、所得計算に受領している養育費は算入されません。

(3)　児童手当

児童手当は、児童手当法に基づき、0歳から中学校卒業までの児童を養育している場合に支給されます。

子どもを連れていずれかの親が別居した場合、どちらが受給するかが問題となりますが、別居中の両親が生計を同じくしていないような場合（離婚または離婚協議中につき別居している場合）については、同居している親が児童を養育していると考えられることから、児童と同居している親に支給されます。

認定請求にあたり、離婚協議中で別居している事実について確認できる書類（例：調停係属証明書など）が必要となる場合もありますので、市区町村窓口にお問い合わせください。

2　住宅に困ったとき

(1)　母子生活支援施設の利用

母子生活支援施設は児童福祉法に基づく施設で、18歳未満の子どもを養育している母子家庭、または何らかの事情で離婚の届出ができないなど、母子家庭に準じる家庭の女性が子どもと一緒に利用できる施設です。最近では、

ドメスティック・バイオレンス（DV）被害者の一時保護施設としての利用が多くなってきています。

　現在の住居を管轄する福祉事務所が入居窓口となります。

　施設利用にかかわる費用は、住民税や所得税の税額に応じて決まります。

⑵　公営住宅の優先入居

　母子及び父子並びに寡婦福祉法27条、31条の2は、地方公共団体に対し、公営住宅の供給を行う場合には、ひとり親家庭等の福祉が増進されるように特別の配慮をしなければならないと規定しています。こうした規定を受けて、たとえば都営住宅では、ひとり親家庭などの世帯に、一般の申込者よりも当選率の高くなる優遇抽せんやポイント方式による募集などを行っています。

3　仕事を探したいとき

⑴　マザーズハローワークの利用

　子育てをしながら就職を希望している人に対し、子連れでも就業相談ができる場所として開設されているのがマザーズハローワークです。

　就職に役立つ各種セミナーなども開催されています。

⑵　各種給付金の利用

⒜　自立支援教育訓練給付金

　ひとり親家庭の親が、対象教育訓練を受講し、修了した場合、経費の60％が支給される制度です（雇用保険法に基づく一般教育訓練給付金の支給を受けることができる者の場合は、その支給額との差額を支給）。

　支給については、受講前に都道府県等から講座の指定を受ける必要がありますので、必ず事前にお住まいの市（町村在住の方は都道府県）にご相談ください。

⒝　高等職業訓練促進給付金

　ひとり親家庭の親が看護師や介護福祉士等の資格取得のため、1年以上養成機関で修業する場合に、修業期間中の生活の負担軽減のために、高等職業訓練促進給付金が支給されるとともに、入学時の負担軽減のため、高等職業

訓練修了支援給付金が支給される制度です。

4　子どもの教育費が必要なとき

(1)　就学援助費

　義務教育中の子どもの家庭が、生活保護を受給している場合および市町村教育委員会の定める基準に該当する場合に、学用品費、修学旅行費、学校給食費、PTA会費等を支給する制度です。認定基準も各市町村により異なるため、お住まいの市町村で確認する必要があります。

(2)　母子父子福祉資金貸付金

　20歳未満の子どもを扶養しているひとり親を対象に修学資金等の貸付けを行う制度です。申込みは、各区市・支庁の相談窓口または福祉事務所にお問い合わせください。

(3)　国の教育ローン

　日本政策金融公庫が行っている教育一般貸付です。保証人は、公益財団法人教育資金融資保証基金または連帯保証人を選ぶことが可能です。

(4)　社会福祉協議会の生活福祉資金貸付金

　教育ローンなどほかの教育資金が借りられず、かつ低所得家庭などの一定の条件の下に無利息（連帯保証人を立てるとき）で借りられる教育資金です。

(5)　日本学生支援機構の奨学金

　経済的理由で修学が困難な学生に奨学金の貸与または給付を行う機構です。貸与型と給付型があります。

　もっとも、貸与型でも無利息となる第一種奨学金は、たとえ要件を満たして応募しても受給できるとは限らず、結局、第二種奨学金（利息付）に申し込まざるをえなくなる場合もあるようです。さらに、近時は、若者の就業状況が悪化していることもあり、返済が滞り、厳しい取り立てがなされている実情も問題となっています。

　返済が、卒業後の生活にとって少なからず負担となることもありますので、いくら借りたら、どのくらいの期間、いくらくらい返済していかなければな

らないか、具体的に想定し、返済可能な範囲で利用するよう注意することが必要です。

5　その他の支援

(1)　ひとり親家庭医療費助成制度

　所得限度はあるものの、対象者を児童を監護しているひとり親家庭等の母または父等として、国民健康保険や健康保険など各種医療保険の自己負担分から一部負担金を差し引いた額を助成する制度です（住民税非課税世帯は、医療保険の自己負担分を助成します）。

　ただし、入院時食事療養・生活療養標準負担額は、原則、助成の対象外となっています（区市町村によって助成している場合もあります）。

(2)　ひとり親家庭日常生活支援制度

　ひとり親および寡婦の方が、修学等や病気などの事由により、一時的に生活援助・保育サービスが必要な場合または生活環境等の激変により日常生活を営むのに支障が生じている場合に、家庭生活支援員の派遣等を行います。

　たとえば東京都では、20歳に満たない子のいるひとり親家庭で、一定の理由で家事や育児の日常生活に支障を来している世帯に食事の世話、育児、住居の掃除などを行うホームヘルパーを派遣しています。

(3)　扶養税額控除

　離婚後、母が子の親権者となり、養育費を父が負担しているときは、その元夫と子は「生計を一にしている」と解して、元夫の扶養控除の対象としてさしつかえありませんが、生計を一にするかどうかの判定（養育費の負担）が問題となります。

　これに対し、課税当局たる国税庁は、離婚に伴う養育費の支払いが、①扶養義務の履行として、②「成人に達するまで」など一定の年齢に限って行われるものである場合には、その支払われている期間については、原則として「生計を一にしている」ものとして扶養控除の対象としてさしつかえありませんと回答しています。ただし、子が父の控除対象扶養親族に該当するとと

もに母の控除対象扶養親族にも該当することになる場合には、扶養控除は父
または母のうちいずれか一方についてだけしか認められません。

　したがって、離婚後も子が依然父の扶養家族となっている場合には、親権
者となった母が稼働し始めてその監護する子を自身の扶養家族に入れたいと
思い始めたときに、どちらの扶養家族にするかを協議する必要が出てくるこ
とに留意する必要があります。

参考資料

【書式例1】 夫婦関係等調整調停申立書（裁判所ホームページ参照）

この申立書の写しは，法律の定めるところにより，申立ての内容を知らせるため，相手方に送付されます。
この申立書とともに相手方送付用のコピーを提出してください。

受付印	夫婦関係等調整調停申立書　事件名（　　　　　　　）
	（この欄に申立て1件あたり収入印紙1，200円分を貼ってください。）
収入印紙　　　　円 予納郵便切手　　　円	（貼った印紙に押印しないでください。）

家庭裁判所 御中 令和　　年　　月　　日	申　立　人 （又は法定代理人など） の記名押印	印

添付書類	（審理のために必要な場合は，追加書類の提出をお願いすることがあります。） □ 戸籍謄本（全部事項証明書）（内縁関係に関する申立ての場合は不要） □ （年金分割の申立てが含まれている場合）年金分割のための情報通知書 □	準　□頭

申立人	本　籍 （国　籍）	（内縁関係に関する申立ての場合は，記入する必要はありません。） 　　　都　道 　　　府　県		
	住　所	〒　　－	（　　　　　　　方）	
	フリガナ 氏　名		昭和 平成　　年　月　日生 （　　　　歳）	

相手方	本　籍 （国　籍）	（内縁関係に関する申立ての場合は，記入する必要はありません。） 　　　都　道 　　　府　県	
	住　所	〒　　－	（　　　　　　方）
	フリガナ 氏　名		昭和 平成　　年　月　日生 （　　　　歳）

対象となる子	住　所	□ 申立人と同居　／　□ 相手方と同居 □ その他（　　　　　　　）	平成 令和　年　月　日生 （　　　歳）
	フリガナ 氏　名		
	住　所	□ 申立人と同居　／　□ 相手方と同居 □ その他（　　　　　　　）	平成 令和　年　月　日生 （　　　歳）
	フリガナ 氏　名		
	住　所	□ 申立人と同居　／　□ 相手方と同居 □ その他（　　　　　　　）	平成 令和　年　月　日生 （　　　歳）
	フリガナ 氏　名		

（注）太枠の中だけ記入してください。対象となる子は，付随申立ての(1)，(2)又は(3)を選択したときのみ記入してください。□の部分は，該当するものにチェックしてください。
夫婦(1/2)

この申立書の写しは，法律の定めるところにより，申立ての内容を知らせるため，相手方に送付されます。
この申立書とともに相手方送付用のコピーを提出してください。

※ 申立ての趣旨は，当てはまる番号（1又は2，付随申立てについては(1)〜(7)）を○で囲んでください。
　　□の部分は，該当するものにチェックしてください。
☆ 付随申立ての(6)を選択したときは，年金分割のための情報通知書の写しをとり，別紙として添付してください（その写
　　しも相手方に送付されます。）。

申　立　て　の　趣　旨	
円　満　調　整	関　係　解　消
※ 1　申立人と相手方間の婚姻関係を円満に調整する。 2　申立人と相手方間の内縁関係を円満に調整する。	※ 1　申立人と相手方は離婚する。 2　申立人と相手方は内縁関係を解消する。 （付随申立て） (1)　未成年の子の親権者を次のように定める。 　　　………………………………………については父。 　　　………………………………………については母。 (2)　（□申立人／□相手方）と未成年の子……………… 　　　が面会交流する時期，方法などにつき定める。 (3)　（□申立人／□相手方）は，子…………………の養育費 　　　として，1人当たり毎月（□金…………円 ／ 　　　□相当額）を支払う。 (4)　相手方は，申立人に財産分与として， 　　　（□金…………円 ／ □相当額 ）を支払う。 (5)　相手方は，申立人に慰謝料として， 　　　（□金…………円 ／ □相当額 ）を支払う。 (6)　申立人と相手方との間の別紙年金分割のための情報 　　　通知書（☆）記載の情報に係る年金分割についての請求 　　　すべき按分割合を， 　　　（□0．5 ／ □（………………）） と定める。 (7)

申　立　て　の　理　由
同居・別居の時期

同居を始めた日……　昭和　平成　………年………月………日　　別居をした日……　平成　………年………月………日
　　　　　　　　　　　令和　　　　　　　　　　　　　　　　　　　令和

申　立　て　の　動　機
※ 当てはまる番号を○で囲み，そのうち最も重要と思うものに◎を付けてください。

1　性格があわない　　　　2　異性関係　　　　3　暴力をふるう　　　　4　酒を飲みすぎる
5　性的不調和　　　　　　6　浪費する　　　　7　病　気
8　精神的に虐待する　　　9　家族をすててかえりみない　10　家族と折合いが悪い
11　同居に応じない　　　　12　生活費を渡さない　　　13　そ　の　他

夫婦(2/2)

【書式例２】 非開示の申出書（裁判所ホームページ参照）

＊ この用紙はコピーして使用してください。＊

令和　　年（家　）第　　　　号

非開示の希望に関する申出書

＊ 本書面は，**非開示を希望する書面がある場合だけ提出してください。**

＊ 提出する場合には，必ず，この書面の下に，ステープラー（ホチキスなど）で非開示を希望する書面を留めて下さい。添付されていない場合，非開示の希望があるものとは扱われません。

ステープラー（ホチキスなど）で留めて下さい。

1　別添の書面については，非開示とすることを希望します。

※　非開示を希望する書面ごとにこの申出書を作成し，本申出書の下に当該書面をステープラー（ホチキスなど）などで付けて一体として提出してください（ファクシミリ送信不可）。

※　資料の一部について非開示を希望する場合は，その部分が分かるようにマーカーで色付けするなどして特定してください。

※　非開示を希望しても，裁判官の判断により開示される場合もありますので，あらかじめご了承ください。なお，連絡先等の届出書について非開示を希望する場合には，原則として開示することはしない取り扱いになっています。

2　非開示を希望する理由は，以下のとおりです（当てはまる理由にチェックを入れてください。複数でも結構です。）。

☐　事件の関係人である未成年者の利益を害するおそれがある。

☐　当事者や第三者の私生活・業務の平穏を害するおそれがある。

☐　当事者や第三者の私生活についての重大な秘密が明らかにされることにより，その者が社会生活を営むのに著しい支障を生じるおそれがある。

☐　当事者や第三者の私生活についての重大な秘密が明らかにされることにより，その者の名誉を著しく害するおそれがある。

☐　その他（具体的な理由を書いてください。）

……………………………………………………

……………………………………………………

……………………………………………………

令和　　年　　月　　日

氏　　名 ＿＿＿＿＿＿＿＿＿＿＿＿ 印

＊ 本書面は，**非開示を希望する書面がある場合だけ提出してください。**

【図表】 離婚事件の流れ

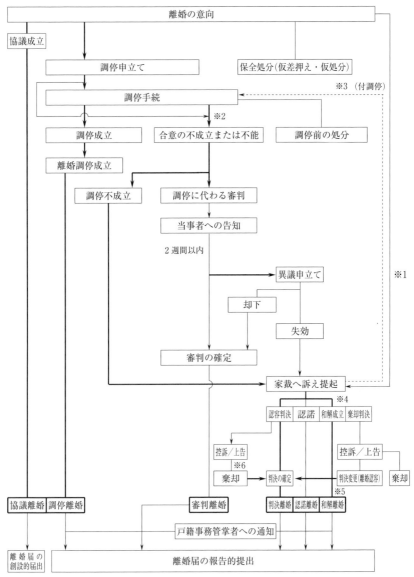

※1 相手方行方不明、意思無能力等で調停に適しない場合。
※2 取下げ等で離婚に至らずに終了する場合や、係属中に協議離婚等ができる場合あり。
※3 調停の申立てをせず訴えを提起。付調停にするとき（家事事件手続法257条2項本文）。
※4 棄却、取下げ等で離婚に至らずに終了する場合あり。
※5 協議離婚する旨の和解を除く。
※6 上訴を容れて認容判決が取り消される場合あり。

事項索引

言渡日順判例索引

裁判所	言渡年月日	掲載誌／事件番号	掲載頁
【大正】			
大判	9・5・28	民録26輯773頁	289
【昭和】			
大判	9・11・30	民集13巻2191頁	164
最二小判	33・4・11	民集12巻5号789頁	291
最二小判	33・7・25	民集12巻12号1823頁	65
最三小判	35・3・15	民集14巻3号430頁	194
最大判	36・9・6	民集15巻8号2047頁	124
最二小判	38・6・7	判時338号3頁	72
広島高決	38・6・19	判時340号38頁	292
最一小判	38・9・5	判時354号27頁	287
最大判	39・3・25	民集18巻3号486頁	276
東京地判	39・8・5	判時388号43頁	144
最一小判	41・5・19	民集20巻5号947頁	143
最三小判	42・2・21	民集21巻1号155頁	294
最一小判	44・5・29	民集23巻6号1064頁	43
最二小判	44・9・26	民集23巻9号1727頁	290
最三小判	45・11・24	民集24巻12号1943頁	65
東京高決	46・3・15	家月23巻10号44頁	238
最二小判	46・5・21	判時633号64頁	58
最二小判	46・7・23	判時640号3頁	167
名古屋地判	47・2・29	判時670号77頁	56
東京高判	47・11・30	判時688号60頁	148
最一小判	48・11・15	民集27巻10号1323頁	55
最三小判	50・5・27	民集29巻5号641頁	159
松山家西条支判	50・6・30	判時808号93頁	126
最二小判	50・12・1	民集29巻11号1847頁	164
長崎家審	51・9・30	家月29巻4号141頁	232
大阪地判	52・6・24	判時880号60頁	290
最三小判	53・11・14	民集32巻8号1529頁	9・136
京都地判	54・3・27	判時939号86頁	145
最二小判	54・3・30	民集33巻2号303頁	173
最二小判	54・3・30	裁判集民126号423頁	173
東京高判	54・9・25	判時944号55頁	126
東京高判	55・9・29	判夕427号157頁	174
東京高判	55・12・16	判夕437号151頁	131
福岡高宮崎支決	56・3・10	家月34巻7号25頁	231
仙台高決	56・8・24	家月35巻2号145頁	228

裁判所	言渡年月日	掲載誌／事件番号	掲載頁
東京高判	57・4・27	判時1047号84頁	288
徳島地判	57・6・21	判時1065号170頁	287・288
大阪高判	57・11・30	家月36巻1号139頁	293
最一小判	58・4・14	民集37巻3号270頁	295
名古屋高判	58・6・15	判タ508号112頁	293
最二小判	58・12・19	判時1102号42頁	163
浦和地判	59・11・27	判タ548号260頁	142
最一小判	60・1・31	家月37巻8号39頁	295
東京地判	61・3・24	判タ615号64頁	174
京都地判	62・5・12	判時1259号92頁	79・80
最大判	62・9・2	民集41巻6号1423頁	68・69・72・ 89・148・170
最三小判	62・11・24	判時1256号28頁	90
東京高判	62・12・23	判時1265号83頁	159
最三小判	63・2・12	判時1268号33頁	90
最一小判	63・4・7	判時1293号94頁	90
東京高判	63・6・7	判時1281号96頁	147・171
【平成】			
最三小判	元・3・28	判時1315号61頁	90
最一小判	元・9・14	判時1336号93頁	159
神戸家審	元・11・14	家月42巻3号94頁	234
東京高判	元・11・22	判時1330号48頁	148・170
東京家審	2・3・6	家月42巻9号51頁	232
大阪高決	2・8・7	家月43巻1号119頁	235
長野地判	2・9・17	判時1366号111頁	93
最一小判	2・9・27	家月43巻3号64頁	164
最一小判	2・11・8	家月43巻3号72頁	47・90
東京高判	3・3・14	判時1387号62頁	160
東京高決	4・6・10	判時1245号71頁	194
山口家審	4・12・16	家月46巻4号60頁	231
東京地判	5・3・31	判タ857号248頁	287
最三小判	5・10・19	民集47巻8号5099頁	195
京都地判	5・12・22	判時1511号131頁	131
最一小判	6・1・20	判タ854号98頁	176
最三小判	6・4・26	民集48巻3号992頁	195
東京家審	6・5・31	家月47巻5号52頁	129
最三小判	6・11・8	民集48巻7号1337頁	195・223
東京高判	7・3・13	判タ891号233頁	130
最三小判	8・3・26	民集50巻4号993頁	176
横浜地判	9・1・22	判時1618号109頁	148
高松高判	9・3・27	判タ956号248頁	126

裁判所	言渡年月日	掲載誌／事件番号	掲載頁
最一小判	9・4・10	家月49巻9号92頁	229
大阪地判	9・7・25	民集54巻3号1027頁	163
水戸家龍ケ崎支審	9・10・7	家月50巻11号86頁	132
大阪高判	9・11・20	民集54巻3号1034頁	163
最一小判	10・2・26	判タ969号118頁	294
東京高決	10・3・13	家月50巻11号81頁	132・139
東京高判	10・3・18	判時1690号66頁	148
最二小判	10・8・31	家月51巻4号33頁	42
最二小判	10・8・31	家月51巻4号75頁	42
最三小判	11・5・25	家月51巻10号118頁	223
東京地判	11・9・3	判時1700号79頁	132
大阪高判	12・3・8	判時1744号91頁	129・171
最一小判	12・3・9	判時1708号101頁	163
最一小決	12・3・10	民集54巻3号1040頁	293
最二小判	12・4・7	判時1713号50頁	143
奈良家審	13・7・24	家月54巻3号85頁	125
名古屋高判	13・12・11	判時1795号117頁	29
東京高判	14・6・26	判時1801号80頁	90
仙台高決	15・2・27	家月55巻10号78頁	207
岡山地判	16・1・16	判タ1278号61頁	174
札幌家審	16・2・6	家月57巻8号96頁	53
札幌高決	16・5・31	家月57巻8号94頁	53
広島高岡山支判	16・6・18	判時1902号61頁	127
大阪高判	16・10・15	判時1886号52頁	164
最一小判	16・11・18	判時1881号83頁	292
最一小判	17・4・21	判タ1180号171頁	295
岡山地判	17・4・26	判タ1278号61頁	176
東京地判	17・4・27	公刊物未登載	127
大阪高判	17・6・9	判時1938号80頁	50・143
大阪高決	17・6・9	家月58巻5号67頁	125・126
東京高判	17・6・22	判タ1202号280頁	176
東京高判	17・7・6	家月59巻7号123頁	137
大阪家決	17・10・17	家月58巻2号175頁	241
最二小決	17・12・6	刑集59巻10号1901頁	187・196
最二小決	17・12・9	民集59巻10号2889頁	194
福岡家審	18・1・18	家月58巻8号80頁	227
最三小決	18・4・26	判タ1208号90頁	4
名古屋高決	18・5・31	家月59巻2号134頁	142
東京家審	18・6・29	家月59巻1号103頁	231
最一小判	18・10・12	判時1950号173頁	196
東京高決	18・10・30	判時1965号70頁	237

裁判所	言渡年月日	掲載誌／事件番号	掲載頁
福岡高決	26・6・30	判タ1410号100頁	7
最一小判	26・7・17	民集68巻6号547頁	43
最一小判	26・7・17	判時2235号21頁	43
東京地判	26・11・11	平成25年(ワ)第10849号	288
福岡家審	26・12・4	判時2260号92頁	260
東京地判	27・1・7	判時2256号41頁	290
東京家立川支判	27・1・20	判タ1432号99頁	70
熊本地判	27・3・27	判時2260号85頁	259
東京高決	27・3・31	判タ1450号113頁	284
札幌家判	27・5・21	平成26年(家ホ)第20号等	91
仙台家審	27・8・7	判時2273号111頁	268
大阪高決	27・8・17	判タ1450号102頁	284
東京地判	27・12・25	平成26年(ワ)第31080号	290
福岡高判	28・1・20	判時2291号68頁	259
大阪高決	28・3・17	家庭の法9号105頁	17
東京地判	28・3・25	平成26年(ワ)第14598号	288
東京高判	28・5・25	判タ1432号97頁	70・83
大阪高判	28・7・21	平成28年(ネ)第62号	85
大阪高決	28・8・29	平成28年(ラ)第622号	285
大阪高決	28・8・31	判タ1435号169頁	269
東京高決	28・9・14	判タ1436号113頁	7
札幌高判	28・11・17	平成27年(ネ)第226号等	91
東京高判	29・1・26	判時2325号78頁	206
東京高決	29・2・8	家庭の法14号75頁	193・248・259
京都家決	29・2・17	平成28年(家)第1861号	206
東京高決	29・3・2	家庭の法13号71頁	125
大阪高決	29・4・28	判時2355号52頁	258
大阪高決	29・5・26	平成29年(ラ)第313号	23
大阪高決	29・9・15	判タ1451号132頁	284
福岡高決	29・9・20	判時2366号25頁	231
東京高決	29・11・24	判時2365号76頁	246
東京地判	29・12・6	判タ1464号208頁	50・141
札幌高決	30・1・30	判時2373号49頁	231
最一小判	30・3・15	判タ1450号35頁	285
大阪高決	30・3・22	判時2395号71頁	259
東京高決	30・4・20	判タ1457号85頁	15
千葉家松戸支審	30・8・22	平成30年(家)第233号	267
大阪高判	30・8・30	訟月65巻4号623頁	43
東京高決	30・11・20	平成30年(ラ)第1661号	267
東京高判	30・12・5	判タ1461号126頁	91
最三小判	31・2・19	民集73巻2号187頁	174

参考文献

《全般》

－東京家庭裁判所家事第6部編著『東京家庭裁判所における人事訴訟の審理の実情〔第3版〕』（判例タイムズ社、2012年）

－梶村太市＝岩志和一郎＝大塚正之＝榊原富士子＝棚村政行『家族法実務講義』（有斐閣、2013年）

－金子修編著『逐条解説家事事件手続法』（商事法務、2013年）

－松川正毅＝本間靖規＝西岡清一郎編『新基本法コンメンタール人事訴訟法・家事事件手続法』（日本評論社、2013年）

－東京家事事件研究会編『家事事件・人事訴訟事件の実務』（法曹会、2015年）

－二宮周平＝榊原富士子『離婚判例ガイド〔第3版〕』（有斐閣、2015年）

－水野有子『Q＆A家事事件手続法下の離婚調停』（日本加除出版、2016年）

－金子修＝山本和彦＝松原正明編著『講座実務家事事件手続法(上)(下)』（日本加除出版、2017年）

－二宮周平編『新注釈民法(17)親族(1)』（有斐閣、2017年）

－日本弁護士連合会家事法制委員会編『家事事件における保全・執行・履行確保の実務』（日本加除出版、2017年）

－矢尾和子＝大坪和敏編『裁判実務フロンティア家事事件手続』（有斐閣、2017年）

－青木晋編著『人事訴訟の審理の実情』（判例タイムズ社、2018年）

－秋武憲一『離婚調停〔第3版〕』（日本加除出版、2018年）

－松川正毅＝窪田充見編『新基本法コンメンタール親族〔第2版〕』（日本評論社、2019年）

－窪田充見『家族法〔第4版〕』（有斐閣、2019年）

－二宮周平『家族法〔第5版〕』（新世社、2019年）

参考文献

－宮崎謙「人事訴訟の審理の概要」家庭の法と裁判24号43頁

－「改正民事執行法における新たな運用と実務」家庭の法と裁判号外

《婚姻費用　養育費》

－司法研修所編『養育費、婚姻費用の算定に関する実証的研究』（法曹会、2019年）

－村松多香子「平成30年度司法研究『養育費、婚姻費用の算定に関する実証的研究』の概要」家庭の法と裁判24号（2020年）

－東京・大阪養育費等研究会「簡易迅速な養育費等の算定を目指して―養育費・婚姻費用の算定方式と算定表の提案―」判例タイムズ1111号285頁（2003年）

－濵谷由紀＝中村昭子「養育費・婚姻費用算定の実情―大阪家庭裁判所における実情」判例タイムズ1179号35頁（2005年）

－岡健太郎「養育費・婚姻費用算定表の運用上の諸問題」判例タイムズ1209号4頁（2006年）

－菱山泰男＝太田寅彦「婚姻費用の算定を巡る実務上の諸問題」判例タイムズ1208号24頁（2006年）

－岡健太郎「婚姻費用の算定と執行」野田愛子＝梶村太市編『新家族法実務大系(1)親族1　婚姻・離婚』275頁（新日本法規、2008年）

－岡健太郎「養育費の算定と執行」野田愛子＝梶村太市編『新家族法実務大系(2)親族2　親子・後見』304頁（新日本法規、2008年）

－中山直子『判例先例　親族法―扶養―』（日本加除出版、2012年）

－松谷佳樹「婚姻費用・養育費の調停・審判事件の実務」東京家事事件研究会編『家事事件・人事訴訟事件の実務』（法曹会、2015年）

－森公任＝森元みのり編著『簡易算定表だけでは解決できない養育費・婚姻費用算定事例集』（新日本法規、2015年）

－婚姻費用養育費問題研究会編『超早わかり「標準算定表」だけでは導けない婚姻費用・養育費等計算事例集（中・上級編）〔新装版〕』（婚姻費用養育

費問題研究会、2017年）

−日本弁護士連合会両性の平等に関する委員会編『養育費・婚姻費用の新算定表マニュアル』（日本加除出版、2017年）

−富永忠祐『養育費・扶養料・婚姻費用実務処理マニュアル』（新日本法規、2018年）

−松本哲泓『婚姻費用・養育費の算定』（新日本法規、2018年）

《DV》

−石井妙子＝相原佳子＝佐野みゆき編『セクハラ・DVの法律相談〔新版〕』（青林書院、2012年）

−福島政幸＝森健一「東京地裁及び大阪地裁における平成25年改正DV防止法に基づく保護命令手続の運用」判例タイムズ1395号5頁（2014年）

−打越さく良『Q＆A DV事件の実務〔第3版〕』（日本加除出版、2018年）

《財産分与》

−小島妙子『Q＆A財産分与と離婚時年金分割の法律実務』（民事法研究会、2018年）

−秋武憲一＝岡健太郎編著『離婚調停・離婚訴訟〔三訂版〕』（青林書院、2019年）

−松本哲泓『離婚に伴う財産分与』（新日本法規、2019年）

《慰謝料》

−前田達明『愛と家庭と──不貞行為に基づく損害賠償請求』（成文堂、1985年）

−安西二郎「不貞慰謝料請求事件に関する実務上の諸問題」判例タイムズ1278号45頁（2008年）

−神野泰一「離婚訴訟における離婚慰謝料の動向」ケース研究322号26頁（2015年）

－大塚正之「不貞行為慰謝料に関する裁判例の分析⑴⑵」家庭の法と裁判10号34頁、同11号41頁（2017年）

－中里和伸『判例による不貞慰謝料請求の実務』（LABO、2015年）

《子どもの問題（養育費以外）》

－園尾隆司監修・杉山初江『民事執行における「子の引渡し」』（民事法研究会、2010年）

－安倍嘉人＝西岡清一郎監修『子どものための法律と実務』（日本加除出版、2013年）

－梶村太市『裁判例からみた面会交流調停・審判の実務』（日本加除出版、2013年）

－秋武憲一監修『子の親権・監護の実務』（青林書院、2015年）

－片山登志子＝村岡泰行編『代理人のための面会交流の実務』（民事法研究会、2015年）

－近藤ルミ子＝西口元編著『離婚をめぐる親権・監護権の実務』（学陽書房、2016年）

－榊原富士子＝池田清貴『親権と子ども』（岩波書店、2017年）

－田端理恵子＝齊藤敦『間接強制可能な面会交流審判の実情と留意点』判例タイムズ1432号5頁（2017年）

－二宮周平編『面会交流支援の方法と課題』（法律文化社、2017年）

－片岡武＝萱間友道＝馬場絵理子『実践調停　面会交流』（日本加除出版、2018年）

－平田厚『子の親権・監護・面会交流の法律相談』（青林書院、2019年）

－若林昌子＝犬伏由子＝長谷部由起子編著『家事事件リカレント講座　離婚と子の監護紛争の実務』（日本加除出版、2019年）

《事実婚》

－小島妙子『内縁・事実婚・同性婚の実務相談』（日本加除出版、2019年）

編著者略歴

吉岡　睦子（よしおか　むつこ）

東京弁護士会

吉岡睦子法律事務所

東京都新宿区新宿１－35－３　アクシア新宿御苑910

〈役職等〉

東京家庭裁判所家事調停委員

法制審議会身分法小委員会元幹事

〈主な著書・論文〉

『実務ジェンダー法講義』（共編著・民事法研究会）

『Ｑ＆Ａ 人事訴訟法解説』（共編著・三省堂）　ほか

第４章Ｑ５～Ｑ９・Q12～Q13　第５章　第９章　担当

榊原　富士子（さかきばら　ふじこ）

東京弁護士会

さかきばら法律事務所

東京都千代田区九段南４－６－１　九段シルバーパレス301

〈役職等〉

日本弁護士連合会家事法制委員会委員

日本学術会議連携会員

早稲田大学大学院法務研究科元教授

〈主な著書・論文〉

『親権と子ども』（共著・岩波新書）

『離婚判例ガイド〔第３版〕』（共著・有斐閣）　ほか

第１章Ⅰ　第３章Ｑ５　担当

執筆者略歴

大森　啓子（おおもり　けいこ）

第二東京弁護士会

フローラ法律事務所

東京都千代田区一番町9－20　グランドメゾン一番町403

〈役職等〉

東京家庭裁判所家事調停委員

日本弁護士連合会家事法制委員会事務局長

第二東京弁護士会家事法制委員会委員長

法務省法制審議会民法（親子法制）部会幹事

〈主な著書・論文〉

『Q＆A改正相続法のポイント―改正経緯をふまえた実務の視点―』（共著、新日本法規）

『実践調停面会交流』（コラム執筆・日本加除出版）

『裁判例・審判例からみた特別受益・寄与分』（共著・新日本法規出版）　ほか

第4章Q1・Q2　第7章ⅡQ3・Ⅲ　第8章　担当

佐野　みゆき（さの　みゆき）

東京弁護士会

野田記念法律事務所

東京都新宿区新宿1－28－4　新宿村田ビル2階

〈役職等〉

東京弁護士会子どもの人権と少年法に関する特別委員会委員

日本弁護士連合会家事法制委員会委員

〈主な著書・論文〉

『子の監護をめぐる法律実務〔改訂版〕』（共編著・新日本法規）

『セクハラ・DV の法律相談〔新版〕』（共編著・青林書院）

『Q＆A ドメスティック バイオレンス 児童・高齢者虐待対応の実務』（共編著・新日本法規） ほか

第1章Ⅱ　第2章Q9　第3章コラム4　第7章ⅠQ1・Q2・Q4・ⅡQ1・Q2・Q4・Q5・Ⅳ　第10章　担当

藤原　道子（ふじわら　みちこ）

第二東京弁護士会

あさひ法律事務所

東京都千代田区丸の内2－1－1　丸の内マイプラザ

〈役職等〉

東京家庭裁判所家事調停委員

日本弁護士連合会家事法制委員会委員長

〈主な著書・論文〉

『Q＆A 改正相続法のポイント―改正経緯をふまえた実務の視点―』（編集委員・共著・新日本法規）

「遺留分制度と実務」ジュリスト1537号　ほか

第1章Ⅳ　第2章Q1・Q2・Q4～Q8・Q10　第3章コラム3　第4章Q3・Q4　担当

山田　徹（やまだ　とおる）

大阪弁護士会

高槻フルール法律事務所

大阪府高槻市野見町2－57　ポンズビル301

〈役職等〉

日本弁護士連合会家事法制委員会委員

熊本家庭裁判所等元裁判官

〈主な著書・論文〉

『家事調停における知識と技法』（新日本法規）

『ケース別　後見業務トラブル防止の手引（加除式）』（共著・監修・新日本法規）

『家庭裁判所家事別表第一審判事件の実務』（共著・編集・新日本法規）

『相談事例からみた成年後見の実務と手続〔改訂版〕』（共著・新日本法規）

ほか

第1章Ⅲ　第2章Q3・Q11・Q12　第3章Q1〜Q4・Q6　第4章Q10・Q11　第6章　第7章ⅠQ3・コラム5　参考資料【図表】　担当

Q&A 離婚相談の法律実務

──養育費・面会交流・子どもの問題・財産分与・慰謝料──

2020年4月13日　第1刷発行

定価　本体3,100円（税別）

編著者　吉岡睦子　榊原富士子
発　行　株式会社　民事法研究会
印　刷　藤原印刷株式会社

発行所　株式会社　民事法研究会
　　　　〒150-0013　東京都渋谷区恵比寿3-7-16
　　　　〔営業〕TEL 03(5798)7257　FAX 03(5798)7258
　　　　〔編集〕TEL 03(5798)7277　FAX 03(5798)7278
　　　　http://www.minjiho.com/　info@minjiho.com

落丁・乱丁はおとりかえします。　ISBN978-4-86556-348-1　C2032　¥3100E
カバーデザイン：関野美香

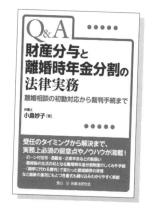

ペットをめぐるトラブルについて、法的な観点から解決に向けた方策を示す！

ペットの
トラブル相談Q＆A
〔第2版〕
―基礎知識から具体的解決策まで―

渋谷　寛・佐藤光子・杉村亜紀子　著

A5判・281頁・定価　本体2,500円＋税

▶令和元年の動物愛護管理法改正、債権法改正等を踏まえて、ペットをめぐるトラブルの実態、
　法的責任、対応策等について、ペット問題に精通する法律実務家がわかりやすく解説！

▶好評の初版について、最新の法令や実務動向などをもとに約6年半ぶりに改訂！

▶問題の所在やトラブル解決に向けたポイントをわかりやすくするために各設問に「Point」を
　加え、事項索引を収録するなど、実務に至便！

▶トラブル相談を受ける消費生活センター関係者、自治体担当者のほか法律実務家等必携！

本書の主要内容

第1章　ペットをめぐる法律　　　　　（20問）

第2章　ペットをめぐる取引のトラブル　（11問）

第3章　近隣をめぐるトラブル　　　　（3問）

第4章　ペットの医療をめぐるトラブル　（10問）

第5章　ペット事故をめぐるトラブル　（10問）

第6章　その他のトラブル　　　　　　（13問）

第7章　トラブルにあったときの対処法　（3問）

資　料　動物の愛護及び管理に関する法律

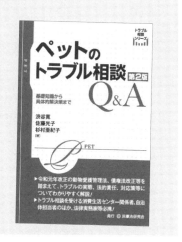

発行　民事法研究会

〒150-0013　東京都渋谷区恵比寿3-7-16
（営業）TEL. 03-5798-7257　FAX. 03-5798-7258
http://www.minjiho.com/　info@minjiho.com

介護現場における施設の悩みを解決するＱ＆Ａ付！

実践　介護現場における
虐待の予防と対策
―早期発見から有事のマスコミ対応まで―

弁護士　外岡　潤　著

Ａ５判・192頁・定価　本体 2,400 円＋税

▶介護・福祉問題を専門に扱う弁護士が豊富な経験と知識から虐待事件根絶のためのノウハウをわかりやすく解説！

▶虐待認定の難しい事案にどう対処するか、虐待の予防・早期発見のためのシステム構築方法、職員の教育研修から労務管理、適正な懲戒処分まで書式を織り交ぜつつ詳解！

▶高齢者・障害者施設の運営者・職員、行政担当者の必読書！

本書の主要内容

発行　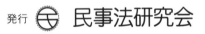　民事法研究会

〒 150-0013　東京都渋谷区恵比寿 3-7-16
（営業）TEL. 03-5798-7257　FAX. 03-5798-7258
http://www.minjiho.com/　info@minjiho.com